U0142526

動態經濟發展模式
東亞經濟演化論

Dynamic Economic Development Models:
Evolutions of East Asian Economies

黃登興、黃幼宜、楊子菡——著

五南圖書出版公司 印行

作者序

　　這是一本尋找經濟發展典範的書，文獻的整理回溯到二戰後的主要經濟發展思潮，最後以東亞發展的經驗與政經體制為主軸。東亞的經濟發展是戰後表現最為傑出的區域，1960 年代以來突破中等所得陷阱國家的十三個國家中，東亞就占了五國——日本與四小龍（台灣、南韓、香港、新加坡）。戰後的全球化趨勢與東亞之出口導向的開放政策，為學界所公認的兩個重要因素。只是，同樣面對全球化，複製東亞模式並不能保證成功。本書一方面透過文獻的整理與歸納，再以含括日本、四小龍、四小虎（馬來西亞、泰國、菲律賓與印尼）以及中國和越南等東亞地區為實證對象，來解析東亞經濟發展的模式；進一步特別針對中國崛起後所引起的中國模式之爭論提出解讀。最後，從中等所得陷阱的角度，指出政經體制對於經濟發展的限制，提出動態經濟發展模式的結論。

　　作者都是經過國際貿易理論之科班訓練，並且長期關注國際貿易與經濟發展課題的學者，我們多年來應用長期的全球雙邊貿易資料，從理論與實證的角度，進行相關課題的研究，特別是區域經濟整合、貿易區塊化與經濟發展等等。隨著研究課題的進展，我們在實證方法的合作也越趨多元，從顯示性比較利益指數的趨勢歸納來檢測雁行產業發展的順序、延伸引力模型以解析全球各地之貿易區塊的形成、設計貿易的軸心與輻緣指數來分析日本與中國的貿易地位演變，並探測貿易軸心形成的因素。因此，此書是長年合作研究的結晶。書中所引述之學術論文，除了有我們多年以來陸陸續續受科技部補助的研究計畫外，最後則在科技部補助的專書寫作計畫「經濟發展模式與東亞經

驗的檢視：政經體制與經濟發展的極限」之下，完成此書的主體。在書本付梓之際，我們決定將原來侷限於第 3 章的東亞雁行產業發展模式，予以增補，增加了從貿易軸心指數的角度來觀察，也就是現行的第 4 章與第 5 章「從雁行到軸輻」的實證，從貿易的軸心—輻緣角度來觀察東亞經濟發展的軌跡，特別是中國相對於東南亞之經貿發展後來居上的跳蛙現象，並從實證上提出貿易軸心之形成因素。

值得注意的是，不論是東亞的經濟奇蹟或中國崛起的模式，出口導向的產業發展政策扮演關鍵因素，但也是建立在經貿全球化的時空背景，才得以實現。然而，在本書付梓之際，戰後在新自由主義引導下的全球化潮流已經大幅轉向。三股影響國際地緣政治的大事，已經風起雲湧地鼓起反全球化的浪潮：首先是 2017 年美國總統川普啓動的中美貿易戰；其次，2019 年末起肆虐全球的新冠肺炎；最後是 2022 年初爆發的俄國侵略烏克蘭的戰爭。這些地緣政治事件造成跨國供應鏈重組乃至斷鏈；大抵而言，全球分工體系雖不至於完全崩解，但肯定已經難以恢復原來之細膩樣貌。美中貿易戰已經擴大爲全方位的貿易、科技乃至於軍事競爭；中國的清零防疫政策雖在白紙革命下告終，但是對全球生產供應鏈的衝擊已經覆水難收；俄烏戰爭，除了引發全球性的糧食與能源危機因而造成全球性的通膨，也讓全球出現壁壘分明的兩個陣營，歐美民主世界對壘中俄專制體制的世界。綜合而言，往昔東亞各國運用其產業上的相對優勢，透過國際市場來發展經濟的路徑，已經不再如以往順暢。

儘管如此，希望本書所提出的動態經濟發展觀點，仍有其不受時空限制的價值，不論出口市場規模是否因爲反全球化潮流而縮小，本書透過東亞的發展經驗來反映：市場機制的充分發揮仍然是經濟發展成敗的關鍵，而政經體制則左右市場機制運作的規模；民主體制與專

制獨裁下的法治落差，讓經濟發展的極限出現天壤之別，或躍進高所得國，或在中等所得的陷阱下起伏。

　　本書得以完稿除了要感謝科技部專書寫作計畫的補助 (MOST-109-2410-H-001-045-MY2)，以及中央研究院的經濟所與亞太研究中心所提供的絕佳研究環境之外，一群參與資料蒐集整理與繕打的研究助理實為不可或缺的幕後功臣，英智在全球貿易區塊與東亞軸心研究有關的大型資料處理、俐宜在中國發展模式有關兩岸企業關聯的報章與雜誌資料的蒐集與整理，以及瑞琦在全書寫作期間的資料蒐集與最後階段的打字與整理等等，特此致謝。

2023.04.16

目　錄

第 1 章

緒　論

1-1 全書大要

從歷史的經驗，經濟發展隨各國體制而有其極限，僅有少數可以登上高所得國之列；大部分則停留在中所得水準，落入所謂「中等所得陷阱」。何以致之？本書將從經濟發展理論的角度進行解析這個現象。首先，我們從文獻既有之理論來找答案，以解釋這種經濟發展的極限性與跨國特徵。更重要的是，我們進一步要針對近幾十年來，半導體技術成熟後誘發的數位革命，導致全球經濟本質上更趨於高度跨國分工、高階技術密集的新情境下，發展中國家之經濟發展政策的挑戰與機會。探討跳出低所得或中所得陷阱的客觀環境與主觀的發展策略何在？是否存在新的經濟發展模式？此為本書所要闡述的主要方向與目標。

本書大致可以分成三部分：首先，從第 1 章的緒論到第 2 章經濟發展文獻的回顧與評述，為第一部分。在第 2 章，我們回顧傳統文獻三大發展理論學派：新古典成長理論、雙元結構發展與依附經濟發展論，以及後來的「新自由主義」，並就其在現實世界成敗的體現，進行討論與評述。毫無疑問，東亞在戰後的傑出經濟發展表現，衍生了東亞的經濟發展經驗有否獨特之處的研究，文獻發展脈絡自然歸結到是否有「東亞發展模式」？

第二部分有第 3、4 與第 5 章，以「東亞模式」的探討為重心。我們在第 3 章改進傳統實證方法，觀察產業別之相對優勢指數 (RCA) 的長期趨勢，以該指數之起落順序的跨國比較，透過統計檢定來檢視東亞的「雁行產業發展模式」。在這一章，我們將發現：雖然大多數產業的跨國移轉與雁行產業發展秩序的理論相符合，但是，仍有些產業，呈現中國後來居上，越過東南亞諸國領先成為重要出口國的跳蛙模式，特別是在相對技術密集的產業，如紡織業最上游的人造纖維或

資訊通訊產品上。

　　前述之產業發展的跳蛙現象，將換個角度，進一步透過進出口貿易的軸心－邊陲關係 (hub-spoke) 的遞移來證實；透過嚴謹的計量方法，同時檢測貿易軸心的決定因子，如外來投資（此為驅動雁行發展論的主要因素，外來投資所落腳的國度，即是下一個相關產業的出口軸心－主要出口國）、技術水平與國家規模（在地市場，home-market）等等。應用此觀察貿易軸心遞移的方法，第 4 章針對紡織業分上、中、下游來驗證；第 5 章則針對產業屬性分成勞力密集、資本密集與技術密集來驗證。

　　大抵上，透過第二部分的實證研究，我們將證實中國在 1980 年代起的改革開放，特別是 2001 年加入 WTO 後快速融入全球貿易體系（雖然仍以非市場經濟的地位加入全球化的行列），讓戰後「雁行產業發展模式」產生質變：亦即，中國大陸越過東協四小虎 —— 馬、泰、菲、印，在諸多 ICT 產業乃至傳統的紡織業上游取得領先優勢，成為東亞的出口軸心乃至全球的製造基地。何以致之？我們進一步在第三部分將透過中國模式的特色來檢視。

　　第三部分，為解答中國何以能越過東協四小虎，而成為東亞的出口軸心，我們在第 6 章針對中國經濟發展的演進歷史進行解析，提出所謂中國模式的特徵。據此，我們指出政經體制 (institution) 的不同，在經濟發展路徑選擇與成敗的決定性關係。同時指出，因此而出現不可避免的中美貿易與科技戰。所以在第 7 章，我們針對中國崛起、全球貿易失衡所引發中美貿易與科技戰，剖析其根源。

　　第 8 章透過「成熟趨近模型」的實證研究，探討不同的體制品質，對於經濟成長之跨越所得等級，如中等所得陷阱的影響。最後，在 9 章，歸納提出「**動態經濟發展模式**」作為本書的結論。我們也以 2022 年斯里蘭卡經濟崩潰與習近平時代（後胡溫體制）中國經濟的

困境，來說明伴隨國民所得提高，並不能保證演化出成熟的民主體制與法治社會，市場機制的效力發揮將因此出現瓶頸。

1-2 經濟發展極限的初探

（**經濟發展的極限與中所得陷阱**）戰後在經貿的全球分工與技術進步帶動下，雖然全球經濟得以持續地成長，到冷戰結束 (1989) 前夕，如圖 1-1 之示，全球仍只有 24% 的國家達到世銀所定義的高所得水準，與低所得國家 23.5% 不相上下。全球國家有一半左右 (52.5%) 達到中所得水準。值得注意的是，雖然全球脫離低所得水準的國家比率一直下滑到 2009 年的 16.99%，在 2018 年更下降到 12.9%，但發展到高所得的比例依然維持在三分之一以下（2009 年的 30.41%，2018 年的 32.80%）。

根據世界銀行 (2012) 的報告，1960 年代以來全球各國經濟發展為中等所得的國家合計有 110 國，但是只有 13 個國家得以突破中所得水準而進一步發展成高所得國家，其中有五國屬於東亞的日本與四小龍（台灣、香港、新加坡與南韓），亦即作為東亞製造業發展之領頭雁的日本與接續第一梯次的亞洲四小龍（台、港、新、韓）。[1] 此經濟發展大多數停滯在中等所得水準的情況，為經濟發展的文獻稱之為中所得陷阱 (Middle-income Trap, MIT)。

若將東亞與南亞各國，自冷戰結束以來的平均國民所得歷年趨勢做長期觀察，如圖 1-2，則可以發現前述日本與四小龍五國之外，

1　東亞經濟發展的雁行產業發展模式，就是以日本為領頭雁，帶領後繼的四小龍（台、港、新、韓），然後東南亞的馬來西亞、泰國、菲律賓與印尼（四小虎），依序有勞力密集的輕工業、資本密集的家電產品、技術密集的電子資訊產業之跨國遞移發展模式。參見Akamatsu (1935, 1956, 1961, 1962)有關雁行發展論的源起與理論發展。後續實證分析與評述有Kojima (1978, 2000)和Yamazawa (1993)，以及陳宏易與黃登興(2009)。

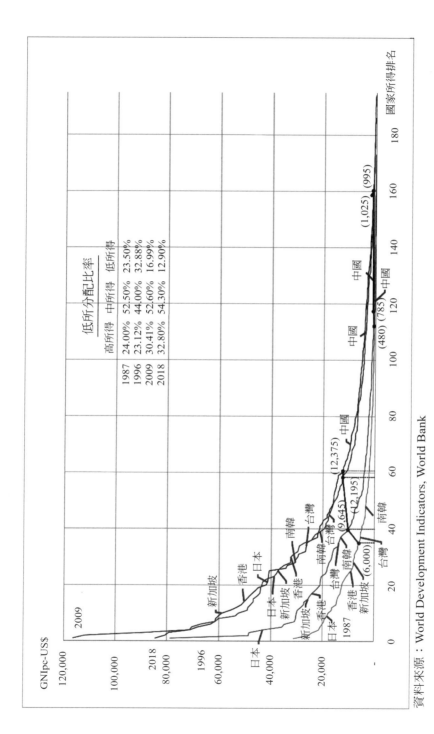

資料來源：World Development Indicators, World Bank

圖 1-1　平均國民所得與國家所得排名

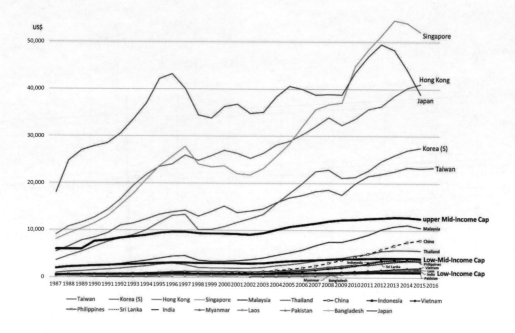

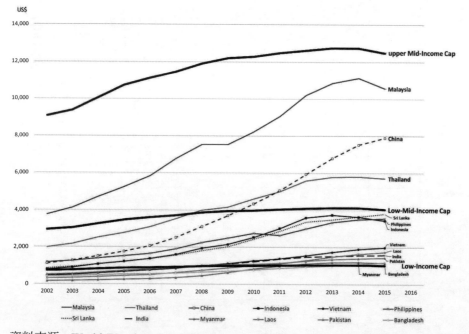

資料來源：World Development Indicators, World Bank. Note: upper Mid-Income Cap is the upper bound of Middle-income level defined by World Bank; Low-Mid-income Cap upper bound of Low-middle income, Low-Income Cap upper bound of Low-income

圖 1-2　1987〜2016 年東亞國家平均國民所得 (GNP per capita)

均還停留在中所得或以下的水準。甚者，除馬來西亞、中國與泰國之外，其餘各國甚至都還落在低度中所得的行列，雖然這些國家在2009 年以後，都已經超過低所得水準的上限。

值得關注的是，東南亞四小虎（馬、泰、菲、印）在 1990 年代被世界銀行 (1993) 樂觀預期將追隨四小龍之後在日本領頭雁的帶動下，繼續成長的情境，並未發生。菲律賓與印尼都還停在低度中所得水準，只有馬、泰進入高階中所得的行列。後進的中國，則一路成長，特別是在 2001 年進入 WTO 後，超越菲、印，更在全球金融風暴的隔年 (2009) 維持全球唯一沒有下降的趨勢，進入高階中所得之列，並於 2011 年趕過泰國繼續上升直追馬來西亞。此外，我們更可發現馬來西亞於 2014 年在很靠近高所得的地板水平後，反轉下跌。

上述東亞與南亞十八國的觀察，顯現東協等各國面臨中所得陷阱的情況。其中晚近開放的越、寮、柬、緬，都因加入全球貿易分工體系而呈現所得明顯增加之趨勢，特別是 1985 年後就模仿中國政策進行門戶開放的越南，到 2010 年以來其平均國民所得已直追菲律賓與印尼。

1-3 東亞經濟發展模式可複製否？

以上的圖像顯現一個經濟發展的重要課題，即經濟發展的極限有很明顯的跨國差異性。日本與四小龍跨過中所得的上限，成功進入高所得行列。但同為 1993 年世銀研究報告中之東亞奇蹟九國的其他四國——馬、泰、菲、印，則落入「中所得陷阱」。若東亞雁行發展模式有效，何以止於日本與隨後第一梯的四小龍？後於第二梯次四小虎融入全球貿易體系的中國，似乎以跳蛙之勢凌越前者而破解雁行產業發展順序。何以致之？

Page (1994) 根據世銀 (1993) 東亞經濟奇蹟的研究報告，進一步指出東亞高成長九國之經濟奇蹟的四大要件：(1) 穩定的傳統經濟環境，(2) 基礎廣闊 (broad-based) 教育體制，(3) 出口績效 (export performance)，與 (4) 適當的產業政策[2] (industrial policies)，雖然受到廣泛的肯定，但並非保證成功的充分條件。Ito (1994, 2017) 則對後兩項要件，提出質疑，特別是在四小虎並未能跟上前一梯四小龍的腳步而持續成長，在 1997 年泰國帶頭之亞洲金融風暴後，外資撤離轉進已然逐漸成為世界工廠的中國，讓成為磁吸中心的中國，越過四小虎，形成雁行隊伍的錯位躍進模式。然而中國的飛躍成長，雖然在美國歐巴馬總統上任的隔年 (2010)，其 GDP 超越日本成為僅次於美國的全球第二大國，但其平均國民所得依然停在中所得的水準，雖然已經大於低階中所得水平的上限，但離進入高所得之列，顯然還有一段差距，如圖 1-1 與 1-2 所示。[3]

如前述，中國的崛起雖然在 GDP 規模上，已在 2010 年後成為全球第二大，但其平均國民所得仍舊在中所得水準徘徊。世銀 2012 年的研究報告直指中國需要提升其技術能量，以擺脫低階加工的世界工廠地位，方能跳出中所得陷阱。於是我們看到中國國務院在 2015 年公布《中國製造 2025》的戰略目標。姑且不論 2025 年中國製造的戰略目標能否達成，此戰略下必要的技術提升目標，強化了中國各級政府乃至國營企業，從國際上加速取得關鍵技術的行動。透過中國政府的補貼與名目的、實質的鼓勵措施，以及種種合法的海外併購、投資乃到非法的政策脅迫（如市場換技術、強迫合資入股等），甚至以

---

2 應指日本帶頭的，依序由勞力密集輕工業、資本密集的家電至電子資訊產業等。

3 表面上中國13億人口似為拉下平均所得之要因，但依據傳統成長理論則否；因為降低人均所得的人口因素為人口成長率，而中國在1978年開始實施一胎化政策，理論上其人口成長率已經停滯。2017年在發現勞動人口下滑後才有條件地放寬一胎化限制；只是嚴重的人口老化趨勢可能拖累其跳脫中所得陷阱的能力。

各種手段到歐美企業，尤其是台灣 ICT 領航企業，獵取技術人才。[4]

　　綜合而言，前述經濟發展的歷史路徑，顯現經濟發展極限性的存在，而且其極限程度因國而異，亦即**所得水準極限**之**跨國異質**的特徵。有些國家可能永遠在低所得水準徘徊，大部分則可以進入中所得的水準（如圖 1-1 所示大約占全球國家的 50% 左右），而且停留在這個中所得水準，難以進入高所得的行列。

1-4 小結

　　本書將從經濟發展理論的角度來解析前述現象。首先，我們從文獻既有之理論來找答案，以解釋這種經濟發展的極限性與跨國異特徵。更重要的是，我們進一步要針對近幾十年來，半導體技術成熟後誘發的數位革命，導致全球經濟本質上更趨於高度跨國分工、高階技術密集的新情境下，發展中國家之經濟發展政策的挑戰與機會。探討跳出低所得或中所得陷阱的客觀環境與主觀的發展策略何在？是否存在新的經濟發展模式？特別是檢視雁行產業發展模式和後來居上的跳蛙模式，[5] 或東亞模式對照中國模式。[6] 最後，亦是最重要的，我們要就全球經濟發展新趨勢之下萃取出新的經濟發展論。具體而言，繼工業革命與電氣化革命之後，前世紀下半以來的半導體技術突破，誘發之產業革命（資訊技術革命—IT 革命），乃至後繼之數位經濟 (digital

---

[4]　我們將在第6章有關中美技術冷戰的章節中，詳細探討中國為發展其ICT高階產業的技術爭奪政策與事例。

[5]　參見黃登興(1998)，以及陳宏易與黃登興(2009)。

[6]　「社會主義的市場經濟」之中國模式，在東亞的雁行發展論下有其獨特性。林毅夫(2010)的《新結構經濟學》，堪稱為論述此模式的代表著。或可看為傳統雙元結構學派的延伸，但就中國大陸崛起過程，由世界工廠到技術升級，又有相當程度與獨裁政體下的國家資本主義特屬的性質，所以另稱為「中國模式」。

economy) 革命，所影響的全球產業發展格局與步調的全球化下，產業鏈高度跨國分工的新趨勢、產品週期縮短、產業規模擴大等等，其強化贏者通吃，強化大國在產業分工上的本國市場效果 (Home-market Effect, HME)，這些新的國際經貿分工特質，都讓現有的經濟發展論，呈現不足與不適用性。我們將透過實證，探討體制與經濟發展的關係；證實在不同體制下的國家，雖然用相同的發展策略，仍可能發展出不同的結局。換言之，最適經濟發展戰略，應當與國情相應。最後在前述各種經濟發展論下，於第 9 章彙整全書大要，並歸納出在各個發展階段，所應採取之發展策略，稱之為「動態經濟發展論」，作為本書的結論。

第 2 章

經濟發展理論的回顧與驗證

　　誰的經濟發展理論：已發展或發展中的國家？現在的文獻談及經濟發展，大抵都是針對落後國家甚至是第三世界國家的論述。即便是針對東亞的日本或四小龍，討論的也是針對其何以當年可從低所得時代的經濟，發展成今日的高所得國家。然而就經濟發展論之探究經濟如何演化而言，當可遠溯更早。姑且不考慮 Douglas North 所稱的第一次經濟革命（狩獵社會→農牧經濟），第一次工業革命年代（1760年代）[1]孕育出的經濟學思想就充滿著「經濟發展」的思維。我們將其與近代成長理論，歸於古典經濟發展論。其他針對後進發展國家，特別是二戰後 1950 年代、1960 年代從殖民地獨立或相對發展落後者，則有農工雙元結構發展學派、依附發展論與東亞的雁行發展論。由於雁行發展論之針對東亞經濟發展的奇蹟而論，留待下一章專文介紹；以下分別就其餘的發展論，逐節介紹。

2-1 新古典經濟發展論

　　古典的經濟發展理論，可遠溯到第一次工業革命時期，A. Smith 於1776年發表的《國富論》，與第二次工業革命時期之馬克思(1901)的《資本論》，[2]乃至 Schumpeter 於第一次世界大戰前夕 1911 年完稿的 *The Theory of Economic Development*。這些經典的論著，均是針對工業革命當代發生地英國的經濟而寫。

　　二戰後從殖民地獨立的國家，則屬於低度發展經濟體（Less Developed Countries, LDC；或 Underdeveloped Countries）：而且到

---

[1] North (1981, 1989)稱之為第二次經濟革命。

[2] 馬克思的《資本論》於1851年起稿，到1883年馬克思去世，第二卷仍未完稿。Engels續成四卷，終於在1901年問世。距離其發表共產宣言(1848)有半個世紀。第一個共產政權則在Lenin 1910年出現。後續的共產主義或資本主義的經濟發展，孰優孰劣？一路糾纏到今天，從二戰、後冷戰而今之中國式崛起與新技術冷戰，不曾停歇。

了 1960 年代，這些國家依然停滯在貧窮落後的情況。針對這些落後國 (LDC) 的經濟發展論，其觀察的角度自然不同於前述——以先進國家的如何維持長期發展或持續經濟成長爲切入點。

戰後對已開發國家 (DC) 的經濟發展研究，逐漸演化爲經濟成長論，故可歸類爲古典的經濟發展論。[3]

此類文獻可以 Solow 的成長模型代表。主要特色是在充分就業的前提下，強調儲蓄導致人均資本的累積，以達到起飛的最低門檻。唯成長的極限，則受到技術與人口成長率的影響。Schumpeter 的技術進步經濟發展觀，成爲後來永續成長論的根本元素。Schumpeter (1911)[4] 寫的「經濟發展理論」，是針對當時（第一次工業革命）當地（英國、西歐）經濟發展而寫。他主張經濟發展是一種演化的過程，是讓經濟變得更具生產力、更專業化與複雜化的動態過程；演化動力來自人類技術的進步，此技術進步又可分爲兩類：[5]一類稱爲 Routinized Regime（例行性技術進步體制）；源自延續性地、靠經驗積累的技術進步 (creative accumulation)，簡單者如生產方法的改善或新工具的發明等等，越老的廠商越有利於這類的技術進步。另一類稱爲 Entrepreneur Regime：經濟發展的軌跡中，往往會「意外」地穿插一些不連續之躍升現象，此躍進的發生，則源自創造性破壞 (creative destruction) 的創新，一種取代現行科技、制度甚或勞動力結構的創新。[6]P. Romer 據以強調人力資本與技術創新，作爲經濟持

3　此後文獻所指的「經濟發展」，大抵乃針對落後國家LDC之經濟發展的專用名詞。

4　1911年Schumpeter的書*The Theory of Economic Development* 問世。

5　Neo-Schumpeterian學者的技術體制相關文獻，有Nelson and Winter (1982)、Winter (1984)、Dosi (1988)、Malerba and Orsenigo (1993, 1995, 1996)及Breschi et al. (2000)等等。

6　參考*Grand Pursuit: The Story of Economic Genius*關於Schumpeter, J.的介紹。有關Neo-Schumpeterian學派之技術體制(technological regimes)的文獻回顧，參見Lin and Huang (2008)。

續成長之動力，贏得 2018 年諾貝爾經濟學獎的桂冠。

我們將在第 8 章從體制品質 (institution quality) 的角度，進一步修正此理論，並以東亞各國的資料搭配驗證。[7]

2-2 雙元結構發展論

此學派在農業－工業雙元經濟結構下，探討工業化過程農業部門的過剩勞力為製造業部門所吸收，但只能增加資本報酬，而勞動薪資不動，一直到農村剩餘勞力耗盡與充分就業。主要的文獻為 Lewis (1954) 與 Fei and Ranis (1963, 1966)。只是在農業部門的剩餘勞力用罄後，經濟成長也將進入停滯的成熟期，人均所得維持在一個穩態水平（如古典成長理論的 steady-state），其水平的高低，決定於其技術水準與體制類型。此時的所得能否突破極限，就看是否有進一步的技術創新，或體制上的正向變革 (institutional quality)。我們在第 8 章將專章從體制經濟的角度，探討此經濟發展的所得極限問題。

在結構學派的文獻中，還有 Reynolds (1983) 認為就開發中國家而言，應該考慮更多元結構：農業、公營部門、私營企業和傳統的非正規部門（informal sectors，如微型企業市場與手工業等）。其實 1970 年代出現 Harris-Todaro 模型（或稱城鄉失業模型），後來擴展到納入非常規部門與貿易開放的面向，廣義而言都屬於結構學派的經濟發展理論的一支。[8]

林毅夫 (2010) 的《新結構經濟學》強調第三世界的經濟學發展策略，應考慮落後國家特殊的經濟結構，基本上亦屬這個範疇。林毅

[7]　參考Poon and Huang et al. (2019)以及Huang and Huang (2019)的關於成長極限理論與實證。該文以整理IQ與技術水平等變數，實證探討其如何影響經濟發展的極限。

[8]　參見黃登興、黃幼宜與林柏生(2004)有關此模型的文獻討論。

夫在其《新結構經濟學》的著作中，道出發展中國家一味仿照已開發國家的經濟結構作為其經濟發展方針，但往往未能達標。主要是忽略了開發中國家之實體經濟特質，與先進國家本質上極為不同所致。例如落後國家的經濟主體為農業與中、小或微型企業，屬於勞力密集型產業架構，對於金融市場的依賴程度與風險規模均較微小。加上體制或法治文化均相對沒有嚴謹的依循規範等等。此論點值得肯定，唯若仔細探究，基本上仍未能注意到近十年來全球經濟體系發展的影響。由於數位化經濟發展，跨國分工程度更為細緻，以致先進國的領先或宰制能力更強的情勢變化，除了既有的經濟發展理論的不足，在林所提出之新結構經濟下的發展策略也可能因為忽視先進國的「外因」而值得商榷。

　　我們要指出的 Reynolds (1983) 所強調的公部門企業，可能在不同政治體制下，其作用有根本的差異，也影響到發展政策的有效性。晚近的國家資本主義 (state capitalism) 或裙帶資本主義 (crony capitalism) 對照民主體制與市場資本主義的不同作用者，可歸於這類。我們將在後續適當章節進行論述。

2-3 依附型經濟發展論

　　此派發展論是針對經濟上依附型的國家而論；討論其能否成功地發展或如何發展，源自新馬克思主義學派 (Neo-Marxism) 的思想。認為落後國家企圖引進國際資本的發展策略，只能扮演先進國的邊陲國，居於被宰制的地位。因此推論出永遠處於低發展 (under-development) 的依附地位；代表性的著作者為 Andre Gunder Frank 從帝國資本主義下的拉美經驗認定拉美之落後發展 (development of underdeveloped)。[9]

反之，則有「進口替代」以求突破的發展政策論。[10]主要代表學者為 Fernando Henrique Cardoso，其依附發展論，緣自對聯合國拉美經濟委員會 (ECLA) 對 1960 年代拉丁美洲經濟依然落後之觀點的批判。[11]ECLA 認為拉美的經濟落後有兩個重要原因：資本主義發展太慢及落後的莊園封建體制。然而巴西在軍事政府 1964 年開始治理下，[12]於 1960 年代的 1966 年起，直到第二次石油危機 (1978)，卻有長達十年平均 11% 左右的高成長率。此公認的經濟奇蹟，何以致之？

1964 年巴西透過軍事政變後建立了軍政府，提出「進口替代」策略，以發展國家工業。當時歐美資本餘裕，已有大量外來投資進入巴西，主要集中於技術、資本較密集的工業產品，如：汽車、家電等。1967～1974 年間軍政府採用進口替代策略，透過對外大量舉債來融通鉅額政府支出，投入在興建公共建設、扶植國內鋼鐵業、石化業、造船與飛機，及水力發電等工業等相關產業，乃創造了巴西的經濟奇蹟。

唯大舉外債以進行公共投資、發展工業的策略，也因外債的壓力過大而埋下金融危機的種子。1973 年「第一次石油危機」爆發，導致國內的石油需求七成都依靠進口的巴西，通膨率從 1973 年的

9　見Dietz (1980)有關落後國的發展(development of underdeveloped)和依附型發展(development with dependency)的文獻與比較。

10　相關文獻有Cardoso (1976)、Cardoso and Faletto (1979)、Evans (1979)。台灣戰後初期的進口替代，亦可歸類於這類政策思維下的產物。參見陳玉璽(1992)第一章有關依附理論的文獻介紹與論點的批判，以及後續關於台灣發展經驗，超出此理論的特色；另外台灣經濟發展路徑的依附理論相關文獻還有瞿宛文(2017)。

11　見Dietz (1980)。

12　巴西軍政府時期起自1964年的政變，結束於1985年。

15.5% 急速上升至 1974 年的 34.5%。在國際景氣低迷的石油危機期間，軍政府爲維持經濟成長，持續以大量舉債的方式維持政府支出。此舉雖然讓巴西在 1975～1979 年間可以繼續維持 10% 以上（見圖 2-1）的經濟成長率，但債務卻以每年平均 25% 的速度急遽增加，通膨率也持續不斷地攀升。到 1980 年初外資看壞其經濟前景，紛紛停止或撤離，導致 1982-1983 年爆發金融危機。[13]

資料來源：World Development Indicators, World Bank

圖 2-1 巴西經濟成長趨勢 (1960～2019)

　　Cardoso 學術生涯恰逢 1960～1970 年代巴西經歷的十年經濟奇蹟。他見證在新資本主義下，跨國企業對外直接投資的跨國生產套利的角色，以及巴西政府如何利用外資，以扶植本地企業家之產業與金融政策的強勢經濟作爲，並展現成效。因此，Cardoso 寫出成名的依附下之經濟發展論。[14] 根據依附經濟發展理論，跨國企業 (MNC) 的

13　1980年代初期的金融危機，並不限於巴西。所有拉丁美洲國家如阿根廷、智利等南美大國均出現金融風暴，這與1970年代興起的自由化、民營化浪潮有密切關係（智利1973年的Chicago Boys 建言書）。我們將在下一節討論。

14　這段奇蹟就台灣、日本、南韓的發展經驗而言，也有雷同之處。容到下一章再詳細論述。

外來直接投資 (Foreign Direct Investment, FDI) 與地主國政府、在地資本分別扮演重要的角色，缺一不可。[15]FDI 帶來先進的外國生產技術，當地政府則提供土地租稅等優惠以吸引外商，但也要求外商的產品須某種程度地使用在地原料或組件，以扶植在地企業，即貿易文獻上所稱為 Content Protection。希望外資不但增加就業機會，而且能帶動相關產業的發展，也讓技術可以被在地企業家所學習並留下，作為後續成長的動力。[16]的確，我們從戰後新興國家的經濟發展經驗，可以發現在所有國家中，不論成敗，MNC、政府與在地資本家三者都是不可缺的要角。問題是何以只有少數東亞的國家如台灣、南韓能夠成功地發展，而其他如東南亞或拉丁美洲多數國家等都無法成功？[17]換言之，若說外資、政府與在地資本為不可或缺的三要件，則充其量只是必要條件，尚得配合其他條件，才能造就成功的經濟發展。東亞四小龍同樣始於依附型經濟，依賴 MNC 的外來投資與強勢政府的扶植在地產業的政策，並能培養出在地產業，以出口順差累積外匯與在地資本。反之，拉美依賴外債為主要的產業發展財源。隨經濟奇蹟而來的外債高築，遂成為 1980 年初金融自由化失敗引發金融風暴的火藥庫。此與 1997 年的亞洲金融風暴之源自假性繁榮而熱錢流入，有異曲同工之處。

---

15 見 Evans (1979)。

16 有關 Motorola 1980年代到中國投資與技術移轉中國的歷史，見第6章註13；要言之，Motorola 在中國市占由第一而落後，最後賣給中國的聯想集團(Lenovo)。

17 後來經濟發展的文獻，有一脈「中所得陷阱」的研究，就是因應何以國民所得再增長到一定水準（4,000美元／人年）後，有些國家就停滯不前。在這些文獻中，東亞的成功與其他的失敗，為其主要的論述對象。

資料來源：World Development Indicators, World Bank

圖 2-2　巴西實質 GDP 與平均所得經濟成長率

　　依賴外債的經濟繁榮假象，反映在 (1) 平均國民所得成長率小於實質經濟成長率上，如上圖 2-2；(2)1982 年出現金融危機，源自國外的金融機構不再看好以債養債的巴西經濟，因而停止貸款甚至抽離外資，讓巴西經濟更急速陷入衰退與通膨惡化的情境，如下圖 2-3 所示。此惡性通貨膨脹延續到 1993 年 Cardoso 任財政部長時採行「理拉計畫」(Real Plan) 的貨幣改革計畫，才讓經濟回穩。

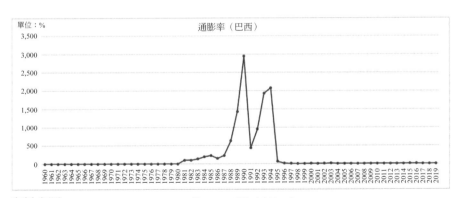

資料來源：World Development Indicators, World Bank

圖 2-3　巴西通膨率

大抵而言，依附型經濟發展策略，或可帶來短期的繁榮，但並不能保證留下外來投資的技術，一旦外商看壞而撤離，則經濟將再陷入困境。

2-4 新自由主義 (Neoliberalism) 發展模式

新自由主義如同依附發展論，均是源自對戰後經濟發展落後國家而產生的經濟發展策略之主張。前述 ECLA 1960 年代之觀點，認為拉美之經濟落後緣自 (1) 資本主義未發達，與 (2) 西班牙統治下遺留的落後封建莊園體制。對應 ECLA 的觀點，拉美在地學者反應有二。其一，如 Cardoso (1979) 等提出依附發展論 (dependent development)；其二，則主張發展落後根源於新資本帝國主義的持續宰制。依附論者如 Cardoso and Faletto (1979) 與 Evans (1979) 從外資、政府與在地企業三角合縱關係，以解讀 1966～1978 年的巴西經濟奇蹟。後者主要為新馬克思主義者，代表者如 Frank and Frank (1979)，他痛斥 ECLA 的看法，認為拉美經濟發展的落後，主要是新帝國資本主義繼殖民帝國主義後，仍然對獨立後的殖民政府，以跨國資本主義形式與當地統治階級合作，實行帝國主義經濟剝削的宰制。

相對於這兩派當地學者的反駁，歐美的經濟學者則從發達在地資本主義的角度，提出新自由主義論，主張應該開放市場，不僅對外進行所謂經濟自由化，開放資本市場讓國際資本能自由進出國門，透過市場機制，國際資本自然會往有利可圖之具有潛力的產業聚集，以利於當地產業發展。另一個政策是公營企業民營化，以促升生產效率。

新自由主義的主要試驗場為 1970 年代拉丁美洲的智利及巴西。結果是智利於 1982 年左右的金融風暴收場，而經濟落入衰退；巴西

也進入失落的十年。[18]

　　智利於 1973 年軍事強人 Pinochet 政變取得政權之前，1970 年上任的 Allende 政府奉行社會主義，中央管制之計畫經濟將所有企業收歸國有，外資逃離，造成民生物資短缺與惡性通膨。1973 年軍政府上台後，接受留美的智利學人的建議，採行源於美國芝加哥學派的新自由主義經濟政策。[19]主要政策為撤除國內種種的經濟管制，即經濟與國際貿易的自由化、國有企業民營化，以及穩定貨幣政策。後來的經濟文獻，把貿易自由化分成資本帳的自由化與經常帳（即貿易帳）的自由化。1976 年通膨獲得控制，失業率在民營化初期雖無可避免上揚，但也快速下跌（參見圖 2-4），智利經濟亦開始穩定成長（參見圖 2-5），出現前所未有的經濟繁榮，稱智利奇蹟。直到 1982 年的世界經濟衰退，才讓因為銀行民營化而形成的大財團透過自家銀行的融通，而跨界投資於主要出口產業的經營，導致不穩定的財務狀況，最終在出口受挫而暴發債務危機，引爆中南美洲的金融風暴。

資料來源：World Development Indicators, World Bank

圖 2-4　智利的通膨與失業率（1970～1990）

---

[18] 巴西於2000年間，受到亞洲金融風暴的影響而再度出現里拉危機。

[19] 新自由主義的主要倡導者為貨幣學派的Milton Friedman。在智利1973年9月11日政變後，留學美國芝加哥學派的智利學者被稱為「芝加哥男孩」(Chicago Boys)，即刻上書給Pinochet，提出新自由主義的發展策略，而Friedman於1975年受邀到智利演講。

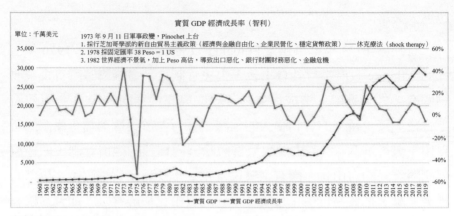

資料來源：World Development Indicators, World Bank

圖 2-5　智利經濟成長趨勢

　　巴西為另一個試驗場。該國軍政府於 1980 年代採行開放自由化政策，以高利率、提高里拉幣值、優惠鼓勵外資併購國營企業，其主導者為依附發展論的學者 Cardoso。惟金融風暴引發惡性通膨，直到 1993 年任財政部長的 Cardoso 進行貨幣改革計畫才得以控制；其於 1995 年選上巴西第二任總統，並在 1998 年獲得高票連任，為巴西帶來多年繁榮的假象。但後來外匯耗盡，外資對里拉大幅看貶，加上美國利率回升促使外資撤離，導致巴西經濟衰退，讓敵對的工黨贏回政權。一場國際化與自由化的實驗，為巴西贏得金磚五國 (BRICS) 之一的聲譽於焉結束。[20]

　　新自由主義的理論涉及主要文獻為自由化的策略，亦即資本帳或經常帳的貿易自由化孰先孰後的順序，自由化速度採漸進式或急速式

---

[20] 我們將在第3章進一步探討，何以中國獨異於其他金磚國家(BRICS)而單獨崛起，並對美國的國際經貿領導地位構成威脅。

(radualism vs. cold-turkey approach) 的選擇問題。[21]因此據以施行自由化與民營化的成敗、決定於其他的制度與體制因素,特別是如何利用外資留下技術而作為後續發展的動力,否則就會落入新馬克思主義的帝國資本主義宰制論的結局。我們將在東亞發展模式進一步討論。

2-5 結論:有否東亞發展模式?

前述無論是依附發展論或新自由主義發展論,其興起背景與所討論對象,主要是二戰後經濟發展落後的拉美;然而與拉美一樣經濟發展落後者,還有東亞和東南亞的非共產主義國家,如日本、南韓、台灣、新加坡、香港,與東協的馬來西亞、泰國、菲律賓和印尼等。換言之,ECLA 對拉美落後原因的觀點,應也可套用於以上的東亞各國。前述拉美的強人政府、引進外資的新自由主義政策,或依附於先進國家的外資以發展本地資本的策略,也隱約可以在東亞諸國中發現。然而,日本與東亞所呈現的經濟發展奇蹟,乃至於在進入二十一世紀以後,依然占有全球產業與經濟發展的關鍵地位,則明顯與拉美諸國有不同的結局。何以致之?

東亞資本主義之發展經歷,屬於依附理論與新自由主義的範疇,但又有其獨特之處,亦即「雁行產業發展論」,我們將在下一章討論。大抵而言,在四小龍之台灣與南韓等投資的外商,「被」留下了技術,並誘發在地資本的累積,孕育出在地企業家。反之,在東南亞各國投資的外商,則得面對技術工人不足的無形成本;因為在地人力資本的缺乏,導致在東南亞的外來投資大多數都集中於非技術性的、勞力密集的生產階段,如電子業中的組裝,與紡織業下游的成衣

---

[21] 有關1980年代之經濟自由化的相關文獻,主要有Krueger (1978)、McKinnon (1982)、Edwards (1984)、Rodrik (1987)、Kahkonen (1987)與Huang et al. (1990)等等。

服飾。因此，1990 年代末，隨著二十年來發展相對落後、勞工相對
便宜的中國大陸之逐步開放，東南亞各國的出口呈現大幅衰退、外資
流入停滯，間接助長了 1997 年金融風暴的形成。換言之，東亞模式
的成功並非一體適用於所有東亞的非共產國家。源自東協的 1997 年
金融風暴，宛如 1982 年拉美金融風暴的翻版，外資與熱錢看壞泰國
過熱的假性繁榮，而大量逃離，導致 1997 年 7 月 3 日泰國幣值驟貶，
而傳導到東亞鄰國乃至於拉美也受到波及。[22] 九七金融風暴暴露了東
協四國經濟發展的缺失。東亞發展模式，有四小龍的成功，卻也有東
南亞的失敗之案例。何以故？我們留在下一章討論。

---

[22] 亞洲金融風暴，除了快速傳導給鄰近的東亞各國，後來也傳動到土耳其以及俄羅斯，然後頓
挫拉美各國如巴西、阿根廷與智利等等的經濟成長。

附錄 2-1 依附發展論歷史下的台灣

　　最早對西方國家之發展經濟的論述分成三大流派：保守主義、自由主義與激進主義。[23] 依附發展論則屬於激進主義之觀點。對於落後或後進的發展中國家，經濟發展的成敗案例均有。由於地緣關係，歐美學者首先關注的對象爲拉丁美洲。拉美大抵於 1810 年代已陸續從殖民地獨立，例如巴西 (1818)、智利 (1815) 與阿根廷 (1818)，秘魯與玻利維亞再從阿根廷獨立出來等。擁有豐富的礦產，以及先天上適於農業發展的氣候與遼闊的土地資源，所以獨立後的拉美，維持以農業或延續殖民經濟作物如咖啡、蔗糖爲主的經濟。在沒有迫切需要的前提下，其工業化較緩，以致於在 1960 年代依然停留在農業爲主的經濟體制。1960 年代開始有歐美學者解讀拉美經濟發展的論述，自然落在傳統三論，自由主義、保守主義與激進主義三種學說中解讀。前述聯合國的 ECLA 對 1960 年代拉美落後的論述，即是從自由主義市場經濟的觀點。

　　作爲殖民地獨立的國家，其經濟發展自然受到殖民帝國──早期的西班牙、葡萄牙乃至後期之美國的影響。因此，拉美學者之批判 ECLA 的觀點，改以激進主義的觀點去檢視拉美之發展的落後，乃理所當然。激進主義學派主張，國與國間的勢力衝突、國內精英統治階級與民衆間的衝突，決定一國經濟發展的結果。準此，Frank 主張拉美的經濟發展落後，係由於新帝國資本主義的擴張所致，亦即外來的資本（歐美跨國公司）在拉美收買或協同當地政府和在地

---

23 有關傳統經濟發展論之三大流派，參考Winckler and Greenhalgh (1988)，第一章。保守主義源自文化根柢與社會安定的必要性，主張強而有力的政府在經濟發展的正面作用。自由主義則主張尊重市場機制，以發揮利益驅動之有效的資源分配作用來發展經濟。激進主義者主張國與國的競爭衝突，國內統治精英與民衆的衝突，影響經濟發展的命運，因而形成核心與邊陲之國與國的地位，國內階級形成所得差異的不平衡發展。

資本家的聯合干擾，讓經濟發展迎合國外資本需求而犧牲本地大眾的福利所致。Frank (1969) 提出「落後的形成」(the development of underdevelopment) 是外來資本主義的侵略所致，與新馬克思主義觀點一致。Cardoso (1972, 1973, 1979) 與 Evans (1979) 則提出依附性發展論：主張雖在經濟上屬於依附地位，仍有發展之機會，只是發展的結果會偏向於非在地消費需要而失衡。跨國公司 (MNC) 投資所引入之生產技術往往為先進的資本密集方式，亦即發展部門偏向非勞力密集，無助於當地失業的解決。所以 MNC 帶動的發展形成一種鑲嵌式的經濟，缺乏與在地產業關聯性，無法帶動全面的工業化。由於在地的資本階級對國家政權又強制的干擾能力，所以繁榮往往伴隨國民所得的不均，進口消費又傾向精英階級的異國產品偏好，國債增加，無法透過貿易順差以積累外匯，以培養在地企業能力。如 Evans (1979) 所提出依附發展的三要角中，雖然有政府、在地資本家的共同參與，但由於私利的驅使，而未能設計出適當的產業發展策略。短暫的 MNC 合作與繁榮，終將導致國家財政的崩壞，乃致外資抽離而引發經濟危機。

歷史學家以 1760 年代第一次工業革命為分野，把殖民主義分成重商主義與資本主義兩個階段。重商主義 (mercantilism)，緣自十五世紀末的大航海時代，或稱地理大發現時代，以累積財富為目標，所以對殖民地的統治為榨取式的資源掠奪。英國於 1601 年和荷蘭於 1602 年分別成立的東印度公司，均得到皇家授權，擁有武裝船隻及對於其他國家或新發現的地區有開戰占領之權利。屬於標準的「官商勾結」，以海外殖民擴張財富勢力之模式，在官方授權下的民營東印度公司以奪取當地財富資源為主要營利目標。

第二階段為資本主義時代，由於 1760 年代紡織業帶頭之英國工業革命。紡織業的機械化大規模量產，乃有為其紡織產品找尋出路之

算計。有稱只要中國人穿的唐衫袖口長一吋，就可以讓英國紡織大城曼徹斯特永保經濟繁榮。在資本主義下的殖民，有資本家追逐利潤的根本驅動力，其目的亦因此較爲多元，一方面占有海外市場以確保其工業產品出路 (trade objective)，另一方面要爲其新累積的資本找尋新的出路 (deployment objective)，[24] 所以有到殖民地投資設廠的手段，爲近代跨國直接投資 (FDI) 之雛形。

台灣的依附型發展史略

從地理位置與規模的角度，台灣的經濟發展在被「發現」以後，必然是居於依附地位。具體而言，由於地緣關係，台灣經濟發展注定被周邊強權所左右，亦即海峽之隔的中國大陸、北面的東洋日本，與歐美西洋勢力（如大航海時代的荷蘭、西班牙，清末帝國主義時代的英國，與近代之美國）。如今台灣在國際經濟的重要地位，與其說是奇蹟，亦可稱之爲歷史上總總因緣聚集產生的均衡。

因明末的倭寇之亂而實行海禁，台灣成爲名符其實的經濟獨立區域，也成爲當時倭寇與海賊的基地，一如大航海時代加勒比海的新西班牙島南端的海地。[25] 荷蘭與西班牙先後於 1624、1626 年分別占領台灣南部與北部，[26] 其統治模式就是典型的榨取式殖民。荷蘭於 1624〜1662 年統治台灣的三十八年，榨取手段有官租（對台灣人民徵收王田稅）、七歲以上人口的人頭稅，以及狩獵稅；甚至有在印尼之 Batavia 城（今雅加達）總督指示下，於台灣擄人到南洋作爲其在 Batavia 城之咖啡農莊奴工的情事。荷蘭的殖民統治，除了引進一

---

[24] 見Alam (1994)。

[25] 海地曾經爲法國海盜基地，用以搶奪海上的西班牙與葡萄牙探險船隊。

[26] 荷蘭先於1624年在台南建熱蘭遮城(Neo-Netherland)，殖民台灣，然後在1642年打敗占領台灣北部的西班牙殖民軍而占領全台灣，直到1662年被鄭成功驅出台灣勢力。

些南洋物種與耕牛方式外，對台灣沒有經濟發展可言。明鄭1662年統一台灣的屯兵屯田制，則是以反清復明為目標，某種程度上對台灣農業也屬於拓荒式的經濟；清領時期，鼓勵移民也只是加速台灣的農地開發。在1760年代西方第一次工業革命時，台灣已經進入清領時期，清朝的沿海居民移入台灣拓荒，加速了農業開發。直到1840年代鴉片戰爭，帝國主義打開中國大門，也讓台灣再次走入國際貿易體系，英美西洋勢力進入台灣，北部淡水成為「自由貿易區」。然後是1896年日本的殖民統治，台灣成為日本經濟特區。清領時期以茶、糖、樟腦為主要出口品的台灣，變成米、糖為主要經濟作物，並且貿易生產以日本為主要對象，如黃登興與徐茂炫 (1997) 所示，有90%台灣貿易是日台的雙邊貿易。

相對於西洋的殖民策略，日本在台灣殖民統治的五十一年，清楚出現 Evans (1979) 所述之落後地區經濟發展的三角色：(1) 外來勢力，即日本殖民宗主國的資本家，如三井。三井於1910年完全取代原來在台灣的洋行（清領時期，鴉片戰爭後隨五口通商而駐進台灣的外來商業勢力），(2) 在地資本家 —— 所謂五大家族，與 (3) 在地政府（日本在台總督）。

只是，如 Winckle and Greenhalgh (1988) 所述，日本的殖民統治相較於其他殖民帝國有所不同。除了根據舊慣調查，人口戶政體制建構、醫療衛生體系的建布等等為安全並方便殖民管理之政略外，為蔗糖的生產引進新式製糖廠而淘汰傳統糖廠，堪稱台灣工業化之始。為了稻米的生產，品種改良如蓬萊米育種 (1922)、推廣烏山頭水庫與嘉南大圳灌溉系統的建立，及其他熱帶農產試驗改良等措施，日本治理台灣，已經超越榨取式殖民模式，呈現資本主義的樣式，或可稱為日本的資本找尋出路的長遠計畫式的殖民統治。日本殖民期間殖民政府充分利用在地的地主與資本階級，掌控並扶植能與之合作的台灣

五大家族企業（基隆顏家、高雄陳家、鹿港辜家、板橋林家與霧峰林家），分別給予特別經營權。日本殖民期間為台灣奠下的諸多水利、交通、發電等基礎建設，為下一階段國民政府 (1949) 來台後打下一些經濟發展的基礎。

　　隨著國民政府到台灣的大陸企業家，取代日本外來資本家的角色。在美援期間 (1951～1965)，透過農復會（Sino-American Joint Commission on Rural Reconstruction，農村復興中美聯合委員會，農委會前身），[27] 美國與當時的國民黨政權合作，進一步為台灣的政經體制 (institution)，建構出由政府權威指導、外來資本（美援）與民間資本配合之三角基礎的經濟發展結構。台灣資本主義的形成，如 Winckler and Greenhalgh (1988) 所述，主要是因為美國在台灣土改政策上的某些主張與堅持，乃奠下台灣私人企業市場機制的基礎，如發放四大公司股票換取地主的土地所有權（台泥、台紙、台農與台礦）。換言之，台灣在 1949 年以後進入更為具體的依附型經濟體：美國政府、國民黨專政政府與在地舊勢力（或資本家）的三角關係。然後在 1966 年於美援結束隔年，成立高雄加工出口區，作為美商 (RCA, GE)、歐商（飛利浦）及日商等外來投資的設廠專區。台灣農村勞工投入工業化生產行列，也為外來投資者在勞力密集加工產業如成衣服飾、製鞋及電子加工等，提供低廉的勞動力，利於其在歐美市場的競爭力。於是，台灣經濟正式進入出口擴張時代，並以雙位數的速度快速成長。而且國民所得維持高度平均，迥異於拉美或其他開發中國家的所得不均式的成長。然後是 1973、1978 年的兩次石油危機，不同於巴西的鎖國政策，台灣以十大建設轉型（二次進口替代）到石化重工業的發展，並於 1980 年代逐漸提升到資本、技術密集的電腦資訊、通訊產業。相對於 1982、1983 年全球經濟蕭條造成拉美

27　有關農復會在台灣光復初期的農業改革政策所扮演的角色，參考廖正宏等(1986)，第十二章。

金融危機，台灣則繼續穩健地成長與完成工業化。

綜合而言，於 1960 年代與拉美同樣是依附型經濟的本質，台灣與拉美卻有不同的發展路徑。這應該是前述的依附發展論或新自由主義發展論，所無法解讀的。值得我們在下一章針對東亞的發展另行論述。

第 3 章

東亞模式——雁行產業
發展論

　　二十世紀下半葉東亞經濟發展的成功，被文獻認證爲經濟發展的奇蹟。解釋其發展模式的主要理論，則爲「雁行產業發展模式」（Flying Geese，簡稱 FG）；亦即以日本爲首的產業發展模式，再依序帶動後續的四小龍等東亞各國產業起飛的產業遞移模式。在這一章我們先回顧此發展論，進而討論後續中國改革開放，特別是 2001 年加入 WTO 後所呈現之越過東協產業承接順序的「跳蛙現象」，尤其是近代 ICT 產業新興分工階段。最後針對此一發展模式提出修正，並探討其是否可作爲其他後進國家經濟發展之參考。[1]

3-1 雁行發展論緣起 —— 日本紡織業帶頭的工業化發展

　　紡織業的發展堪稱近代經濟發展歷程的縮影。遠從英國的工業革命，以機械化生產的方式創新紡織業的生產型態，大幅改變英國的經濟面貌。到了十九世紀上半葉，英國取得世界工廠和全球貿易的主導地位，同時向美國和歐洲大陸輸出機械設備，開啓了德國、法國、義大利和美國工業化的進程。隨著經濟盟主的易位，美國超越了英國；美國也將紡織品的生產技術引進到太平洋彼岸，東亞國家開始學習現代的紡織工業。在第一次世界大戰前後，日本在紡織業已經達到世界先進水準，後來日本雖然經歷第二次世界大戰以及戰後重建時期，仍然能夠在 1950 年代時期，成爲紡織品的最大出口國。隨著國際保護主義的興起，歐美也對紡織品制定國際規範。[2]這些措施雖然直接阻

1　這一章主要內容根據與陳宏易和楊子薗多年合作的研究成果，予以彙整並增補而成。

2　美國首先要求日本出口紡織品需受配額等的限制，此舉引發歐洲各國對日本實施歧視性配額與訂定國際規範。全球紡織品的規範，自1960年經歷三個階段實施：首先，1961年的棉紡織品長期協定(LTA)規範1970年代初期全球棉紡織品的國際貿易，特別針對設限棉紡品實施5%的成長率；其次，1974年的多邊纖維協定（Multifiber Arrangement，簡稱MFA）；以及後來的GATT/WTO制定紡織品及成衣協定。這些配額及出口自動設限等措施，使得日本在1969～1990年紡織品的出口大受影響。

礙日本紡織工業的發展，相對地卻提供一個讓東亞地區的香港、台灣和南韓，以及現在的中國大陸和東南亞國家，進入世界紡織市場的絕佳契機。

日本紡織品的對外貿易版圖，下游的成衣部門，在 1960～1970 年代先由亞洲的四小龍接手；到了 1980 年代後期再輾轉傳遞給四小虎（馬來西亞、泰國、印尼與菲律賓）；1990 年代後期，中國大陸、越南等地成為主要的成衣加工出口國家。呈現日本為首的紡織產業在東亞的起落承繼順序，雁行模式。[3]換言之，東亞的紡織業發展，如 Akamatsu (1961, 1962) 所述，首先是技術程度不高的勞力密集產業（即下游的成衣類），然後才是與其相關的技術或資本密集產業（如紡織機具，或是其中上游的紡紗織布與染整等）。

根據對十九世紀末與二十世初期的日本紡織業發展經驗之觀察，[4]Akamatsu 乃於 1935 年提出雁行產業發展模式：指出落後國家在發展某一個產業的歷程，往往是先從先進國進口該產業之產品，而後慢慢培育本地的製造能力，開始有國產品的出現，隨著國產品製造能力提升而逐漸滿足國內的需求，甚至進一步超過國內需求而有能力出口。換言之，開發中國家的產業發展可以化約成「進口→當地生產（進口替代）→出口＞進口」三個階段。如果我們將此一產業的進口值、國內生產值及出口值的時間序列，對應時間橫軸繪製成圖，則會看到三條有些時間落差的拋物線，起落有序如野雁之飛行隊伍。

根據對於日本產業發展經驗的進一步觀察，Akamatsu 也指出：

---

[3] 日語原稱「雁行形態論」，為Akamatsu於1935和1937年著作中提出。英文版分別於1961與1962年問世，譯為"flying geese paradigm"。

[4] 十九世紀時，集中在名古屋(Nagoya)的日本紡織業因仍舊以手工製造為主，因此無論在成本或品質上均不敵機械生產的英國進口貨；最後終於遭到英國進口品的擊潰，直到二十世紀初時，日本的紡織業經過重建改以機器生產，最後成為當時日本重要出口產業。

具有上述三階段生命週期發展模式的產業，首先發生在消費性財貨（如成衣服飾）與中間財（如棉紗與棉纖維），接著是生產器具設備（如棉製紡織品用的機器）。換言之，隨著時間的更迭，開發中國家具有比較利益的產業，逐步從消費性產業的製造移轉至機器設備的製造部門，亦即新興產業在國際市場漸漸獲致比較利益，而舊產業卻同時在國際市場喪失了比較利益。這一前一後的產業更迭現象，也展現出整個經濟體系之產業的重建與升級。而雁行產業發展模式也進一步地延伸至產品的成熟與消退的階段，[5]亦即產業發展的歷程呈現「進口→當地生產→出口→產業沒落→進口」的完整生命循環。

這種產業發展的模式，不但對於日本戰後的產業發展策略有相當關鍵性的指導作用，[6]更是經濟發展相關文獻中討論開發中國家經濟發展模式之先河，甚至被稱之為討論新興經濟體如何達成經濟發展的第一個理論。[7]後續文獻發展也趨於多元，分別從橫向與縱向的角度來解析此一產業發展模式。Vernon (1966, 1979) 的產品週期理論 (product cycle theorem)，強調產品從出現或創新而成熟，而後落伍淘汰的階段；先進國家在創新階段具比較優勢，開發中國家則在技術落後前提下，僅能承接技術成熟的產業，甚至是在已開發中國家逐漸失去比較優勢而正在淘汰中的產業；所謂技術落後國的跟進 (catching-up) 之產業發展策略，其實與 Akamatsu 的雁行產業發展論異曲同工。如 Kojima (1978) 所言，Akamatsu 提出的產業發展模型本質上就是個跟進模型 (catching-up model)。

後續的研究發展之一是延續 Akamatsu (1935) 的原始架構，觀察

5　參閱Kojima (1978)及Yamazawa (1986)。

6　參閱Korhonen (1994)。該文指出日本政府戰後所制定出的保護幼稚產業政策，乃立基於此雁行產業發展理論。

7　見Gore (1996)。

單一產業在開發中國家的生命循環之歷程，例如 Akamatsu (1956) 對日本的機械業、Tran (1988) 對南韓的人造纖維產業等等；[8]另一類的發展是進行跨國的比較，針對不同經濟發展程度國家，比較相同一個產業在不同國家之間的更迭，如 Okita (1978, 1986)、Kojima (1978)、Yamazawa (1993)、Kosai and Tran (1994) 和 Ezaki (1995) 等等。[9]

關鍵性的著作是 Kojima (1978)，他將雁行理論與產品週期論進一步結合，具體地道出兩個開發程度不等的經濟體之間，在同一個產業發展上的領導與追趕之動態過程──雁行產業生命週期的最後階段，扮演「領頭雁」的領先國，其「過時」產業將逐漸喪失比較利益，而原屬落後群中能力較強的追隨者，則前進並取代成為該產業的主要生產國，完成該產業的交棒過程。接著，Okita (1986) 將 Kojima (1978) 兩國間追趕過程延伸至多國間的連續追趕現象，[10]於是當一個落後國將出口階段從「非耐久性消費財」提升至「耐久性消費財」及「資本密集財時」時，更落後的追隨國亦開始以相同的程序從後追趕。許多個開發程度不同的國家間，就在這種連續追趕的過程中，展現了不同層次的國際間之勞力分工的現象。

日本被稱為亞洲經濟發展的火車頭，而四小龍或稱亞洲新興工業化經濟體（Newly Industrialized Economies，以下簡稱 NIES）的經濟發展幾乎是依循日本的腳步來進行；日本的夕陽產業如紡織、家電產業等也透過貿易或直接投資而依序傳遞給台灣、南韓等等。1970

8　Tran (1988)的研究指出南韓人纖產業的發展之關鍵因素，是從日本的直接投資獲得主要的技術移轉以及管理技術。嚴格來講，該文的重點在產業發展過程中的迎頭趕上(catching-up)機制的探討。

9　Ezaki (1995)以Multiplex catching-up來稱述低工業化國家成群地跟進高工業化國家產業的現象。當然，日本→NIEs→ASEAN4是最被稱道的代表。

10　參閱Kosai and Tran (1994)。

年代以來四小龍的多數製造產業承接自日本，其故事猶如二十世紀初期日本發展紡織業之翻版，唯一不同的是日本係承接當時主要的先進工業國英國，而今是 NIES 承繼日本而已。到了 1980 年代初期，東南亞國協中的馬來西亞、泰國、菲律賓和印尼，也繼 NIES 之後成爲後繼的接棒角色，同時也引發了東南亞的產業發展是依日本模式或美國模式的爭辯 (World Bank, 1993)。我們也大致上可以從文獻中發現，如雁行產業發展模式的說法套用在東亞的經濟發展故事上：亦即，東亞的產業發展歷程，基本上是呈現日本而 NIES 而東協四國，寫成「日本→ NIES → ASEAN4」的現象。

3-2 雁行發展論的台灣觀察

如前述雁行的產業發展模式，可從單一國家的產業發展先後順序來觀察。另一方面更重要的是透過產業的跨國遞移順序來進行實證。日本紡織產業的發展史，爲雁行模式之肇始，其起落順序自然是合於雁行理論，毋庸再述。依雁行理論，後進的國家工業化宜以勞力密集產品爲先，進一步往資本或技術密集產業提升。台灣作爲領頭雁日本的承繼者，其發展順序應與日本之夕陽產業的順序相吻合，而實際資料所呈現者，亦復如是。台灣的工業化，**紡織產業扮演重要角色**，應無疑義。台灣的出口導向發展策略，其成果自然呈現在台灣出口產品的起落順序上。繼紡織業而呈現的典型雁行發展型態者則有**電子資訊產業**。

值得一提的是，繼 1960 年代紡織業及 1970 年代家電與電子資訊業的發展，於 1980 年代出現與前者並居台灣前三大出口產業的製鞋業。台灣曾有製鞋王國之稱，於 1976 年就超越義大利成爲世界最大出口國。1980 年代主要製鞋大廠有寶成、台隆與清祿，均以世界

名牌鞋廠的代工 (OEM) 而崛起。直到 1987 年台灣解嚴後，台商前往大陸設廠，才逐漸將台灣製鞋王國地位，轉給世界工廠中國大陸。1990 年代在中國大陸的全球最大製鞋廠裕元，占有全球 17〜18% 左右的市場，而裕元就是台灣寶成在中國大陸設廠的子公司。明顯地，鞋業並非承自日本產業，1970 年代台灣的石化業發展為製鞋業提供在地的上游原料，加上歐美品牌尋找海外代工的機會，與低廉勞工成本為主要促進因素。因為其技術根柢為台灣本有的傳統製鞋業，嚴格來講並不全然合於雁行發展模式。但因代工的契機而升級，唯技術成分不高，後來輾轉遷移到工資便宜之中國乃至後來的越南，並不意外。

　　以下我們針對台灣的紡織業與電子資訊產業的發展歷程，依序從雁行模式的角度來觀察。

3-2-1 台灣紡織業的雁行模式發展

　　紡織業對台灣早期的經濟發展，扮演非常重要的角色。其發源可追溯到第一次世界大戰結束後的 1919 年，由日本本土首度引進動力織布機。往後幾年，陸陸續續自日本進口其「剩餘」的紡織機與紡錘；到了 1940 年代，日本政府在南進政策的驅使下，更積極地發展台灣的紡織業。1941 年台灣紡織株式會社成立，為台灣最早的新式棉紡織工業開啓了新頁。最後由於棉花的供給受到限制，加上戰爭風雲逐漸的湧現而告結束。[11]

　　戰後，紡織業的發展除了日據時期留下的基礎外，另有兩個主要的因素：其一為跟隨國民政府遷台而來的大陸沿海紡織業之移入，其二為透過美援獲得美國生產過剩的棉花輸入。中央信託局以美援的棉

11　參見周憲文(1980)，第四章。

花，透過「代紡代織」的原料配給以及高額加工費扶植國內紡織業政策，台灣的紡織業經歷 1950 年代的管制扶植期；1959 年解除新廠設立的限制，此後有較爲大量的棉布出口，當年度亦成爲台灣出口擴張期的開始年。於是，台灣紡織業開始在台灣的出口貿易扮演一個重要的角色。

綜觀台灣紡織工業的發展過程，[12] 依序由成衣服飾、紡布、合成纖維，到合成纖維原料，典型由下往上游發展的逆向過程。早期，成衣服飾爲出口之大宗，而 1970 年代的中間產業合成纖維的自製成功，更促進成衣出口的高峰再現（1971 年起成衣的出口中有一半以上屬於合纖混紡類）。中期，逐漸地中間財——人造纖維也開始有了出口，其比重與日俱增。1980 年代成衣出口大幅衰落，乃至於生產外移的情況。如圖 3-1 所示〔見圖 3-2，有關 SITC 26（紡織纖維）、SITC 65（布紗）、SITC 84（成衣服飾）各類進、出口值歷年趨勢〕。

有關台灣紡織業的發展過程，從 FG 模型的角度來看，進一步可由國際競爭力曲線 ICC (International Competence Curve) 觀察而知。ICC_t 定義如下：

$$ICC_t = \frac{X_t - M_t}{X_t + M_t} \tag{3-1}$$

其中 X_t 代表一國在 t 年的年出口值，M_t 爲進口值。ICC 亦即貿易順差占總貿易量之比重；顯然 $-1 < ICC_t < 1$。當一國於該產品的發展之初只有進口時，$X_t = 0$，$ICC_t = -1$；反之，只有出口時，$M_t = 0$，則 $ICC_t = 1$。當出口大於進口的順差時，$X_t - M_t > 0$，則 $ICC_t > 0$；反之，則 $ICC_t < 0$。紡織業的 ICC 線如圖 3-2 所示，其明顯特徵爲早

---

12 這一部分的要點主要是參考佐藤幸人(1989)，關於台灣纖維產業的論述。

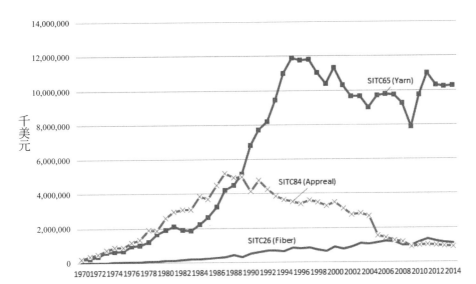

資料來源：本研究整理

圖 3-1　台灣紡織業出口趨勢

期最先發展的 SITC 84 的 ICC 最高 (ICC = 1) 大於 SIT C65，後者又大於最後發展的上游 SITC 26 之 ICC。

　　根據圖3-1的出口趨勢與圖3-2 ICC 趨勢圖，我們可以觀察如下：

　　（一）在 1988 年前，台灣的紡織業出口，以最下游的成衣服飾 (SITC 84) 爲主，如圖 3-1。直到 1988 年，中游的布紗 (SITC 65) 出口才超過前者，然後一路急速增加，到 1994 年達到最高峰。對應圖 3-2 的 ICC 曲線，此布紗產品的 ICC 值，自 1970 年以來就一直介於 (0.4, 0.8)，更在 1993 年左右超過下游成衣服飾的 ICC 值。亦即從國際競爭力的角度，台灣的紡織業下游在 1986 年以後急速下降，到 1993 年左右，已經低於中游（布紗類）的國際競爭力。

　　（二）對照最上游的人造纖維類，在 1970 年後因上游石化業的發達，而開始產出，唯僅供國內下游使用爲主，其 ICC 直到 1989 年

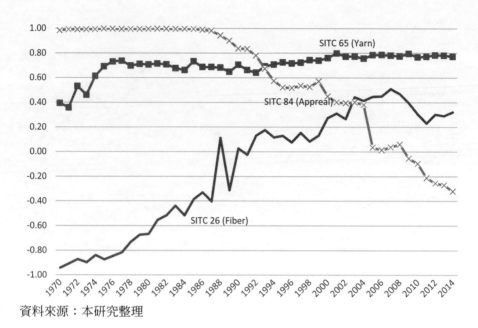

資料來源：本研究整理

圖 3-2　台灣紡織業上、中、下游的國際競爭指數（ICC）

前後才略爲轉正，呈現出口大於進口的順差型態。出口值雖略有增加之勢，但其值均遠低於下游及中游，直到 2008 年後出口值才勉強大於已經大幅萎縮的成衣服飾類。

（三）上游的紡織纖維類，雖出口量不大，但其出口競爭力則一路攀升，ICC 值到 2002 年已經逾越過 0.4，大於下跌中的下游產品（成衣服飾類）。後者的 ICC 值在 2009 年已經落到負值。換言之，台灣的成衣服飾，在 2008 年以後已經落到貿易逆差的階段。

整體而言，台灣的紡織業一路發展下來的歷程，與先進國家的腳步雷同。均肇始於最勞力密集的下游成衣服飾，然後往比較資本密集的中游布紗類發展，最後才是比較技術密集乃至高度依賴石化原料的上游人纖類。

3-2-2 台灣電子資訊業的雁行模式發展

電子資訊業 (Information Communication and Technology Industry, ICT) 對於台灣的產業發展過程，呈現如紡織業般的上、中、下游產業輪動型態。

ICT 相關產業的貿易品類歸到 SITC 75、76 及 77 三類，台灣在這三大類的出口值與 ICC 值，分別如圖 3-3 及 3-4。首先，（一）就出口值而言，如圖 3-3 所示，這三大類產品直到 1985 年以後，才出現明顯的數值，特別是電腦產業所屬的 SITC 75 及半導體所屬的 SITC 77 類，兩者的出口值均穩速增加，與台灣逐漸失去成本優勢的家電產品所屬的 SITC 76 類的出口額，其差距一路拉開。

（二）到了 2000 年，個人電腦所屬的 75 類出口，亦開始萎縮。2005 年左右，該產品的出口額與傳統家電類 SITC 76 類，已經不相上下。

從台商對外投資的歷程，我們可以充分理解，上述 ICT 產業貿易變遷之原由：1985 年台幣大幅升值、1987 年的解嚴與 1991 年開放中國大陸投資，一系列的事件衝擊，有以致之。台商於 1985 年起，因應勞工成本上揚與台幣升值，出現將勞力密集生產線外移到東南亞的第一波資本外移。然後是第二波（台灣政府尚未開放對中國投資時）往中國大陸祕密投資的初期效應；接下來是 1991 年（台灣政府開放對中國投資以後）ICT 產業之中上游製程亦逐步外移中國的後續衝擊，帶動前述的貿易型態變化。

（三）從 ICC 趨勢圖（圖 3-4）亦可發現，傳統家電產業 (SITC 76) 的國際競爭力，於 1986 年前一直是居三者之冠。而且是 1970 年起一路上升，到 1985 年（台幣大幅升值年）達到最高峰。然後隨著產業外移（先是東南亞然後大陸），而逐漸喪失優勢，到 1987 年（台

灣解嚴，台商赴大陸投資明顯加劇），其 ICC 值被一路上升的辦公
室機器與自動化產業資料處理設備產業 (SITC 75) 超越。

　　依圖 3-4 我們大抵可以說，自 1987 年到 2004 年，台灣在國際上
主要競爭強項產品為 SITC 75 類。2004 年以後，隨著這類產品的中
上游產業鏈，跟著下游外移到中國，其 ICC 值甚至下跌到已落入衰
退的家電產業所屬之 SITC 76 類的水準；2014 年以後兩者的 ICC 值
則被後起的半導體產業所屬之 SITC 77 類所超越。

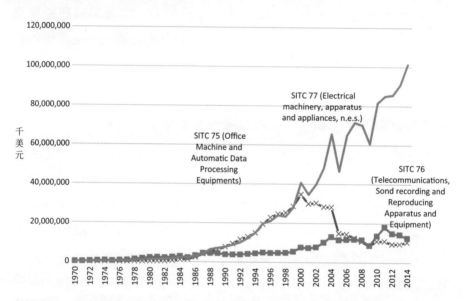

資料來源：本研究整理

圖 3-3　　出口值（台灣 ICT 產業）

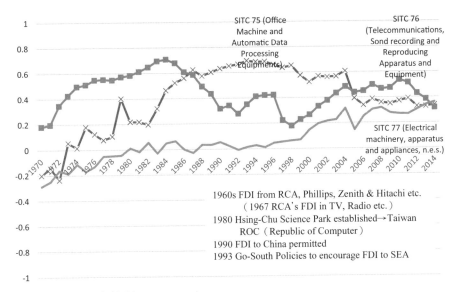

資料來源：本研究整理

圖 3-4　ICC 曲線（台灣 ICT 產業）

（四）從圖 3-3 可進一步觀察到，儘管 2000 年以後台灣的個人電腦所屬之 SITC 75 類的出口進入了衰退階段，而半導體產業與電子工具機械類所屬的 SITC 77 類，仍繼續維持大幅升揚之趨勢。這反映台灣在進入二十一世紀後，跟上全球 IC 產業革命性的發展趨勢，在日本、南韓乃至後進的中國之激烈競爭環境下，仍保有重要的席位。若從反映貿易競爭力的 ICC 值來觀察，不難發現此類產業，自 1980 年以來，透過政府政策在新竹與其他科學園區的建立，發展高科技產業所帶動的後續作用。首先是個人電腦產業發展取代傳統家電產業，然後是 IC 半導體等高技術產品的成長，於是展現出圖 3-4 三個產業此消彼長的貿易態勢。

（五）值得注意的是，若從全球雙邊貿易量來計算其群聚現象，則可以發現此高科技產業，不若前述傳統產業之由歐洲與環太平洋

的雙群塊，移轉到亞太單區塊現象。以電腦產品所屬的 SITC 75 為例（參見 Huang et al., 2006），此產業自 1970 年以來就只有單一的核心區塊，其成員為德國、美國、法國、英國及荷蘭。而且區塊核心逐漸往東亞移動，1990 年日本已經進入群聚核心，到了 2000 年我們甚至可以觀察到台灣、中國也進入到當年的貿易區塊之核心。反之，1970 年代的前列歐洲核心成員國，均已成為於核心外的邊陲國成員。

綜合而言，台灣電子資訊業從 1970 年代開始起步，早年從為低術門檻的滑鼠、鍵盤等產品代工的方式切進電子資訊產業（即 SITC 75 類，辦公設備和自動資料處理設備），漸漸地在個人電腦系統、主機板、周邊設備（如監視器、掃描器及網路卡等，即 SITC 76 類電信與音訊錄製與重製設備類），然後是屬於技術密集的電子零組件等產品（即 SITC 77 類）。整體而言，對於電子資訊產業發展型態亦如同紡織業的路徑，是由下往上游發展的逆向過程。前述有關台灣電子資訊業的發展過程，也會反映在貿易型態上，就是從早期出口最終相關產品 (SITC 76)，進口中間財的產業內貿易，且整體貿易逆差的型態，在中期出現中間財出口規模擴增，且產業內貿易逐漸轉為順差的樣態，符合典型的雁行發展模式。

3-3 東亞雁行模式的跨國型態

對雁行發展理論進行驗證的文獻，可區分為兩類，其一為對個別產業的發展進行敘述性資料的比對與闡述，如 Kojima (1978)、Yamazawa (1993)、Kosai and Tran (1994)、Korhonen (1994) 等等。[13]

---

[13] 以Kosai and Tran (1994)為例，他們以日本的紡織業、人造纖維、鋼鐵及辦公室用具等四項產業為觀察對象，並以各項產業的「生產值／消費值」比，表現產業發展的三階段生命週期現象。當生產值／消費值比例小於1時，表示國內生產值不足以供其國內消費用，有淨進口，屬於生命週期的第一及第二階段；反之，當生產值／消費值比例大於1時，表示國內生產值超

另一類則應用統計方法來驗證跨國的遞移關係，檢定其是否與多國間依序繼承的法則相符，如 Chow (1990, 1998)、Helg (1998) 與 Leu (1998) 等等，稱為「RCA 指數序列相關係數法」（Revealed Comparative Advantage，RCA，譯為顯示性比較利益）。此法所依據的學理如下：如果 A 國的產業發展是追隨先進 B 國，則 A 國當期與 B 國前 L 期（L 為落後期數）的產業結構近似，而在國際貿易之表現上，A 國具有相對優勢的產品相對於 B 國也應當有 L 期的時間落差。準此，A 國當期各產業的 RCA 排序對比 B 國在 L 年前的 RCA 序列應有顯著的正相關。RCA 指數是由 Balassa (1965) 首先提出，以判斷一個國家在某產業是否具有比較利益，其定義如下：

$$RCA_i^j = \frac{\left(\dfrac{X_i^j}{X_i}\right)}{\left(\dfrac{X_w^j}{X_w}\right)} \tag{3-2}$$

其中，X_i^j 為 i 國在 j 財於某年的出口值，$X_i = \sum_j X_i^j$ 為 i 國於該年的總出口值，X_w^j 為全世界 j 財的總出口值，$X_w = \sum_j X_w^j$ 則為全世界於該年的總出口值。當 i 國於 j 產品的平均出口比大於全球平均水準時，$RCA_i^j > 1$，則顯示 i 國在 j 財具有比較利益；反之，當 $RCA_i^j < 1$，則表示 i 國在 j 財不具有比較利益；RCA_i^j 越大，則表示 i 國在 j 財具有越高的顯示性比較利益。

　　具體的檢定程序，我們用 Helg (1998) 為代表來說明之。首先，(1) 選定一種產品的分類標準，如 Helg (1998) 以 SITC-2 碼的分類。

過國內消費，有淨出口，屬於生命週期的第三階段。此法甚合Akamatsu雁行產業發展論之原意，適用於特定的觀察對象，卻難以檢定跨國的遞移關係。

然後，(2) 先計算出日本（先進國）產業於 1970 年各項產品的 RCA 值。接著，(3) 再計算出假想中的跟隨國（如亞太其他開發中國家）於落後年分（如 1992 年，根據先驗知識主觀認定）的各項產品 RCA 值。之後，(4) 計算出領航國——日本與該追隨國，兩國對應 RCA 的 *Spearman* 序列相關係數；若算得之相關係數，統計上是顯著地正相關，亦即，追隨國在 1992 年各產業出口品之比較利益順序與領先國 1970 年出口品的比較利益順序有雷同，因而稱該國的產業發展符合雁行產業發展模式（追隨日本模式）。根據前述的方法，大部分文獻可做出在一定時間落差的前提下，亞太地區存在雁行產業發展模式。

顯然此法涉及不少先驗認定的可能誤差，如落後期的選定，與產品分類粗細的不同。而最大的缺點是，忽略了不是所有產業都符合雁行產業發展模式的實情。最初，Akamatsu 觀察到符合雁行產業發展模式的產業爲紡織業及生產紡織品用途之機械製造業。可是，RCA 序列相關係數法係以一國所有產業（或所有製造業）進行計算，其檢定的對象乃全國的出口產業結構，而忽視了落後國家可能基於國情不同等理由而沒有全盤仿製先進國的出口結構。在這種情況下，以整個國家產業的 RCA 序列相關係數爲基礎的檢定結果將會有所偏誤。

爲了避免上述方法之偏誤，黃登興 (2000)、Tung (2003) 及陳宏易與黃登興 (2009) 乃以 RCA 的起落先後圖像來檢定，不同產業在東亞各國間先後的承繼關係。首先，根據貿易資料計算各產業 RCA 指數；然後根據個別產業之 RCA 指數的起落順序，判定該產業是否合於雁行產業發展的跨國模式。

我們以圖 3-5 來說明 RCA 所反映的雁行發展圖。該圖顯示出 1970～1995 年間，日本、台灣、印尼三國之 7511 類產品（打字機——不含附有計算機者、支票機繕寫機）歷年之 RCA 指數值。該圖顯示：1970 年前，日本於該財具有顯示性比較利益 (RCA > 1)，但

是逐年下跌，到 1973 年左右則不再具有該產品的比較利益 (RCA <
1)。取而代之的是台灣，當時台灣於該項產品的 RCA 值大於 1，而
且於 1970 年代上半逐年提高，1977 年達到最高，而後方呈現跌勢。
到了 1990 年初則台灣的 RCA 值已經低於 1，同時期的印尼則脫穎而
出，其 RCA 值開始大於 1 且超過台灣並逐年提升。大抵而言，我們
可以說這個產業在日本、台灣、印尼之間的發展關係，與雁行理論
的預期相一致；換言之，若台灣在此產品的發展模式，係承繼逐漸
失去比較利益的日本，而印尼則承繼台灣，因此我們可以觀察到這三
國 RCA 值之漲落起伏趨勢，如該圖所顯示，依序出現 RCA 最高點。
根據這個例子，我們歸納判定某國（如台灣）在某產品（例如前例之
SITC 7511 類產品）的發展是否承繼自某先進國（如日本或美國）的
準則如下：就某產品而言，若日本與台灣在該產品的 RCA 值都曾經
大於 1（及都曾經在國際市場上具有比較利益），而且日本的 RCA
最高年分，比台灣的 RCA 最高年分為早，則認定該產品符合雁行發

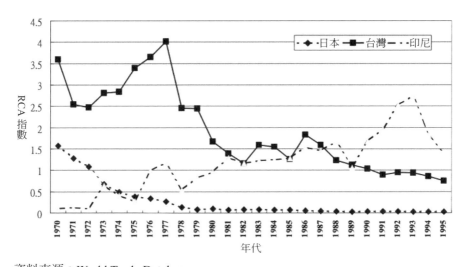

資料來源：World Trade Database

圖 3-5　7511 類產品（打字機）RCA 值

展模式。[14]

　　產業發展的跨國遞移順序，根據上述 RCA 指數起落圖像來判定者，依陳宏易與黃登興 (2009) 根據 SITC 四位碼的產品分類所作 1970～2002 年的全面性分析，大抵可以確認：NIEs 已經成功地承接美日的夕陽產業，而且提升其產品的技術層次並交棒於 ASEAN4，成為繼美、日後第二代的領頭雁。詳細發現如下：[15]

　　首先，在亞太地區，並非所有產業起落承繼順序都依循雁行產業發展的模式。實際資料顯示產業承接數最高的國家（台灣）也只承接美日夕陽產業數的三分之一弱。第二，NIEs 與 ASEAN4 各國符合雁行模式承接自日本的產業數，大於承接自美國者。第三，相對於 ASEAN4，NIEs 對美、日夕陽產業有較強的承接力道。第四，NIEs 承接自美、日夕陽產業的產品大多集中在實體資本密集財、資源型製造業及人力資本密集財；而 ASEAN4 承接自美日及 NIEs 的產品則集中於初級產品、資源型製造業及勞力密集財。

　　若將中國大陸一起納入 RCA 起落順序的比較分析，則可進一步發現：大陸對外開放後之產業承接地位，並未完全落在 ASEAN4 之後，仍有不少大陸的新興產業，特別是實體資本與人力資本密集的產業，是越過 ASEAN4，直接承繼自 NIEs；亦即出現「跳蛙現象」。

　　此外，類似的跳蛙現象，亦出現在 Tung (2003) 的研究結果。Tung (2003) 針對日本、NIEs、ASEAN5 和大陸在電子產業的 1970～1998 年，SITC 三位碼分類算得之 RCA 時間序列趨勢變化也得到：若將電子產業視為一個產業，則符合雁行理論發展順序，亦即日本、NIES 而 ASEAN5，然後是中國大陸。但若將電子業細分為 5 大分

---

[14] 此圖引自黃登興(2000)的圖1。

[15] 詳見附表3-2，摘自陳宏易與黃登興(2009)。

類，則結果並不全符合雁行理論。換言之，並不是所有電子業產品都
依照上述順序，來呈現貿易上的比較優勢之起落關係。有些是中國大
陸領先 ASEAN5 而出現「跳蛙現象」。

3-4 後來居上的跳蛙現象

　　探討東亞雁行產業發展的文獻均以日本爲領頭雁，並以「日本
→ NIEs → ASEAN4 →中國大陸」爲東亞產業的繼承順序。[16]前一節
RCA 起落分析法，在不預設此繼承順序的前提下，大抵亦確認日本
→ NIEs → ASEAN4 的順序，唯在加入中國大陸後，則呈現部分產業
後來居上的現象。特別是 1997 年的金融風暴後，中國快速地取代四
小虎在勞力密集與資本密集的紡織、家電與電子電機產業的重要加
工基地。在某些產業，中國大陸的優勢已經越過 ASEAN4 帶頭的地
位，直接承接來自四小龍，特別是台灣和南韓，甚至日本，而出現後
來居上的跳蛙現象。何以致之？（有關 RCA 起落順序如附錄 3-1，摘
自 Yang and Huang, 2012）

　　首先，如 Kojima (2000) 所述，雖然各層雁群的產業發展路徑均
呈現由勞力密集走向資本密集，進而知識密集的順序，但所承繼的產
品種類會因各國稟賦條件而不同，繼承的序列也會因各國資本和知識
累積速度不同而改變。

　　其次，Brezis et al. (1993) 則以新技術的使用不必然與舊技術的
經驗累積爲前提，提出「蛙跳理論」(leapfrogging)。在簡單的李嘉圖

16　例如Bernard and Ravenhill (1995)、Cumings (1984)、Ezaki (1995)、Kojima (1978, 1995, 2000)與
　　Okita(1985)等，均提及此一雁行序列的順序。Tran (1988, 1993)分析日本人造纖維產業在東亞
　　各國間的承繼序列時，將1985年起採取對外開放政策(open door policy)的越南納入，列於中國
　　之後。

模型下，若技術經驗的產出效果雖爲正，但邊際生產力遞減，則新生產技術的出現就可能導致領先國與跟隨國間的地位逆轉。特別是 (1) 兩國之間的薪資差距大；(2) 新技術的使用和舊技術經驗無關；(3) 新技術在初期的生產力雖劣於舊者，但爾後逐漸遞增。在這些情況下，舊技術領先者無誘因採用新技術，以致產生後來者直接採用新技術，而終於在該產業出現比較優勢，擊敗原本的領先國並取而代之。嚴格來講，上述同產業的技術創新，後進國採新技術而取代原領先國的 RCA 變更，基本上亦居於承繼順序。眞正發生後來者居上之跨國承繼的跳蛙現象者，則可從產品生命週期日漸縮短的趨勢來解釋。

產品週期縮短趨勢與跳蛙現象

隨著全球化的加深與科技進步的加速，工業產品的生命週期 (product cycle) 有越來越縮短的趨勢。本世紀以來之資訊與通訊科技產業 (Information Communication and Technology Industry, ICT) 與網際網路的發展，讓國際間訊息的傳遞，更廣更快速。國際間之產業技術的傳導或外溢效果，以往得透過實體貿易或跨國公司的外來投資（所謂 OEM 原廠代工或 ODM 設計代工）才能發生者，[17] 現在則因爲發達的跨國資訊產業而得以直接傳遞。換言之，新產品與技術之訊息傳遞，不再如過去仰賴貿易管道與跨國投資管道。快速的訊息傳遞結果是產品翻新或創新的速度加快，更意味著產品生命週期的縮短。

首先將產品週期理論納入貿易文獻來討論者爲 Vernon (1966)；根據該理論，新產品於技術先進國研發完成後，開始生產並出口該產品。進口國則可能在該產品的成熟期（或產品標準化階段）以較低

---

17 實證文獻證實了透過貿易的技術外溢效果，其是透過出口（落後國家則來自先進國之OEM代工）的所謂出口學習(learning by exporting)現象。有關討論見Huang et al. (2006)，在該文中我們特別考慮了既有文獻所忽略之生命週期因素，實證出口與非出口廠商的主動學習效果的差異。

的成本優勢成為後續生產國並出口給原來的先進國，前者則進一步開
發出更先進的產品，[18]在既有產品失去成本優勢，乃轉而出口新的產
品。同樣的理念下，Grossman and Helpman (1991, a, b) 則設想品質
階梯 (quality ladder) 的概念，先進國研發 (innovation) 品質較佳的新
品，而落後國則透過模仿 (imitation)，取得相對低品質產品的比較利
益出口品質階梯之後段產品。

　　從學術的觀點，根據新熊彼得學派學者 (Neo-Schumpeterian
Economists) 有關技術體制 (technological regime) 的看法，[19]產品的
創新可分成兩大類：「創造性積累 (creative accumulation)」與「創
造性破壞 (creative destruction)」。所謂「創造性積累」屬於既有產
品的進一步改進、品質提升或差異化創新。這類創新有賴於豐富的產
銷經驗做後盾，往往是既有生產者來主導，所以有利於既有廠商競爭
力的提升與市場份額的擴大。若我們將產品週期，分成初始期（研發
問世）、邁進成長期（maturing period，廠商進出家數遞增）、成熟
期（matured period，廠商數穩定）與衰退期，這類創新通常發生在
一個產品之近成熟期與成熟期。[20]另一類「創造性破壞」之創新，其

18　這個理論基本上與日本學者Akamatsu (1935, 1937, 1961, 1962)所提出的雁行產業發展論雷同。
　　後進國家透過國際貿易及投資與先進國家連結，所出現的製造業跟進(catching-up)發展的工業
　　化過程。Kojima (1978)進一步將雁行理論與Vernon (1966)的產品週期論(product cycle theorem)
　　結合，探討跨國的產業遞移型態與貿易關係。後續的實證研究探討日本－四小龍－東協四國
　　（馬、泰、菲、印）－中國與越南的產業遞移關係甚多，見陳宏易與黃登興(2009)有關的文獻
　　討論，該文進一步提出中國在某些產業的發展，乃是越過東協四國而領先者，所謂「跳蛙」
　　現象。理論上，承繼國的相對優勢如何而來，在FDI與貿易與產業發展的議題上，是個值得進
　　一步探究的方向，而目前的文獻都僅止於現象的初步觀察。

19　見Nelson and Winter (1982)、Winter (1984)、Dosi (1988)、Malerba and Orsenigo (1993, 1995,
　　1999)與Breschi et al. (2000)等等，有關討論可參考Lin and Huang (2008)。

20　Vernon (1966)討論產品週期，只有前三期並未納入「衰退期」的階段，主要是其討論的新
　　產品概念上屬於第一類，亦即創造性積累。後續文獻如Krugman (1979, 1980)、Helpman and
　　Krugman (1985)以及Grossman and Helpman (1991)等討論者，大抵都屬於這一類新樣式產品或
　　品質不同之異質性的同類產品。

結果屬於革命性的、極可能取代既有的產品，使得既有產品走入衰退期，甚至走入歷史，對於現存廠商的傷害力極大。往往由新創業者來主導，或發明者出來創業；即便是由現存廠商研發出來，也會因保護現行產品的利益，而延後推出，以致失去推出的時效。典型的例子，如數位相機的發明，導致傳統相機失去市場，而使底片需求快速下降，進而導致未能及時轉型到數位市場的百年老店柯達 (Kodak)，在 2011 年 10 月初爆出可能破產的危機。[21]另一個例子是創立於 1865 年之芬蘭的 Nokia，該公司曾經是全球傳統手機市占率最高者，在 2007 年達 72.8%，但也因為錯失智慧型手機 (smartphone) 的列車，而在 2011 年 7 月分曾出現可能破產的消息。

這兩類的創新對於產品週期的影響，顯然不同。「累積型的創新」一般而言，可能有利於既有產業的延續，甚至延長既有產品的生命週期，而消費者則可以享受更多樣式選擇的好處。現有新貿易理論，如 Krugman (1979, 1980)、Helpman and Krugman (1985) 以及 Grossman and Helpman (1991) 等都建構在產品的水平差異化假設下，來探討產業內貿易或所謂的母國市場效果 (home-market effects)，基本上都侷限在這類創新的前提來探討。[22]反之，創造性破壞的創新，則讓另一產業或產品進入衰退甚至滅絕的情境。有些產業如近世紀的 ITC 產業，這類創新可能相對較為頻繁，因而其生命週期也較短。我們在 Lin and Huang (2008) 的實證結果，證實了這類創新有利於新廠的存活。推而廣之，則後進的新興國家在一定的工業基礎下，一樣有

---

[21] 設立於1880年，柯達(Eastman Kodak)公司執相機與底片產業之龍頭近一個世紀，在1997年其每股股價達94美元的高峰。柯達雖然在1975年就發明了全球首台數位相機，但因固守既有市場，而在數位相機轉型卻步。進入二十一世紀後，數位需求取代傳統照相機，底片市場的巨幅萎縮，Kodak公司在2011年10月初傳出破產危機，股價在一週當中下跌54%，每股只餘0.78美元左右。

[22] 見黃幼宜等(2009)、Huang et al. (2014)。

利於這類創新為主的產業或產品。於是雁行之外的跳蛙現象，已出現在晚近的中國。

　　綜合而言，隨著時代的演進，製造業產品的生命週期可能呈現逐漸縮短的趨勢。傳統產業相對於新興的 ITC 產業，其產品可能有較長的生命週期。另一方面，我們也可能從產業的要素屬性，如勞力密集、資本密集、資源密集、人力資本或技術密集之不同，臆測某些產業，比較可能出現創造性破壞的創新，而有較短的產品週期，並出現跳蛙現象。

3-5 結論：東亞模式的成與敗

雁行發展模式的終點與中國的崛起

　　大略而言，戰後東亞九國所謂經濟發展的奇蹟，乃是以工業化的成功為前提，並歸因於日本帶頭的雁行產業發展策略的實施。然而此東亞模式可否作為其他發展中國家複製的典範？關鍵在成功應用此發展策略的先決要件。Page (1994) 指出東亞高成長九國之經濟奇蹟有四大要件：(1) 穩定的傳統經濟環境，(2) 基礎廣闊 (broad-based) 教育體制，(3) 出口績效 (export performance)，與 (4) 適當的產業政策[23] (industrial policies)。前兩項要件基本上應無疑義；後兩者則涉及市場機制與政策干預的問題，沒有定論。Ito (1994, 2017) 就對後兩項要件，提出質疑。政府是否聰明到能夠採取正確的貿易與產業政策，利用國際市場來發揮其經濟上的相對優勢（資源稟賦與技術優勢）是個關鍵。違反市場力量的逆勢操作，可能只會造成短期繁榮的假象，卻換來長期的衰退。1997 年的亞洲金融風暴成為此東亞模式的檢測點。在 1997 年泰國帶頭之亞洲金融風暴發生後，四小虎未能

23　應指日本帶頭的，依序由勞力密集輕工業、資本密集的家電至電子資訊產業的發展策略。

在危機後快速復原，跟上前一梯次四小龍的腳步而持續成長，外資撤離轉進隱然逐漸成為世界工廠的中國，中國的磁吸效應之發酵，也使中國越過四小虎，使雁行隊伍出現錯位的現象。

隨著 1997 年亞洲金融風暴之發生，東協四小虎的外資逃離與產業衰退，中國則越過東協直接承接自日、台、韓在 ICT 產業的崛起。這顯示雁行產業發展模式之侷限性，只適於日本與四小龍。何以馬、泰、印、菲四小虎未能繼四小龍之後而持續發展，在 1997 年後於發展順序中落下隊伍而被中國趕上？Krugman (1994) 指出東亞（特別是東南亞）經濟奇蹟是個假象，緣自徒有外來投資誘發的資本與勞動投入增加，所引起的經濟成長；在沒有生產力提升的前提下，東亞的經濟成長終將停滯。回頭檢視 1997 金融風暴的始末：1997 年 7 月 3 日泰銖暴跌之前幾年，外資熱錢衝著東南亞繁榮的假象，[24] 大舉湧入當地金融性市場及投機性強的房地產業。一方面形成泰國房地產泡沫，另一方面則推升泰銖升值，讓賴以維持經濟成長的出口受挫；經濟出現衰退的徵兆。嗅覺敏感的熱錢，乃快速竄逃，終致一發不可收拾而導致泰銖暴跌，引發一連串東亞各國金融市場崩跌、外匯驟貶的連鎖反應。

除了熱錢急速自東協金融市場竄逃，實體的外來投資亦逐漸轉往勞工豐沛而便宜的中國，以及 1985 年仿效中國開放的越南。何以致之？若回頭檢視前述 Page (1994) 所列出的東亞奇蹟四要件，我們可以發現東協四小虎，自東亞經濟發展行列中「落伍」之時，已經不再滿足上列要件。首先，中國 1980 年代的改革開放，釋出豐沛廉價的勞動力加入全球生產製造行列。這自然對東協四虎之未能及時產業升級，而仍舊停留在勞力密集的製造業，如紡織、製鞋與家電組裝

24　當然這又回到1980年代拉丁美洲的自由化導致金融危機的教訓，即經常帳與資本帳自由化的順序問題。

加工，[25] 形成威脅；東協的出口市場逐漸爲中國大陸所取代，以致前述出口績效（要件之三），難以維持。那麼，爲何東協四虎未能及時「產業升級」？未能在中國於傳統勞力密集產業在國際市場追上來之前，往相對資本乃至技術層級較高的產業轉型？

　　「產業升級」屬於前述條件 (4) 之有否「適當的產業政策」。問題是，即使政府有意識到產業升級的必要性，則如何升級（進階產業的選取）？有能力升級否？前者涉及是否選對產業。依雁行模型，勞力密集而後資本密集，然後再技術密集，其順序在理論上甚爲明確。實務上，依產業實力之可行性而循序漸進，也應該不難選定。再來，是有否能力完成產業升級的政策？則明顯涉及「人力資本」的存量問題；是否能夠從跨國投資的外資企業中，留下技術而本土化經營？或能否直接吸引跨國公司進行升級產業的投資設廠？這就關係到該國之體制品質 (Institution Quality, IQ) 與在地的技術勞工是否足夠的問題。IQ 的問題我們將在後面專章討論，而勞工的技術能力，當然就屬於教育制度是否得當；特別是理工教育人才的培育。換言之，不光是 broad-based 的教育體制（要件 (2)）是否健全，此反映在傳統人民平均受教年齡變數；亦是，理工人才或所謂 STEM (Science, Technology, Engineering and Mathmatics) 畢業學的比例，乃至數量是否足夠的問題。最後，穩定的傳統經濟環境（要件 (1)），毋庸置疑則屬於最基本的條件。然而，在過度出口導向的發展而忽略環境惡化，以及熱錢投機等造成的所得不平均與社會不公等問題逐漸累積，此基本條件也不復存在。

　　要言之，1997 年的金融風暴，與後來居上的中國跳蛙現象，讓東亞的雁行發展模式暴露出其侷限性，難以爲所有後進國家所複製。

25　家電或消費性電子於1970年代逐漸成爲世界貿易產業主力產品。

中國何以能越過馬、泰、菲、印四小虎，而在某些產業及產品，直接承繼日、韓、台乃至歐美，成為新興的世界生產基地？除了既有文獻如黃登興 (2000)、陳宏易與黃登興 (2009)、Tung (2003)、Yang and Huang (2012)，以及本章在實證上所提出的客觀因素，如產業屬性與全球化在 ICT 產業產品生命週期縮短利於新進企業等因素之外，尚有中國特有的屬性。我們將在第 6 章針對中國模式——社會主義的市場經濟，仔細分析。

附表 3-1　紡織業結構與產品分類表

附表 3-1A　紡織業 (SITC-Rev.2) 結構

產業分工	產業	產品及對應 SITC
上游 紡織纖維類 (SITC 26)	天然 纖維類	蠶絲 (261)、棉花 (263)、黃麻 (264) 棉麻以外植物性纖維 (265)、羊毛及其他獸毛 (268) 碎布 (269)
	人造 纖維類	紡紗用合成纖維 (266)、其他紡紗用途人造纖維 (267)
中游 紡紗和 織布類 (SITC 65)	紡紗	紡織紗 (651)、如棉紗、麻紗、人造纖維紗及各種紡紗
	織布	梭織布：梭織棉布 (652)、梭織人造纖維布 (653) 棉和人造纖維以外梭織布 (654) 針織布：針織和鉤針織布 (655) 網眼花邊 (656)、特殊織品及有關產品 (657) 全用紡織 (658)、地毯類 (659)
下游 成衣和 服飾品類 (SITC 84)	成衣	紡織布料製品（針織或鉤針織除外）—男外衣 (842) 紡織布料製品（針織或鉤針織除外）—女外衣 (843) 紡織布料製品（針織或鉤針織除外）—內衣 (844) 針織或鉤針織品—外衣或其他製成品 (845) 針織或鉤針織品—內衣 (846)
	服飾品	未列名紡織品製的服飾品 (847) 紡織製品以外所製的成衣及服飾品和帽類 (848)

資料來源：行政院主計處編譯，聯合國貿易分類標準第二修訂版
參考網頁：https://ja.wikipedia.org/wiki/ 雁行形態論
（雁行形態論 (がんこうけいたいろん) とは経済発展の一般理論）「雁行形態論は，1935 年（昭和 10 年）に赤松が発表した『吾国羊毛工業品の貿易趨勢』の中で提唱された。」

附表 3-1B　亞洲開發銀行與 SITC 二版產品分類對照表

亞洲開發銀行產品分類	SITC 二版產品分類
Primary Products	
Food	0, 1, 4, 222, 223
Raw Materials	2 (except 222, 223)
Petroleum Products and Other Mineral Fuels	3
Resource-Based Manufactures	
Textiles	65
Metal Manufactures	69
Other Resource-Based Manufactures	6-65, 67, 69
Human Capital-Intensive Manufactures	
Electric Machinery	76, 77
Instruments, Clocks, Watches	87, 88
Chemicals 2	54, 58, 59
Labor-Intensive Manufactures	
Clothing	84
Furniture	82
Footwear	85
Miscellaneous Manufactures	81, 83, 89
Physical Capital-Intensive Manufactures	
Non-Electric Machinery	71, 72, 73, 74, 75
Transportation Equipment	78, 79
Iron and Steel	67
Chemicals 1	51, 52, 53, 55, 56, 57

附表 3-2　東亞各國產業承繼關係統計

附表 3-2A　NIEs 承繼美日產業分類

細項內容	新加坡 項數	新加坡 比例	台灣 項數	台灣 比例	香港 項數	香港 比例	南韓 項數	南韓 比例
初級產品	33	21.0%	27	16.0%	27	21.3%	17	11.2%
食物	23	14.6%	13	7.7%	15	11.8%	9	5.9%
基礎材料	7	4.5%	12	7.1%	12	9.4%	5	3.3%
石油與其他燃料	3	1.9%	2	1.2%	0	0.0%	3	2.0%
資源型製造業	23	14.6%	36	21.3%	36	28.3%	48	31.6%
紡織品	6	3.8%	12	7.1%	14	11.0%	14	9.2%
金屬製品	6	3.8%	11	6.5%	7	5.5%	12	7.9%
其他資源型製造業	11	7.0%	13	7.7%	15	11.8%	22	14.5%
人力資本密集財	37	23.6%	30	17.8%	23	18.1%	21	13.8%
電子機器	20	12.7%	14	8.3%	13	10.2%	13	8.6%
工具、鐘、表	11	7.0%	10	5.9%	8	6.3%	7	4.6%
化學製成品 2	6	3.8%	6	3.6%	2	1.6%	1	0.7%
勞力密集財	23	14.6%	33	19.5%	27	21.3%	26	17.1%
服飾	15	9.6%	17	10.1%	15	11.8%	14	9.2%
家具	0	0.0%	0	0.0%	1	0.8%	0	0.0%
鞋子	0	0.0%	1	0.6%	1	0.8%	1	0.7%
其他製成品	8	5.1%	15	8.9%	10	7.9%	11	7.2%
實體資本密集財	41	26.1%	43	25.4%	14	11.0%	40	26.3%
非電子機器	17	10.8%	19	11.2%	8	6.3%	14	9.2%
運輸工具	7	4.5%	3	1.8%	3	2.4%	7	4.6%
鋼鐵	7	4.5%	8	4.7%	1	0.8%	12	7.9%
化學製成品 1	10	6.4%	13	7.7%	2	1.6%	7	4.6%
總計	157	100.0%	169	100.0%	127	100.0%	152	100.0%

資料來源：陳宏易與黃登興 (2009)

附表 3-2B　ASEAN4 承繼美日產業分類

細項內容	馬來西亞		泰國		菲律賓		印尼	
	項數	比例	項數	比例	項數	比例	項數	比例
初級產品	26	24.3%	27	20.6%	33	27.3%	36	29.3%
食物	16	15.0%	17	13.0%	21	17.4%	20	16.3%
基礎材料	7	6.5%	7	5.3%	9	7.4%	10	8.1%
石油與其他燃料	3	2.8%	3	2.3%	3	2.5%	6	4.9%
資源型製造業	25	23.4%	36	27.5%	20	16.5%	37	30.1%
紡織品	4	3.7%	10	7.6%	8	6.6%	12	9.8%
金屬製品	5	4.7%	3	2.3%	1	0.8%	3	2.4%
其他資源型製造業	16	15.0%	23	17.6%	11	9.1%	22	17.9%
人力資本密集財	21	19.6%	24	18.3%	18	14.9%	11	8.9%
電子機器	15	14.0%	14	10.7%	8	6.6%	6	4.9%
工具、鐘、表	5	4.7%	7	5.3%	8	6.6%	4	3.3%
化學製成品 2	1	0.9%	3	2.3%	2	1.7%	1	0.8%
勞力密集財	18	16.8%	27	20.6%	30	24.8%	24	19.5%
服飾	13	12.1%	16	12.2%	19	15.7%	16	13.0%
家具	0	0.0%	0	0.0%	1	0.8%	0	0.0%
鞋子	0	0.0%	1	0.8%	1	0.8%	1	0.8%
其他製成品	5	4.7%	10	7.6%	9	7.4%	7	5.7%
實體資本密集財	17	15.9%	17	13.0%	20	16.5%	15	12.2%
非電子機器	5	4.7%	7	5.3%	7	5.8%	3	2.4%
運輸工具	2	1.9%	3	2.3%	2	1.7%	1	0.8%
鋼鐵	5	4.7%	5	3.8%	4	3.3%	6	4.9%
化學製成品 1	5	4.7%	2	1.5%	7	5.8%	5	4.1%
總計	107	100.0%	131	100.0%	121	100.0%	123	100.0%

資料來源：陳宏易與黃登興 (2009)

附表 3-2C　ASEAN4 承繼 NIEs 產業分類

細項內容	馬來西亞		泰國		菲律賓		印尼	
	項數	比例	項數	比例	項數	比例	項數	比例
初級產品	48	37.2%	72	38.5%	58	36.7%	58	36.3%
食物	27	20.9%	41	21.9%	35	22.2%	34	21.3%
基礎材料	14	10.9%	26	13.9%	17	10.8%	19	11.9%
石油與其他燃料	7	5.4%	5	2.7%	6	3.8%	5	3.1%
資源型製造業	28	21.7%	42	22.5%	27	17.1%	44	27.5%
紡織品	5	3.9%	13	7.0%	11	7.0%	16	10.0%
金屬製品	6	4.7%	5	2.7%	2	1.3%	4	2.5%
其他資源型製造業	17	13.2%	24	12.8%	14	8.9%	24	15.0%
人力資本密集財	17	13.2%	24	12.8%	18	11.4%	14	8.8%
電子機器	14	10.9%	14	7.5%	10	6.3%	7	4.4%
工具、鐘、表	3	2.3%	6	3.2%	8	5.1%	4	2.5%
化學製成品 2	0	0.0%	4	2.1%	0	0.0%	3	1.9%
勞力密集財	20	15.5%	31	16.6%	37	23.4%	30	18.8%
服飾	16	12.4%	19	10.2%	22	13.9%	20	12.5%
家具	0	0.0%	0	0.0%	3	1.9%	0	0.0%
鞋子	0	0.0%	1	0.5%	1	0.6%	1	0.6%
其他製成品	4	3.1%	11	5.9%	11	7.0%	9	5.6%
實體資本密集財	16	12.4%	18	9.6%	18	11.4%	14	8.8%
非電子機器	4	3.1%	7	3.7%	5	3.2%	2	1.3%
運輸工具	2	1.6%	2	1.1%	2	1.3%	1	0.6%
鋼鐵	5	3.9%	6	3.2%	4	2.5%	6	3.8%
化學製成品 1	5	3.9%	3	1.6%	7	4.4%	5	3.1%
總計	129	100.0%	187	100.0%	158	100.0%	160	100.0%

資料來源：陳宏易與黃登興 (2009)

附錄 3-1　跳蛙中國

　　隨著資訊產業的技術創新速度加快，中國於 1980 年代的改革開放加上 1997 年亞洲金融風暴對東協的重創，讓中國成為許多產業之後來居上者，亦即跨國產業發展優勢的跳蛙現象，於二十世紀末出現在中國。Yang and Huang (2012) 根據 1995～2012 年以來紡織業與電子資訊業（兩大 FG 模式代表產業）的實證研究，我們摘錄其主要發現如下：

一、紡織業的跳蛙現象

　　（一）根據 RCA 指數的起落順序，Yang and Huang (2012) 偵測出紡織業的發展順序中，中國與越南越過東協四小虎而領先承繼日本—四小龍的關係。（見附圖 3-1）

　　（二）若進一步就上、中、下游分別觀察，則發現此跳蛙領先承繼的產業發展，發生在中游織布與下游的成衣服飾特別明顯。（見附圖 3-2）

　　（三）就紡織業而言，除了人造纖維（附圖 3-2B）仍依日本→四小龍→四小虎→中國、越南的 FG 順序外，其餘中游的織布與下游的成衣服飾都呈現東協四虎，落後於中國（乃至越南在下游成衣服飾）的承繼順序。換言之，織布與成衣均依日本→四小龍→中國的順序展現較高的 RCA 值。

二、ICT 產業的跳蛙現象

　　中國大陸越過東協四虎的跳蛙現象，亦發生在 IT 產業的下游產品上（見附圖 3-4C）。1990 年代以來，IT 產業為高度跨國分工的產業，由上而下游呈現高、中、低技術密集度，以下游最為勞力密集，而中國 1980 年代改革開放，提供豐沛且便宜的勞動力，加上台灣的

解嚴與 1990 年開放對中國的投資，讓中國直接凌越東協四小虎，承繼日本→四小龍成為世界主要出口來源。[26]

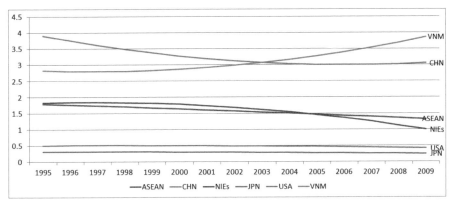

資料來源：Yang and Huang (2012)，圖 2

附圖 3-1　東亞各國紡織業 RCA 趨勢圖

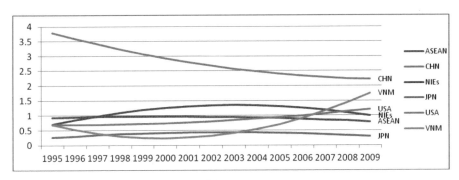

資料來源：Yang and Huang (2012)，圖 3

附圖 3-2A　東亞各國紡織產業上游天然纖維 RCA 趨勢值

26　前述Tung (2003)針對ICT產業的RCA比較分析，亦有相同的發現。

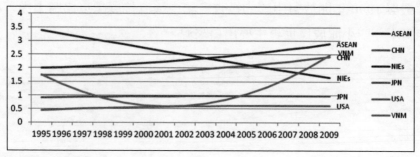

資料來源：同附圖 3-2A

附圖 3-2B　東亞各國紡織產業上游人造纖維 RCA 趨勢值

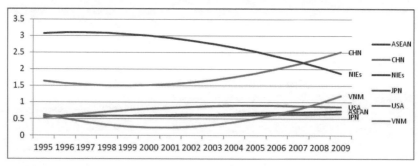

資料來源：同附圖 3-2A

附圖 3-2C　東亞各國紡織產業中游 RCA 趨勢值

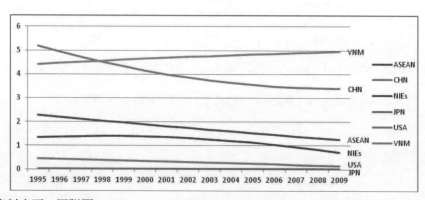

資料來源：同附圖 3-2A

附圖 3-2D　東亞各國紡織產業下游 RCA 趨勢值

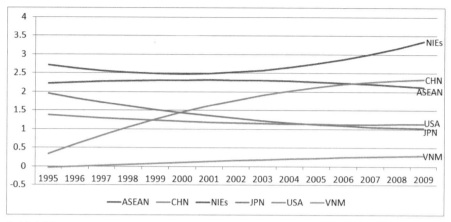

資料來源：Yang and Huang (2012)，圖 5

附圖 3-3　東亞各國資訊業 RCA 趨勢圖

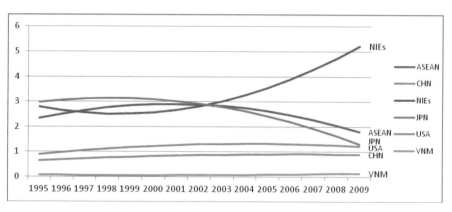

附圖 3-4A　東亞各國資訊產業上游 RCA 趨勢值

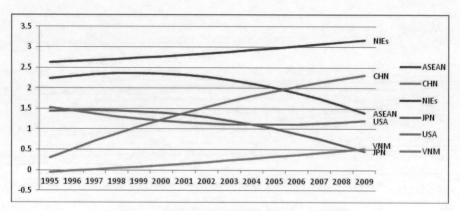

附圖 3-4B　東亞各國資訊產業中游 RCA 趨勢值

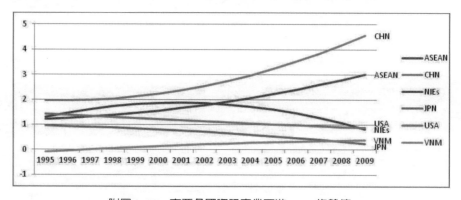

附圖 3-4C　東亞各國資訊產業下游 RCA 趨勢值

資料來源：Yang and Huang (2012)，圖 6

附圖 3-4C　IT 產業上、中、下游產品之 RCA 指數起落

第 4 章

從雁行到軸輻 (1)：東亞紡織業生產鏈的軸心變化[1]

1　此章改寫自Yang et al. (2020), "Evolution of the Textile Production Chain in East Asia from the Hub-Spoke Structure Viewpoint," *Journal of Economic Integration*, 35(4), 603-642一文。

在前一章，我們透過 RCA 指數趨勢變化，觀察東亞各國產業在貿易上的相對優勢起落，來檢視雁行產業發展論。我們證實了，雖然大多數產業的跨國移轉與雁行產業發展秩序的理論相符合，但是，仍有些產業，呈現中國後來居上的**跳蛙模式**。亦即中國大陸，越過東南亞諸國而率先成為重要出口國，特別是在相對技術密集的產業，如紡織業上游的人造纖維或資訊通訊產品上。

在這一章，針對前述跳蛙現象，我們換個角度，進一步透過進出口貿易的軸心─輻緣關係 (hub-spoke) 的遞移來分析；透過嚴謹的計量方法，檢測貿易軸心（包含出口目的地軸心和進口來源軸心）形成的決定因子，如外來投資（此為驅動雁行發展論的主要因素，外來投資所落腳的國度，將是相關產業的下一個出口軸心，亦即區域供應鏈中的主要供應者）、技術水平與經濟規模（在地市場，home-market）等，觀察貿易軸心遞移的方式。本章我們先針對紡織業的上、中、下游來驗證，從另一個視角來顯現中國在紡織業越過東南亞之跳蛙現象。下一章再從不同產業屬性的角度來檢視。

4-1 近代紡織業的跨國發展與貿易型態

1995 年 GATT 的烏拉圭回合談判達成協議，將在十年內逐步取消多邊纖維協定 (Multi-Fiber Arrangement, MFA) 的貿易配額管制，並於 2005 年元月完全取消紡織品配額。自此，紡織業的全球貿易發生結構性變革，邁向更為自由化與透明化的貿易局面，產業跨國分工也隨之重整。多篇文獻，如 Ernst et al. (2005)、Spinanger (1999) 和 USITC (2004) 均指出，東亞將是這波變革之主要受益地區，實際發展也確如所料。如圖 4-1 所示，東亞的紡織與服飾品總出口占全球出口的比重，從 2004 年的 44% 增加到 2014 年的 53%。反之，歐洲與

北美的全球比重則逐年下跌。就中國而言，此一貿易秩序的變革堪稱
適逢其會。中國在 1990 年代完成國內體制的改革，並於 2001 年獲准
加入 WTO，融入全球貿易體系。挾著豐沛的勞動力與廣大內需市場
的優勢，吸引大量的外來投資，將其納入東亞和全球生產分工體系，
帶動產業快速發展，後來更超越東南亞，出現前述跳蛙中國的現象。

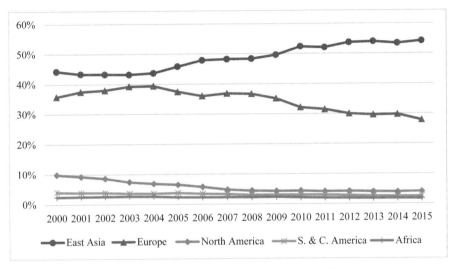

資料來源：本研究依據 WTO (https://data.wto.org)，計算而得

圖 4-1　各大區域之紡織與服飾品出口占全球總出口比重趨勢

　　圖 4-2 揭示東亞 11 國[2]在紡織業之上、中、下游的出口全球比
重。[3]如該圖所示，東亞地區在紡織品的上、中、下游出口均呈現上
揚趨勢。中、下游分別自 1993 年的 40% 與 45% 增加到 2014 年的

2　東亞11國包含日本、中國、亞洲四小龍與四小虎，以及越南。東協的其餘國家，如柬埔寨、
　　緬甸、寮國與汶萊等，因產業別的細項資料缺漏不全，故不納入分析。

3　紡織業上的上游產品是指原材料和加工材料，例如棉花、羊毛和人造纖維等。中游產品則為中
　　間財，包含紗和布等。下游產品則為工業用最終財或消費財，例如成衣服飾品。

53% 和 55%；而上游也由 20% 微幅增加到 26%。大抵而言，東亞地區在紡織業的中、下游已成爲全球主要生產基地，供應全球約一半的需求；至於上游紡織業原料產品的出口，雖逐漸提升，但仍非主要產區。

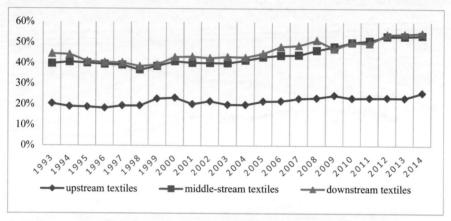

資料來源：本研究依據 Commodity Trade Statistic Database, UN，計算而得

圖 4-2　東亞區域之紡織品之總出口比重趨勢

　　東亞的出口競爭力，除了來自相對廉價的勞動力，還有區域內高度整合的生產分工體系。如圖 4-3 所示，東亞的區域內進口占其全球總進口的比重，在紡織品中游和下游高達近七成。顯示東亞地區的紡織業生產高度依賴區域內的供給。

　　類似的觀察也出現在 Huang et al. (2006)，該文採用雙邊貿易資料，發現紡織品在亞太區域內存在明顯的貿易區塊 (trace bloc)，顯示東亞各國在紡織品生產上具有細密分工的特質，彼此間透過頻繁密集的相互貿易，整合上、中、下游各階段的生產，最終完成製成品後銷往美國。這個亞太貿易區塊，自 1980 年代即已形成，並在 1990 和 2000 年代展現越來越緊密的生產分工關係。此外，Wang et al. (2009)

檢視東亞對美國出口的紡織品生產過程中，出現東南亞開發中國家對區域內持續而密集的原料與中間財貿易，發現這些國家已然融入東亞的產業分工網絡。Hamid and Aslam (2017) 亦證實，加入東亞的區域生產分工體系，對於東協國家的紡織業發展有重要的貢獻。

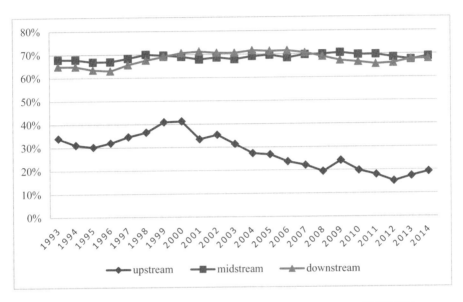

資料來源：本研究依據 Commodity Trade Statistic Database, UN，計算而得

圖 4-3　東亞紡織品區域內進口占全球總進口比重

從雁行模式到跳蛙模式

東亞區域內的產業分工型態，隨著貿易體系全球化的發展，也出現結構改變。二戰之後，起初雁行模式為其主要的發展型態。亦即，以日本為領頭雁，掌控整體供應鏈的生產分工。其本身除了生產高度技術密集的產品，並透過轉投資或技術授權，將技術含量較低的產品，轉移到四小龍生產，形成雁行隊伍中的第一梯隊。1980 年代後期起，四小龍產業技術升級後，再將技術標準化與勞力密集的夕陽產

品，移轉到東南亞的四小虎生產，成爲雁行隊伍的第二梯隊。開放最晚的中國與越南則繼四小虎之後，承接其過時且相對低技術勞力密集產業，帶動經濟起飛。各國按其發展階段與技術能力，各自生產具有比較利益的產品，再透過區域內貿易整合起來，成爲具備高度競爭力的垂直整合體系。

1990 年代中國崛起後，改變了原有的雁行發展態勢。中國於1979 年宣布改革開放政策，並自 1980 年代末期起吸引大量外人直接投資，引進來自東亞的日本、四小龍以及歐美的跨國企業。擁有豐沛的人力與自然資源，加上國家資本主義下的產業政策，讓中國迅速成爲東亞區域和全球生產價值鏈中不可或缺的一員。透過吸收鄰國的中間財，加工生產後出口，中國的進出口規模快速擴增，在產業鏈中的地位隨之提升，逐漸成爲東亞區域的另一個生產軸心。準此，東亞的產業發展，乃從以日本爲主軸的單引擎架構，轉化爲日本—中國的雙引擎生產分工體系，二者在區域經濟中各自扮演（日本）技術帶動與傳承，與（中國）大規模加工生產的不同角色。隨著中國經濟規模擴大與技術能量的提升，中日兩國間的合作競爭關係不斷演化，與此同時，引發東亞區域生產分工結構的持續調整。

東協國家在 2015 年簽訂協議，成立東協經濟共同體 (ASEAN Economic Community, AEC)，宣示東亞區域經濟結構進一步的變遷。依據 AEC 的發展路徑圖 (Roadmap for an ASEAN Community 2009-2015)，東協將透過更爲自由的商品貿易與生產要素流通，整合爲單一市場與單一生產基地，關稅與非關稅貿易障礙將大幅降低，特別是包含紡織與服飾業在內的優先整合部門 (Priority Integrated Sectors, PIS)。準此，東協在東亞甚至全球的經貿地位，將可進一步提升，甚至衝擊東亞的日本—中國雙軸心體系。

我們在 Yang et al. (2020) 即針對東亞紡織業生產網絡，在區域

及全球環境變革下的可能發展進行探討。AEC 能否成為繼日本和中國後的第三個東亞軸心，使東亞紡織生產體系從雙軸心走向三軸心體系？果真如此，則 AEC 在區域體系中的角色與功能為何？我們分三個層次來進行探討，首先，應用軸心一輻緣（hub-spoke，或簡稱軸輻）分析法，定位出東亞區域貿易軸心，並按功能不同，區分為以接收區域內出口為主的出口目的地軸心（以下簡稱收受軸心，receiving hub），與以供應區內國家進口所需為主的進口來源地軸心（以下簡稱供應軸心，provision hub）兩種。其次，我們透過軸輻結構分析追蹤軸心國與輻緣國間的關係變化，最後，再透過迴歸分析，找出軸心形成與移轉的決定因子，與各軸心之間的相互競合關係。

從實證結果，我們發現，東協在紡織業的上游與中游的**收受軸心**地位正在崛起；反之，中國的**收受軸心**地位則下跌。其次，中國在上游與中游的**供應軸心**地位雙雙上揚，日本則在上游維持第二大**供應軸心**地位，並且是支持中國與東協成為（上游）區域收受軸心的最大輻緣國。同時，日本與中國在上游與中游的貿易合作關係逐年弱化，與東協則逐漸增強。最後，隨著東協規模的擴大，其與中國間的貿易關係亦趨緊密。綜合而言，東協為紡織業下游的新興生產基地殆無疑義，中國則轉型為中上游的供應基地。日本在上游與中游的軸心地位雖一路下滑，但在 2004 年後出現反轉跡象。

大抵而言，我們證實東亞地區在紡織業生產上，確實出現日本—中國—東協三軸動力系統的發展，三者分別在上、中、下游垂直分工體系中的不同部門，取得領導地位。透過本章的貿易軸輻分析，我們接續前述東亞產業發展模式的論述，亦即東亞原本依序繼承的雁行模式，因中國加入全球貿易體系，後來居上領先東協，出現跳蛙現象，並且改變了原有的軸心輻緣模式，從雙軸心走向三軸心的發展歷程。

4-2 東亞紡織業貿易的軸輻分析

本節我們應用 Huang et al. (2021) 的軸心—輻緣指數測度來定位區域貿易軸心，[4] 再追蹤軸心國的變動趨勢，以及各軸心與輻緣國間關係的轉變，藉此觀察東亞區域產業發展的軌跡，特別是軸心國與對應軸輻結構所顯示的區域生產網絡的演化調整。

4-2-1 東亞區域軸心指數的趨勢觀察

如上節所述，區域貿易軸心按性質不同，可分為收受軸心和供應軸心兩種。收受軸心是從需求面來測度特定國家（或地區）的軸心地位，當區域內各國對某國出口的依賴度越高（亦即該國是各國的主要出口對象，占各國出口比重高），而該國對來自區內個別國家的進口依賴度越低，則其收受軸心的地位就越明顯。相對而言，供應軸心則從供給面來測度軸心地位，當區內各國對來自某國進口依賴度越高（占各國進口比重高），而該國對區內個別國家之出口依賴度越低，則該國作為供應軸心的地位就越明顯。因此，軸心指數不只測度貿易規模，更考量貿易夥伴間的相互依賴關係，受依賴大者為軸心國 (hub)，反之則為輻緣國 (spoke)。

以下計算紡織業上、中與下游的軸心指數，據以解析東亞區域在此產業的垂直分工情勢。在此，我們特別關注香港在東亞區域內的地位，以及它與中國之間的分工關係。紡織業在 1970 與 1980 年代是香港最大的製造業，所提供的就業量與產值曾高達總就業量與總產值的 40%。隨著中國的改革開放，香港與中國快速建構出互補的生產網絡。此一網絡關係在 2003 年香港與中國簽訂緊密經濟夥伴協議 (Mainland and Hong Kong Closer Economic Partnership Arrangement,

---

4 詳細的軸心指數之設算與其理論基礎，將在第7章有更仔細的介紹。

CEPA) 後，獲得進一步強化。這種發展如何影響香港在東亞的經濟地位，值得觀察。

此外，由於 AEC 的形成，在此我們將東協六國（ASEAN-6，為行文方便，簡稱為 ASEAN 或東協）視為單一經濟體，以便比較其與日本、中國三者軸心地位的起降更迭。[5]

圖 4-4 顯示，中國與東協為紡織業上游與中游的兩大收受軸心，意即東亞地區的主要進口國。自 2004 年起，中國的軸心地位逐漸下滑，反之，東協則逐年上升。1995 年之前，香港為中游產品最重要的收受軸心，反映香港當時自區內進口大量中游產品，進行加工生產後出口，是東亞具樞紐地位的下游生產基地。但其重要性在 1990 年代中期後，已快速消退。

再就供應軸心觀察，圖 4-5 顯示中國在上、中與下游，均為首要的供應軸心，特別是在中與下游均遠遠超越其他東亞國家。中國的供應軸心地位之竄升，伴隨其收受軸心地位的下滑。正反映中國已逐步以在地生產取代上游與中游產品的進口，[6]而且隨著生產規模的擴大，中國已成為上游與中游產品之最大供應軸心。與此同時，如圖 4-4 所示，東協則承接中國過去的下游生產加工中心地位，並逐漸增加其在上與中游產品的進口比重。

5　如註2所述，東協六國以外的其他國家因貿易細項資料缺漏不全，故不併入分析。

6　這一點可以從中國在上與中游紡織品的進口情形得到證實。在2000～2014年間，中國全球進口比重在下游(SITC 84)自18%增加到37%；中游(SITC 65)自9%減少到6.3%；上游(SITC 26)進口比重則由11.9%增加到22.7%，而且內容也有大幅的更動。在2000年中國進口的上游產品有一半為加工纖維，初級材料如棉毛僅占44%，到了2014年初級材料進口比重增加到73%，顯見其對加工原料的進口依賴已經大幅降低。

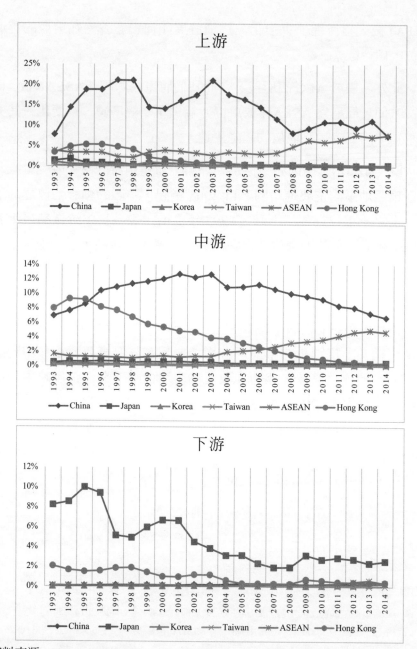

資料來源：Yang et al. (2020)

圖 4-4　紡織業貿易的收受軸心指數

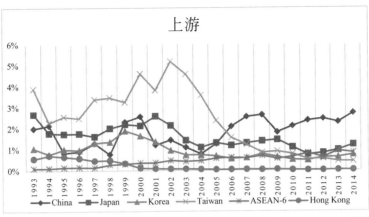

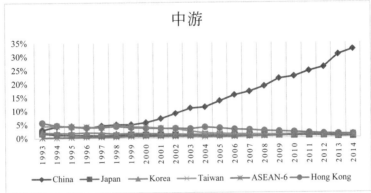

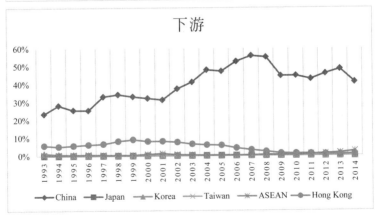

資料來源：Yang et al. (2020)

圖 4-5　紡織業貿易的供應軸心指數

　　台灣與日本在1993～2003年間爲主要的上游供應軸心，如圖4-5所示。台灣在供應軸心的領先地位，延續到2006年被中國所取代後，快速失去其重要性。反之，日本仍維持第二大供應軸心的地位，顯示日本在上游產品的長期技術優勢。

　　就下游紡織品而言，日本穩居收受軸心的領導地位，惟自2008年以來，其軸心強度略微下滑。主要原因是，伴隨中國與東協購買力的逐步提升，區域內下游產品出口到中國與東協的份額逐漸增加。整體而言，區內下游產品出口依賴日本市場的強度已經減弱。

4-2-2 領先軸心的軸輻結構分析

　　從上節分析可以發現，日本、中國與東協確實在區域供應鏈中占據關鍵性的軸心地位。以下我們將依序分析三者個別的軸輻結構。透過拆解軸心指數，可找出哪些東亞國家是支持其軸心地位的主要輻緣國，並追蹤輻緣國的成員結構與輻緣貢獻率（支持特定國家維持其軸心地位的重要性），以及是否發生轉變。[7]藉此解析東亞紡織供應鏈的演化。

一、日本軸心的輻緣結構分析

　　圖4-6顯示支持日本成爲上、中、下游區域收受軸心的各輻緣國貢獻率，如圖所示。中國是支持日本成爲上游與中游收受軸心最主要的貢獻者，唯其貢獻率從2004年起逐年下滑，東協則逐年上升，使中國的主要貢獻者地位在2011年被東協所超越。此趨勢在上游產品尤其明顯。1993～2003年間，中國的貢獻率維持在87%之上，遠遠超過其他輻緣國。但此一枝獨秀的緊密關係，隨著日本與東協產業合作關係的加深而下滑。到了2014年，東協對於日本上游與中游收受

---

[7] 輻緣國對軸心國的貢獻率（下稱輻緣貢獻率）計算公式，請參閱Yang et al. (2020), 691-692。

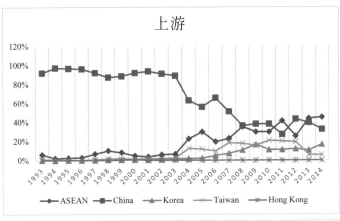

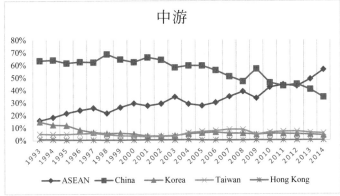

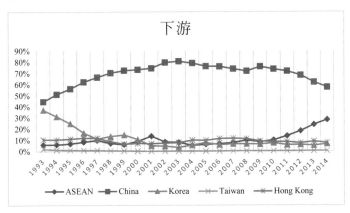

資料來源：Yang et al. (2020)

圖 4-6　日本紡織業收受軸心的輻緣貢獻率

軸心的輻緣貢獻率，分別高達 45% 與 56%，而中國的輻緣貢獻率，則只有 32% 和 34%。

日本作爲供應軸心的輻緣結構變動，與上述收受軸心發展相似。其主要輻緣國，均從中國轉變爲東協。如圖 4-7 顯示，中國在 1995～2007 年間，是支持日本成爲上游供應軸心最主要的輻緣國，顯示中國高度依賴來自日本的上游產品，作爲其生產投入的來源。惟此種高度依賴的輻緣關係，在進入本世紀後開始衰退，並在 2008 年爲東協所超越。相反地，中國卻在中游產品上，維持其爲日本供應軸心的最大輻緣國，其軸輻貢獻率自 1993 年的 18% 增加到 2009 年的 68%。其後，貢獻率雖然逐年下滑，但仍維持遠高於其他輻緣國的地位。上述中國對日本收受軸心與供應軸心兩者的輻緣貢獻率雙雙下滑，而東協則反向上升，反映日本在紡織業區域生產的網絡發展，已經逐漸由中國轉向東協。

在下游產品方面，日本是東亞區域內最大的收受軸心，並以中國爲最重要的輻緣貢獻者，其貢獻率維持在四成以上，遠高於區內其他國家或地區，但此貢獻率自 2004 年起開始下滑。與此同時，東協的貢獻率開始上升，並在 2010 年代快速攀升，進一步顯示中日兩國在紡織業的合作關係，有逐漸被日本—東協的合作關係取代的趨勢。

二、中國軸心的輻緣結構分析

如上節前述，中國不僅爲上游與中游產品的首要收受軸心，意即爲普遍吸納東亞其他成員出口最重要的國家；同時，中國也是中游與下游產品最重要的供應軸心，意即爲各國區內進口最主要的來源。其所對應的輻緣關係國，呈現於圖 4-8 與 4-9。

從中國作爲收受軸心的層面而言，如圖 4-8 所示，香港與日本爲上游兩大主要輻緣國，惟其貢獻度變動趨勢不同，出現香港下跌而日

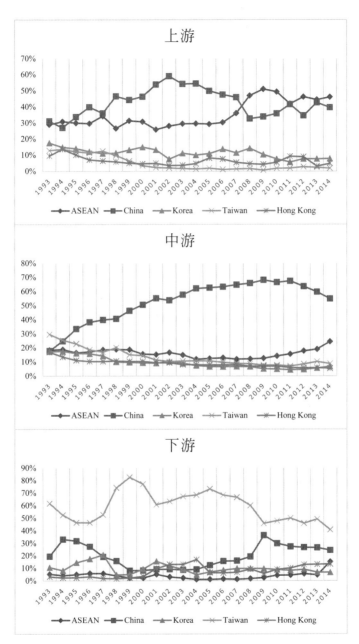

資料來源：Yang et al. (2020)

圖 4-7　日本紡織業供應軸心的輻緣貢獻率

本上揚的現象。反映中國與香港在紡織業生產關係的弱化，而與日本的關係則增強。再就中國作爲上游供應軸心的層面觀察，如圖 4-9 所示，其主要輻緣國爲南韓與日本，而其貢獻率來自南韓者上揚，來自日本者下跌。但在 2010 年以後，趨勢出現反轉，東協異軍突起，日本的貢獻率也轉趨上揚。

就中游而言，如圖 4-8 所示，香港是中國收受軸心的最大輻緣地區，其貢獻率遠大於其他輻緣國，雖然 2005 年起貢獻率緩步下跌，仍維持在六成左右。日本的輻緣貢獻排名第二，約爲兩成，其他地區的輻緣貢獻則甚微小。

圖 4-9 顯示中國供應軸心的輻緣結構。香港與日本在中游部門的輻緣貢獻率，分居於第一與第二位。唯東協自二十一世紀起貢獻率快速攀升，並在 2008 年超越日本、2011 年超越香港，成爲中國最重要的輻緣支柱。與此同時，香港與日本的輻緣貢獻率逐年減弱。顯示下游的成衣服飾加工基地，已經由香港轉移到東協，東協對中國中游供應軸心貢獻率的提高，反映其對中國中間材進口依賴的加深。

綜合而言，在 1990 年代，香港爲中國紡織業之上、中、下游最主要的進出口貿易夥伴，反映中國與香港紡織業分工的緊密連結。然而，在進入二十一世紀以後，此緊密關係產生了結構性的變化。對中國而言，日本在上游材料的供應，與南韓在上游產品的進口需求，以及東協在中游產品的進口需求，均超越了香港。亦即，中國在深化其紡織業製造的區域化策略下，香港逐漸失去其在中國紡織業跨國分工布局的重要地位。

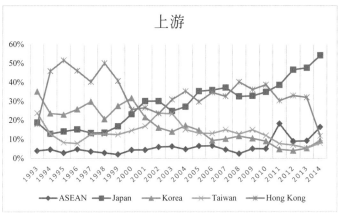

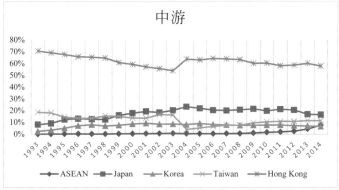

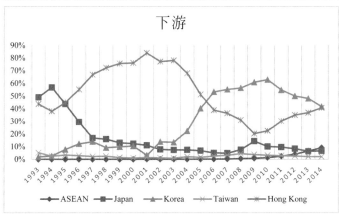

資料來源：Yang et al. (2020)

圖 4-8 中國紡織業收受軸心的輻緣貢獻率

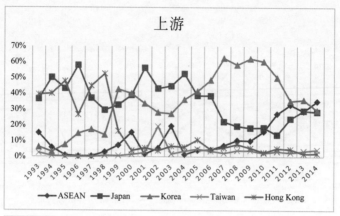

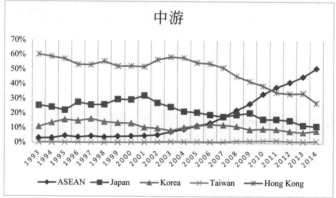

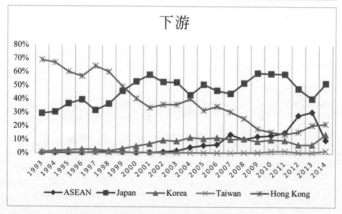

資料來源：Yang et al. (2020)

圖 4-9　中國紡織業供應軸心的輻緣貢獻率

三、東協軸心的結構分析

從上節的軸心分析中，東協在紡織業的上游與中游，已成為僅次於中國的第二大收受軸心，且其軸心指數逐年上升，並且逼近中國。然而，東協並未在區域供應軸心上扮演重要角色。

圖 4-10 顯示，就上游產業而言，台灣與日本為東協收受軸心的重要輻緣國。在 1993〜2014 年間，兩個輻緣國之貢獻率合計達 73%的年平均水準。此結構自 2004 年起，產生些微的變化，來自南韓與中國的輻緣貢獻率逐年遞增，兩者合計自 20% 增加到略高於 40%。亦即，雖然台日維持為前兩大輻緣貢獻國，南韓與中國的輻緣地位也穩步提升。

就中游產品而言，此種轉變亦發生在 2004 年左右。台灣的貢獻率下滑，而南韓與中國的輻緣貢獻率則穩定增加。台灣維持為最大的輻緣貢獻國，直到 2009 年才被南韓所超越。

上述結果顯示：東協將其貿易網絡，從以台灣和日本為主要進口來源，擴大到南韓與中國地區。此貿易網絡的延伸，反映東亞整體形成更為縝密的區域分工整合網絡。換言之，紡織業的製程已經進一步依據各國的生產力優勢，形成更有效率的分工模式，而東協已成功地深度融入這個分工生產鏈的體系。

圖 4-11 顯示東協供應軸心的結構。日本與東協在紡織業的上、中、下游均有緊密的合作分工關係。在上游，日本在 2004 年起就超越香港與中國，成為東協供應軸心的最大輻緣貢獻國。這也反映東協在紡織業生產結構的地位變化。從原來只出口原物料給中國和香港，晉升為出口加工原料給日本的地位。就中、下游產品而言，日本為東協供應軸心的首要輻緣貢獻國，南韓則在後續年度逐步跟上。此一發展與日本作為收受軸心的輻緣結構相一致；亦即，東協在上游與中游對日本軸心的輻緣關係穩定上升。反映東協與日本在紡織業生產上更為緊密的連結。

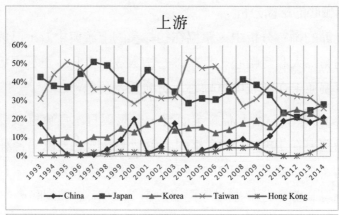

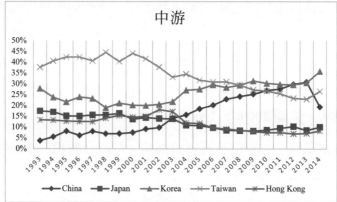

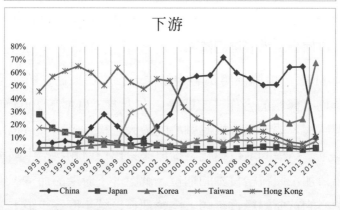

資料來源：Yang et al. (2020)

圖 4-10　東協紡織業收受軸心的輻緣貢獻率

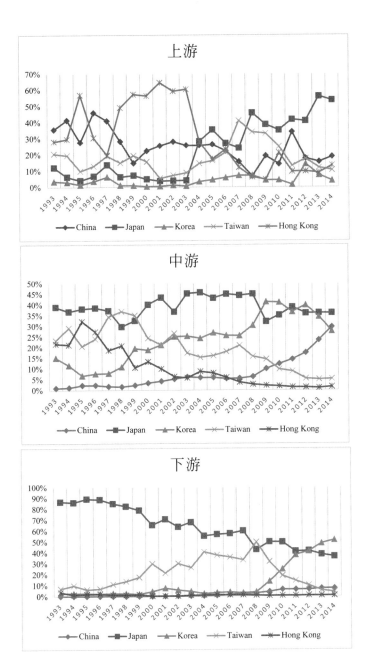

資料來源：Yang et al. (2020)

圖 4-11 東協紡織業供應軸心的輻緣貢獻率

4-3 迴歸分析

本節以迴歸模型進一步解析，前述透過軸心指數和輻緣貢獻率所展現的趨勢，其經濟意涵為何。我們探討兩個議題。第一，軸心的形成和移轉之決定因素為何？第二，和三大軸心（中國、日本、東協）之間，以及中國與香港之間的生產合作關係，是否確實在 2004 年前後發生了結構性的轉變？

從前述的軸心分析來看，我們發現，在上游和中游收受軸心的領域，東協的地位持續上升，而中國則呈現遞減。此一發展趨勢的轉折點出現在 2004 年間，中國的軸心分數由上升轉為下降，東協的軸心分數則由停滯轉為加速上升。供應軸心方面，中國在上游和中游的軸心地位則在 2004 年期間加速上升。

從輻緣結構分析來看，以日本為收受軸心和供應軸心時，中國的輻緣貢獻率在二十一世紀初期之前獨占鰲頭，遠高於其他國家，顯示中日兩國密切的生產分工關係，以及中國在區內重要生產基地的地位。但在 2004 年以降，東協的貢獻率加速上升，後來甚至超過中國。而中國的貢獻率或下降，或成長減緩。顯示日本與東協的生產整合增強，與中國的關係減弱。此外，從中國為軸心的輻緣結構觀察，我們發現日本和香港的貢獻率正在減少，而香港在中國中游軸心貢獻率的遞減趨勢，大致亦發生在 2004 年。對於東協軸心而言，其上游收受軸心持續以日本為最大貢獻者，在上游供應軸心方面，日本的貢獻率從 2004 年起快速攀升，成為最大貢獻者。隨著東協的產業規模擴增，中國在其中游供應軸心的輻緣貢獻率隨之增加，但日本的重要性仍持續維持高檔。

4-3-1 迴歸模型

　　爲進一步了解這些情勢發展的意涵，並以更嚴謹的方式檢驗我們的推論，我們建立了兩個迴歸模型，亦即基本模型 (basic model) 和擴充模型 (extended model)。基本模型探討收受軸心 (HM) 和供應軸心 (HMM) 的形成與移轉的影響因素。在此模型中，我們考慮五個因素。其一，國內經濟規模，以 GDP 爲代表，反映一國產製能量的大小，是一國能否成爲製造基地的重要因素。其二，每人國民生產毛額 (GNP per capita)，反映該國的購買力，是決定一國能否成爲最終產品的收受軸心的重要因素。其三，技術能力，以專利權註冊數的多寡衡量，是一國能否取得供應軸心領導地位的重要因素。其四，海外直接投資。我們同時納入一國的對外投資（outward FDI，資本流出）和該國收受來自其他國家的投資（inward FDI，資本流入）兩個項目。兩者均有助於資本來源國和資本收受國之間，建立更緊密的生產網絡關係，進而促進貿易。其五，結構轉變因子。如前所述，我們發現 2004 年前後，日本、中國和東協的軸心地位與輻緣關係似乎出現轉折，因此納入期間虛擬變數，並與三個軸心國的國家虛擬變數相乘，形成互動項，藉此檢定它們之間的關係是否確實發生結構轉變。[8]

　　迴歸模型的研究期間從 1993 年到 2015 年，涵蓋多項東亞與全球經濟震盪時期。例如 1997～1998 年東亞金融危機、2001 年網路泡沫消退引發全球經濟衰退，以及 2008～2009 年的全球金融海嘯。這些因素都會影響區域與全球的貿易表現，進而影響軸心指數的數值，因此我們也對這些特定年度設定虛擬變數，以吸收這些特殊事件引發的變動。

8　結構轉變因子是以期間虛擬變數的方式設定，以2004年爲界，2004年以前爲0，以後爲1。模型的詳細設定，請參閱Yang et al. (2020), 706-707。

　　在擴充模型中，我們額外增加三大軸心之間，以及中國與香港之間互動關係的考量。新增的變數分為三組，首先，我們將三大軸心和香港對其他國家的輻緣貢獻率納入，觀察他們的輻緣支持是否有助於其他國家提高軸心指數，進而強化軸心地位。其次，我們以三大軸心為主要對象，觀察特定軸心對另一軸心，或香港對中國的輻緣支持是否有超乎一般水準的效果。例如：來自日本的輻緣支持，對東協軸心地位的推升效果，是否較日本對中國的效果更高。最後，我們將第二組變數乘上期間虛擬變數，觀察三大軸心之間，以及中國與香港之間的輻緣支持效果是否在 2004 年前後出現結構性的改變。

4-3-2 迴歸結果

　　我們將這兩個模型分別應用在紡織業的上、中、下游，以一般化最小平方法 (GLS) 進行評估。結果如下：

一、基本模型實證結果

　　從基本模型的實證結果，我們發現 (1) 國內經濟規模 (GDP) 僅對上游產業有顯著的正效果。顯示經濟規模較大的國家，更有機會成為上游的收受軸心或供應軸心。(2) 反映購買力的每人 GNP 之效果，正如所料，對中下游軸心有顯著正面效果，特別是對最終產品（下游）的收受軸心之推升效果最為強烈。(3) 技術能力（專利權註冊數）只對中游供應軸心（中間財出口的主控者）的形成有顯著效果。(4) 海外投資方面，外人投資（資本流入）對軸心的形成並無顯著效果，但對外投資（資本流出）卻對上、中、下游收受軸心的形成有明顯的推升效果。這隱含區域內各國對外投資的目的，並非意在轉移生產基地，而是為了更細密的專業分工，以提升生產效率，進而深化了區域生產整合。

　　結構轉變方面，三大軸心中，中國的軸心地位出現明顯的結構轉變。2004 年之後，中國在上、中、下游的收受軸心地位明顯弱化，但在上游和中游的供應軸心地位則顯著增強。這似乎顯示，中國已將上游和中游產品的生產內化於國內生產鏈，因而減少對區域內產品的進口依賴。其國內生產鏈的擴充，也提升它在上游和中游供應軸心的地位。為確認中國已完成進口替代，以自行生產上中游產品，取代過去從區域內進口，而非以區域外進口取代區域內進口，我們檢視中國紡織品全球進出口的數據資料，發現中國在後期的中游產品全球進口值的確大幅降低，上游產品的進口值雖然增加，但產品結構發生重大變化，原材料 (raw material) 和加工材料 (processed material) 的比重，從原本的五五波，轉變為七三比，亦即對加工材料的依賴已明顯降低，顯示中國確實以國內產製的上中游產品取代進口。

　　日本的軸心地位方面，2004 年以前，日本僅在下游收受軸心上扮演積極而顯著的角色，其他方面乏善可陳。此反映日本因高所得水準和高購買力，成為區域內最終產品的吸納中心。但在 2004 年之後，日本在上游和中游的軸心地位出現增強，在上游供應軸心方面尤其顯著，值得注意。

　　東協方面，除了上游供應軸心外，其他的領域，包含上、中、下游的收受軸心及上游和中游的供應軸心，均處於僅次中國的地位。[9]其軸心地位在 2004 年以後明顯增強，特別在上游和中游方面。

　　這些實證結果與前述圖 4-4 所顯示，收受軸心出現東協上升、中國下降的趨勢一致。也與圖 4-5 所示，2004 年以後，東協與中國在供應軸心的地位同時升高相符。與此同時，日本在區域生產鏈的軸心

---

[9] 楊子萱(2019)也有相同的發現，2004年以降，中國在上游和中游已穩居主軸心地位，東協高度整合後，成為上游與中游的次軸心，降低中國獨強地位。

地位似乎趨於式微。結果也指出 2004 年後的新趨勢，亦即三大軸心在上游和中游供應方的地位均有提升。在吸收方面，日本在上游和中游，以及東協在中游的軸心地位均有顯著提升，中國則反向降低。以下的擴充模型，將對這種新情勢下，三大軸心之間的關係，究係走向更劇烈的競爭，抑或更深的合作？以擴充迴歸模型進行檢定。

二、擴充模型實證結果

在擴充模型中，透過檢視特定國家間的輻緣貢獻率和結構轉變因子，我們發現三個軸心之間的互動關係的確出現明顯的改變。以東協和中國為例，兩者在中游和下游產品貿易上有密切的互動。透過中游產品的產業內貿易 (intra-industrial trade)，相互支持彼此成為中游的供應軸心。但這種（中游）互補式的互動關係，在 2004 年以後減弱，雖尚不致反轉為競爭關係，但原來的合作互補關係已經弱化，顯示中國自東協的進口，對提升東協的供應軸心地位之重要性減低。與此同時，東協自中國的進口，在支持中國成為中游供應軸心的重要性也已降低。

東協和日本的關係在上游和中游最為密切。來自日本的輻緣支持，對東協成為上游的收受軸心和中游的供應軸心都有顯著的提升效果。2004 年以後，雙方在上游和中游的合作互補進一步增強，顯示兩者在生產上已建立較前更為緊密、相互依賴的網絡關係。

中國與日本的關係方面，早期來自日本在中游和下游的輻緣支持，對提升中國成為收受軸心和供應軸心都有顯著正面效果，此效果在 2004 年以後並未有明顯的變化。中國對日本貢獻方面，中國自日本採購上游產品，對日本在早期成為供應軸心有明顯助益。但在後期，隨著中國成功完成進口替代，它對支持日本提升供應軸心地位的重要性顯著降低。雙方的互補關係減弱。

香港與中國的互動關係主要在下游，來自香港的輻緣支持有助提升中國在下游收受軸心和供應軸心地位，且此關係在 2004 年後增強。在上游和中游領域則乏善可陳，反映二者垂直整合的生產關係已然淡化。

4-3-3 延伸探討

從上述結果，我們發現東亞紡織業生產的三輪動力系統已然形成。中國維持它在中游和下游生產的主導地位，供應區域內中間財和最終消費財的需求。它的生產模式逐漸走向自給自足，從區內其他國家進口加工材料和中間財的需求已逐步縮減。即令如此，我們發現它對日本加工材料的需求規模仍舊持續上升，反映日本在上游產品的技術優勢，使其仍能穩居上游第二大供應軸心的地位。另一方面，隨著中國的生產從下游提升至中游和上游，東協國家掌握機會，擴大下游生產規模，填補中國減少下游生產的空缺。它所採取兼顧內部整合（東協經濟共同體的形成）和強化外部連結（包括成立東協加三自由貿易區和推動區域全面經濟夥伴協定 (RCEP)）的策略，已有效地實現貿易創造效果 (trade creation effect)，深化它與東亞其他成員國的合作，進而提升在區域生產網絡中的地位。

我們也確認，2004 年前後確實發生結構性的轉變。在此期間，中國退出上游與中游收受軸心的地位，由東協取而代之。與此同時，中國除強化其供應軸心的角色外，它與香港相互依賴的生產關係也逐漸淡化。

2004 年標註幾件重大的歷史事件。首先，它是紡織成衣協定 (The Agreement of Textiles and Clothing) 實施完成的年度，全球紡品配額在 2005 年 1 月 1 日走進歷史。其二，它是東協經濟共同體 (AMC) 在 2005 年正式成立的前一年。第三，東協與中國的貨品貿易協定在

當年度簽訂，標誌著中國與東協走向自由貿易區的一大步。此外，香港與中國的緊密貿易夥伴協定在 2003 年 11 月簽訂，香港取得進入中國市場的優惠待遇，也使香港對中國市場的依賴快速攀升。香港對中國的出口占其總出口的比重，從簽訂前的 2002 年之 39%，在 2010 年提高至 52%，2015 年更升高至 56%。但香港的製造業加值總額卻持續縮減，與東協產業規模持續擴大形成對比。此舉亦使香港在紡織業區域生產網絡的重要性降低。

4-4 結論

有別於前面檢視雁行發展論的方法，在這一章我們換個角度，應用貿易軸心指數來檢視紡織業在東亞的發展模式。我們探討紡織業上、中、下游，在東亞生產分工下的貿易網絡，特別是其軸輻結構的演化過程。首先，我們呈現 1993～2014 年間，東亞區域的軸心指數，透過圖示與計量方法來呈現日本、中國和東協在軸心地位上的趨勢變化。其次，以輻緣貢獻率展現各軸心國能取得軸心地位是受到哪些輻緣國的支持，以及輻緣結構的變遷。最後，以迴歸分析，探討形成軸心地位的決定因素為何，以及三個軸心間的競爭與互補關係是否出現變化。有別於一般認定的日本－中國的東亞雙軸心架構，我們進一步證實東協已經成為第三個軸心。尤其在紡織業的下游部門，東協已成為供應出口的主力軸心，其重要性不容忽視。

此日本－中國－東協三軸心，各自在紡織業的上、中、下游，占有不同程度的軸心地位，在東亞的產業分工生產鏈上扮演不同的角色。(1) 中國已經成功地從下游的生產供應軸心，轉型到上游與中游，下游供應軸心的地位則為東協所承接。此亦是跳脫傳統雁行發展模式的跳蛙現象之另一例證。(2) 日本維持為上游材料部門的第二大

供應軸心；雖然中國在上、中游的自給率已經大幅提高，但是對於日本在上游的依賴卻仍舊很高。反映日本在紡織業上游仍具有相對的技術優勢。(3) 東協與日本的互惠合作加深；反之，中國對於東協軸心的輻緣貢獻率則在 2004 年以後明顯降低。(4) 2004 年出現顯著的結構性變化，中國的軸心地位增強，而日本在上游、東協在中游原本逐漸失去的軸心地位出現反轉，開始向上提升。

　　前述 2004 年期間的多項重大歷史事件，引發東亞紡織供應鏈的結構轉變，這些全球貿易自由化和東亞區域進一步整合的發展，促成東亞生產供應鏈的擴張。有利於東協的崛起，並發展出與東亞其他成員更爲緊密的跨國分工體系。以傳統的紡織業進行的觀察與驗證，應該只是冰山之一角。

附錄 4-1　軸輻指數 (Hub-Spoke Index)

首先，兩國之間相對的出口依賴程度，我們可應用 Baldwin (2004, 2006) 的軸心測度量來反映，令 HM_{ih}^{X} 代表 i 國以 h 國為出口目的地之依賴程度，其衡量公式如下：

$$HM_{ih}^{X} \equiv (X_{ih}/X_{i \cdot}) \cdot \left[1 - (X_{ih}/X_{\cdot h})\right] = S_{ih}^{X} \cdot (1 - S_{ih}^{M}) \tag{4-1}$$

其中 $X_{ih} \equiv i$ 國對 h 國的出口值，$X_{i \cdot}$ 為 i 國之總出口。因此，$S_{ih}^{X} \equiv X_{ih}/X_{i \cdot}$ 代表 i 國對 h 國出口的比重，反映 h 這個出口市場對 i 國的重要程度或單方面的依賴程度。S_{ih}^{M} 則為 h 之總進口中，來自 i 國的份額。所以 $1 - S_{ih}^{M}$ 為 h 國自 i 國以外進口的比例。意義上，HM_{ih}^{X} 越大，代表 i 國相對越依賴 h 國作為主要出口軸心 (hub)，但對 h 國而言，i 國為越不重要的輻緣國 (spoke)。

依 Huang et al. (2021)，進一步我們可依據此雙邊的軸心國 (h) 及輻緣國 (i) 關係，設計區域性的**出口目的地**軸心指標，再以區域內各國出口比重為權數，對 $XH_{ih} \forall i \neq h$ 做加權平均，得到：

$$XH_{h}^{R} = \sum_{i} HM_{ih}^{X} \cdot S_{\cdot i}^{X} \tag{4-2}$$

代表軸心國 h 在區域 R 的出口目的地軸心指標。[10]

同理，我們可以對照 HM_{ih}^{X}，計算相對**進口來源地**雙邊軸心—輻緣指數或依賴程度如下：

$$HM_{ih}^{M} \equiv (X_{ih}/X_{\cdot h}) \cdot \left[1 - (X_{ih}/X_{i \cdot})\right] = S_{ih}^{M} \cdot (1 - S_{ih}^{X}) \tag{4-3}$$

---

[10] 更詳細內容，請參見Huang et al. (2021)。

HM_{ih}^{M} 越大，代表 i 國對 h 國的進口來源依賴度越大，或 h 相對於 i 為主要進口軸心的指數；進一步我們亦可以區域 R 為單位，以區域內各國的進口比重為權數，計算 $HM_{ih}^{M} \forall i \neq h$ 的加權平均，即進口來源地軸心指標，如下：

$$MH_{h}^{R} = \sum_{i} HM_{ih}^{M} \cdot \frac{\sum_{j} X_{ji}}{\sum_{j}\sum_{i} X_{ij}} = \sum_{i \in R} HM_{ih}^{M} \cdot S_{\cdot i}^{M} \tag{4-4}$$

MH_{h}^{R} 越高，代表 h 國在區域 R 中為各國越重要的進口來源國，供應軸心。

第 5 章

從雁行到軸輻 (2)：東亞不對稱的貿易依賴與產業軸心[1]

1　本文承台北聯合大學系統學術合作110年度專題研究
計畫(USTP-NTPU-NTOU-110-03)經費補助，特此致
謝。

　　繼前一章討論東亞紡織業生產鏈的軸心變化後，本章聚焦於出口目的地軸心之形成，並以勞力密集的紡織業和鞋業、資本密集的運輸工具業，以及技術密集的電子業，探討不同產業從雁行到貿易軸心的圖像，並以引力模型驗證之。

　　戰後東亞國家經濟及產業發展，可從有先後秩序之雁行理論得到完美的驗證。1970年代起，日本逐漸將不具比較利益的產業，依序從勞力密集的紡織業，資本密集的化學、鋼鐵和汽車產業，以及技術密集的電腦、面板和半導產業，轉移到相對後進的四小龍，帶動台灣、南韓、香港、新加坡的產業發展。1980年代中期之後，亞洲四小龍完成工業化轉型，無論是汽車製造業或是半導體科技業，都跟上日本的技術水準，甚至還仿效日本對外投資的模式，移轉既有的舊科技和失去成本優勢的勞力密集產業至馬來西亞、中國大陸、泰國、印尼、菲律賓、印度等國家，使其成為雁行體系的第三梯隊。於是四小龍成為繼日本後第二梯隊經濟起飛的經濟體，再進一步帶動其他亞洲國家，形成特殊的複型追趕 (multiplex catching-up) 模式。

　　在雁行發展體系下，日本一直是東亞在產業與貿易的主要核心。發展模式是由大雁向小雁們進行跨國資金和技術轉移。因此，日本既是東亞各國主要產業技術的來源，亦是重要零組件生產設備出口的去處。與此同時，由於後進國家的技術追趕，使領先國家的產業必須持續升級，透過發展新技術與掌控關鍵零組件的生產與出口，以及輸出成熟技術與移轉技術含量較低的零件產地，使東亞國家持續出現生產依序輪動與技術漸次傳遞的現象。

　　2000年後，中國崛起使雁行隊伍出現失序，原先依序傳遞發展的東亞雁行發展態勢逐漸變得模糊。[2] 中國大陸自1978年改革開放，

2　請參閱Fijita and Hamaguchi (2007)。

以豐沛低廉勞動力之優勢，逐漸取代東南亞成為新興的加工生產基地。加上 1997 年亞洲金融風暴的衝擊，使原屬東亞雁行第三梯隊的四小虎國家失去傳統產業的優勢，跨國投資轉進中國，使之成為歐美、日本和四小龍等跨國公司的首要加工基地。2001 年，中國加入 WTO 後與世界接軌，以更有利的投資環境，收穫改革開放的巨大成果，逐漸從雁行體系中脫穎而出。憑藉大規模生產力和因生產所得快速成長所形成豐沛消費力，成為眾所矚目的世界工廠與世界市場。更進一步吸引跨國企業從供應鏈下游的加工生產，向上延伸至中上游中間財與零組件等資本密集乃至技術密集產業的投資；一方面帶動中國產業的升級，另一方面，其貿易量也隨著與全球化供應鏈的密切整合而大幅擴張，躍升為全球大貿易國之列。

　　舉例來說，中國 1990 年代以出口勞力密集的紡織成衣和鞋類為主，兩者在 2013 年占全球出口比重仍維持在 37% 的高水準（見表 5-1）。另一個鮮明的例子，是電腦設備技術密集商品，在 1995 年占中國出口比例不到 10%，2000 年後高科技產品已超過 30%，2013 年中國出口技術密集產品占全球出口比已超過 40%（見表 5-1）。陳宏易和黃登興 (2009) 亦發現東亞地區並非所有產業都依循雁行模式，[3] 並指出大陸具有比較利益的產業，不同於雁行理論文獻預期的完全是承繼自四小虎，部分大陸的新興產業是越過四小虎，直接承繼自四小龍。中國在 2004 年其出口值超過日本，成為全球第三大出口大國（占全球出口比重 6.52%），2007 年出口超越美國 (8.81%)，2009 年再越過德國成為全球最大出口國 (9.76%)，2013 年進而成全球最大貿易國。東亞的加工基地與世界工廠的地位，使中國在進入二十一世紀後，成為東亞地區新的貿易核心。

3　該文應用顯示性比較利益指數(RCA)變動序列係數變化，檢證雁行發展論的方法，指出四小龍承接自日本夕陽產業的產品，大多集中在資本密集財、資源型製造業及人力資本密集財；而四小虎承接自日本及四小龍的產品則以初級產品、資源型製造業及勞力密集財為主。

表 5-1 東亞產業別全球出口資料

單位：千美元；全球出口比重

地區（國家）/年	2009	2011	2013	2016	2019
勞力密集產品 SITC 26, 65, 84, 85					
全球出口總額	653,988,513	758,958,673	849,582,949	1,273,510,000	1.39E+09
EA11 小計	306,830,812	373,500,153	445,772,276	608,973,000	646,816,651
EA11 出口比重	0.47	0.49	0.52	0.49	
China	0.24	0.3	0.37	0.27	0.26
Hong Kong	0.05	0.05	0.05	0.04	0.03
Vietnam	0.02	0.02	0.03	0.05	0.05
Indonesia	0.01	0.02	0.02	0.02	0.02
Korea	0.01	0.02	0.02	0.04	0.04
Taiwan	0.01	0.01	0.02	0.01	0.01
資本勞力密集產品 SITC 78-79					
全球出口總額	1,110,071,457	1,615,111,010	1,662,415,457	3,319,856,384	3,733,772,198
EA11 小計	308,134,127	468,016,194	444,119,671	652,169,428	726,006,567
EA11 出口比重	0.28	0.29	0.27	0.2	0.19
Japan	0.11	0.11	0.1	0.12	0.12
Korea	0.07	0.08	0.07	0.04	0.03

地區（國家）/年	2009	2011	2013	2016	2019
China	0.05	0.07	0.06	0.07	0.07
Thailand	0.01	0.01	0.02	0.01	0.01
Singapore	0.01	0.01	0.01	0.01	0.01
Taiwan	0.01	0.01	0.01	0.04	0.04
技術密集產品	SITC 75, 776	SITC 75, 776	SITC 75, 77	SITC 75	SITC 75, 77
全球出口總額	823,885,116	1,078,605,906	1,137,885,146	4,045,580,000	5,421,789,765
EA11 小計	579,407,183	777,405,057	857,108,330	2,260,590,000	3,162,930,217
EA11 出口比重	0.7	0.72	0.75	0.6	0.6
China	0.23	0.34	0.4	0.3	0.22
Hong Kong	0.1	0.13	0.15	0.11	0.11
Singapore	0.1	0.13	0.13	0.05	0.04
Taiwan	0.06	0.09	0.1	0.04	0.04
Korea	0.05	0.07	0.08	0.04	0.05
Malaysia	0.06	0.06	0.06	0.03	0.03
Japan	0.05	0.06	0.05	0.04	0.05

資料來源：UN Comtrade Database，本研究彙整

註：技術密集產品 2013 年前僅計算 SITC 75 和 SITC 776。EA11 為東亞 11 個國家，中國、日本、台灣、香港、南韓、新加坡、馬來西亞、泰國、菲律賓、印尼及越南。

　　圖 5-1 以簡單的總出口趨勢，反映中國貿易地位的崛起。自 1978 年開放，中國的勞力密集產業 (SITC 26, 65, 84, 75, 85) 早在 1994 年、1998 年後出口即快速成長。2001 年加入 WTO，各國紛紛投資中國設廠成為世界工廠後，2000 年後則出現出口全面性成長。日本至今在汽車產業 (SITC 78) 上仍具重要地位。值得注意的是，中國在電腦周邊 (SITC 75) 產業總出口值早在 1990 年已超越日本，2002 年逐年拉大與台日韓距離，形成一枝獨秀。在電子零組件 (SITC 77) 產業亦有類似路徑，中國在 1996 年超越日本、2006 年超越美國後加速成長。台灣則是在 2009 年後出口值超過美國和日本，南韓則在 2010～2012 年出口值高過美日。至於資本密集的汽車產業 (SITC 78) 以美日為主，南韓則是東亞第二大出口國，中國緊追在後，2017 年後中國超越南韓。此外，泰國汽車出口也領先於其他東亞國家。若從上述的圖像中移除中國，根據圖 5-2 可以清楚看出，成衣產業（圖 5-2(A), SITC 84）與電腦周邊（圖 5-2(C), SITC 75）的出口，仍呈現四小龍（如台灣、南韓）先升後降，再由四小虎（如印尼、馬來西亞）承接的有序輪動。進一步驗證，中國的崛起與產業快速升級，跳蛙式越過東南亞國家，向前承接技術層次較高產品的生產與出口，是使東亞的發展態勢偏離原有雁行模式的主要原因。

　　造成東亞雁行體系模糊的另一個原因，是產業鏈全球化與製程分工深化的發展。1990 年後，跨國企業在東亞大幅擴張生產網絡，按各國依發展程度與資源稟賦不同，所具備不同的比較利益，將不同產品的製程做細密的切割，配置在不同的國家進行，打破原來按個別產品技術層次，序列性的跨國產業技術轉移。加上日本經濟因泡沫化而放緩對外投資步伐，原來在雁行體系內的東亞各國，開始以本國為軸心 (hub)，將具備生產優勢產品的生產向外輻射至其他國家，以建立本國的產業分工鏈。過去不同梯隊的成員，如領頭雁的日本、第二

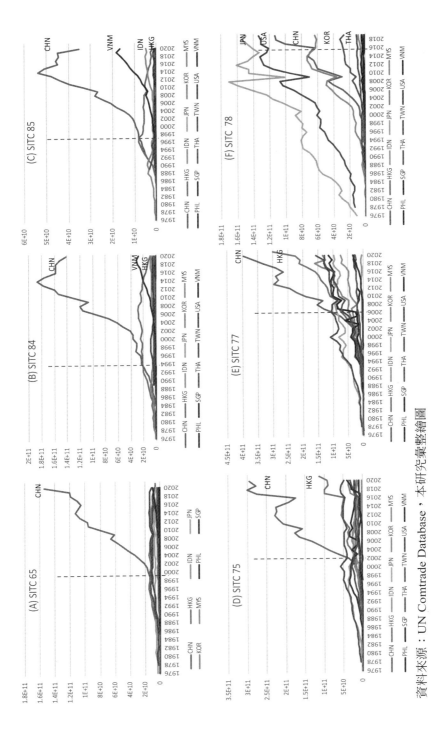

圖 5-1　1999～2019 年東亞國家主要產業出口趨勢

資料來源：UN Comtrade Database，本研究彙整繪圖

梯隊的四小龍國家、插隊成功的中國，乃至落後四小虎，逐漸成爲不同產業的競爭者。以日本爲例，汽車產業外移的重鎮不再是南韓與台灣，從 1990 年代以後，泰國逐漸成爲日本汽車產業的發展據點，甚至有「東南亞底特律」之稱。原因就在於泰國加入 WTO 後，放寬整車零組件進口的原產地規定，允許跨國公司以獨資方式設立，並開放汽車組裝由外商所主導，泰國汽車廠商轉爲零組件配套供應鏈，且無意發展本土品牌與日本車廠競爭，此案例也是日本放棄雁行走向軸輻的關鍵。

技術優勢可使一個國家維持核心地位，日本即憑藉其技術優勢，在東亞洲保持重要地位，與中國以開放市場和成爲全球加工基地的策略形成鮮明對比。從表 5-2 東亞的專利權存量累計可發現，即使日本過去在雁行體系中透過 FDI 將夕陽工業和舊技術轉移到四小龍和中國，仍持續進行研發，繼續掌控紡織業上中游 (SITC 26, 65) 的關鍵技術。日本所擁有紡織業上中游產業和技術密集的電腦周邊與半導體等的專利權存量，都遠遠超過東亞所有國家的總和，日本以技術優勢爲基礎的貿易軸心地位，反映在東亞國家對日本的進口依賴。

從上所述，我們發現東亞的雁行圖像已轉爲兩個貿易軸心。仔細觀察中國與日本在產業發展特色與重要貿易品目的內容，仍有相當程度落差。我們從不同產業特質來看，表 5-1 所列三種不同屬性（技術密集、資本密集和勞力密集）產業的出口表現，可看出東亞國家在不同產業占據不同的全球地位。東亞 11 國（中國、日本、台灣、香港、南韓、新加坡、馬來西亞、泰國、菲律賓、印尼及越南，以下簡稱 EA11）在勞力密集產業全球出口比重約占半數，中國的全球出口比重近四成。而 EA11 在資本密集產業的出口，僅占全球四分之一，以日本出口比重最高，約占 EA11 近半數。值得注意是 EA11 的技術密集產業占全球出口比重超過七成，中國在出口技術密集全球比重逐年

表5-2　2000~2017年產業別專利權存量累計件數

國家／產業別	合計	紡織業 SITC 26, 65, 84	電腦周邊 SITC 75	半導體 SITC 776	運輸工具 SITC 78, 79	鞋業 SITC 85
美國	259,145,763	16,510,875	196,261,987	13,335,952	32,077,590	959,359
日本	61,791,989	683,456	48,766,820	5,406,318	6,924,334	11,061
南韓	16,484,856	576,824	12,397,105	2,941,523	559,253	10,151
台灣	10,036,164	332,805	6,783,829	2,412,819	484,119	22,592
中國	5,378,204	223,159	4,335,449	509,125	301,783	8,688
新加坡	811,511	28,373	485,122	283,188	14,519	309
香港	382,646	138,149	198,587	24,713	17,787	3,410
馬來西亞	161,381	7,351	114,215	38,763	1,052	0
泰國	19,522	0	8,405	4,237	6,803	77
菲律賓	11,004	0	5,151	5,853	0	0
印尼	1,654	0	375	697	0	582
越南	1,435	0	1,308	0	127	0

資料來源：取自 U. S. Patent and Trademark Office (USPTO)，本研究彙整

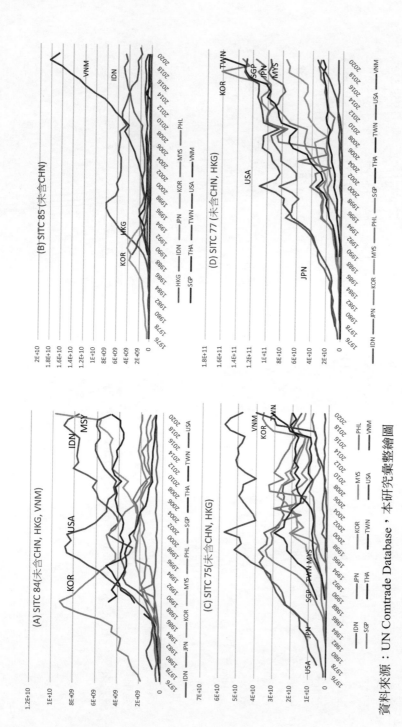

資料來源：UN Comtrade Database，本研究彙整繪圖

圖 5-2　1999～2019 年末含中國勞力和技術密集產業出口趨勢

攀高。對照表 5-1，何以日本在上游產業具備技術優勢，卻無法反映在技術密集的出口貿易上？這個不對稱的貿易依賴與產業軸心關係，有待進一步釐清。

5-1 模糊的雁行體系：中國的崛起

日本自 1960 年代以來，透過貿易、投資和技術移轉的市場力量發展核心地位，這種如雁行有先後秩序經濟發展體系，最早由 Akamatsu (1962) 提出，稱之為東亞的雁行理論。Kojima (2000) 進一步提出日本的投資前沿 (investment frontier) 圖像，橫軸是按技術層次安排的產業類型，從勞動密集（紡織品等）到資本密集型產品（鋼鐵、化學品），最後則是知識密集型產品。縱軸則是梯隊順序，表達領頭雁日本透過 FDI 方式，根據東亞國家工業化程度或國民所得，依時序向下傳遞推移至第二梯隊的追隨者四小龍 (NIEs)、第三梯隊的四小虎 (ASEAN 4) 和中國。

隨著日本經濟泡沫化、亞洲金融危機和中國崛起，全球生產分化以及大中華經濟圈（港、中、台）等等，使雁行體系日漸模糊。另外一個關鍵是生產過程的分割，雁行理論與比較利益都是運用在最終商品，Jones and Kierzkoski (2001) 和 Deardoff (2001) 提出當製程可分割為上、中、下游若干個模組，跨國公司透過 FDI、海外生產和委外生產 (outsourcing) 等方式以降低生產成本，採模組化生產方式將技術移轉，是許多國家（特別是南韓和台灣）經濟發展和技術進步的原因。Bernard and Ravenhill (1995)、Fujita and Hamaguchi (2007)、Kumagai (2008) 和 Chen (2011) 等指出 1980 年代後期形成大中華經濟圈，開始從日本奪取技術和競爭優勢。特別是在電子產業，電腦周邊和筆記型電腦，乃至半導體產業，形成新的生產網絡，即美國研

發，結合台灣接單和中國生產的三角貿易關係，直接跨越過日本。陳
宏易和黃登興 (2009) 也驗證並發現東亞地區並非所有產業都依循這
個模式。

雁行動態路徑衡量

以顯示性比較利益指數（RCA，公式見第 3 章）衡量東亞地區
各國各產業間的更迭。從圖 5-3 可見，1999～2019 年東亞 11 國在
勞力密集產業有明顯的產業輪動現象。東亞國家在棉麻毛人造纖維
(SITC 26) 和整染織布 (SITC 65) 於 1999 年都是以台灣和南韓 RCA
指數最高，但其優勢與時俱退，反觀印尼和越南在 26、65 類的比較
利益則是緩步上揚，在 2015 年分別超車台灣和南韓，之後印尼和越
南在 SITC 26 的 RCA 指數維持高水準，與其他國家有明顯差距。65
類和紡織下游產品 (SITC 84) 的發展亦相仿。同期間成衣 (SITC 84)
的生產，越南和中國相較其他國家存在明顯優勢，製鞋業 (SITC 85)
的發展趨勢亦與成衣類似，以中國印尼和香港的 RCA 指數較高。

技術密集產業部分，1999 年以新加坡、馬來西亞、台灣和菲律
賓在電腦周邊 (SITC 75) 產業的 RCA 指數最高（圖 5-4(A)），其後
新加坡在 2006 年後逐年遞減，台灣在 2013 年前 RCA 指數維持 2 以
上，2013 年以後出現下降趨勢。電腦周邊 (SITC 75) 產業屬於技術
密集最終產品的組裝製程，產品雖歸類在高科技，但本質上屬成熟製
程，反而具有勞力密集的特質。2019 年 STIC 75 的 RCA 指數最高者
以香港、菲律賓，以及受惠於中美貿易戰的越南，其 RCA 指數均超
過 2。另一方面，屬於上游的電子零組件產業 (SITC 77) 則有不同的
發展。在 1999 年同樣以新加坡、馬來西亞和台灣的 RCA 指數最高，
台灣 RCA 指數逐年上升，2008 年後超過新加坡成為最高者，與次高
的新加坡拉開差距。

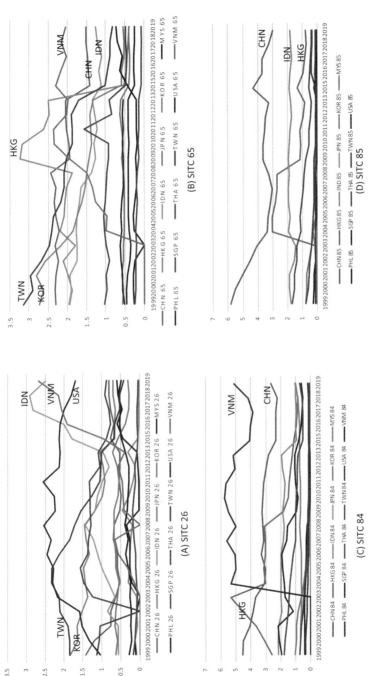

圖 5-3　東亞國家勞力密集產業 RCA 指數

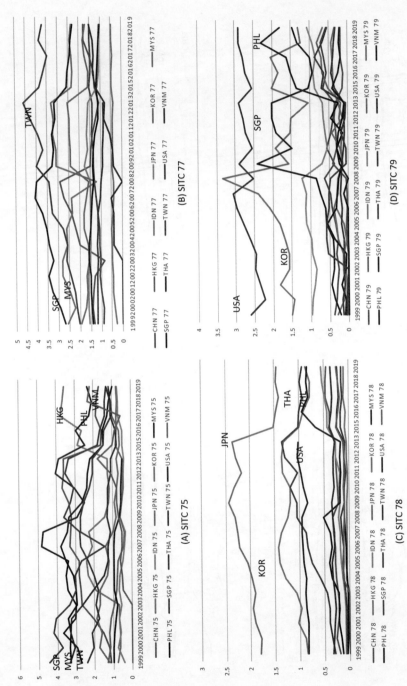

圖 5-4　東亞國家技術和資本密集產業 RCA 指數

在資本密集產業部分，汽車業（圖 5-4(C), SITC 78）由日本獨占鰲頭，不但全程高於其他國家，在 2004～2013 年期間，是唯一 RCA 指數大於 2 者。南韓雖爲次高，其指數值介於 1.5 與 0.8 左右，且呈逐年下降。值得注意的是泰國，從 1999 年 RCA 指數低於 0.5，到 2007 年其值爲 1，2012 年起，與南韓亦步亦趨，走勢相仿。在船舶、航空器和其他運輸工具產業 (SITC 79)，排除美國後以南韓的 RCA 指數最高，其值雖有起落但始終超過 1，是東亞國家競爭力最高者。

5-2 出口目的地貿易軸心 —— 動態路徑

現今大多貿易軸心的理論文獻發展，都在 FTA 基礎上進行。有別於現有文獻，我們不跟隨雙邊貿易協定政策面所形成軸心輻緣關係，Huang et al. (2021) 認爲形成貿易軸心的主要因素，大抵有四類。首先是 Krugman (1993) 指出地理優勢因運輸成本降低，更容易具備運輸軸心效果，成爲區域的貿易軸心。其次，從市場規模反映兩股作用力，一是進口需求，一個大型開放經濟有利於成爲主要的貿易核心，因爲大經濟體代表大的市場需求，其他情況不變，在一樣的邊際進口傾向下，就會呈現較大的進口量，成爲其他各國相對重要的出口市場，形成貿易軸心。另一是從生產面來看，根據近代貿易理論 Krugman (1979, 1980, 1993)，具有規模經濟之製造業產品，因爲跨國貿易的運輸成本障礙，而使得市場規模較大的國家，有生產上的優勢。

再者，全球化下跨國投資促進貿易軸心形成。如同 Krugman (1993) 指出因貿易成本下跌所形成的軸心輻緣關係，往往會左右廠商區位選擇，得以優先進入市場。Baldwin and Venable (1995) 和 Baldwin (2006) 也有類似的看法。在跨國對外投資亦同，廠商除了比較生產成本利益外，亦透過貿易所涵蓋的所有其他市場，或是選擇就

近的大市場，在產業區位選擇或產業遞移和投資，有利貿易軸心形成。正如 Ando and Kimura (2003) 指出，在日本與東協簽訂自由貿易協定以前，日本的跨國公司早已經在東亞透過 FDI 建立完善的全球生產和行銷網絡。

最後，另一個重要的貿易軸心形成，可能來自技術優勢。特別是近代跨國垂直分工的貿易型態，具有上游關鍵技術的國家，理所當然成為該產業上游零件的主要生產國，成為「進口來源的核心」。

前面幾章已以「跳蛙現象」反映中國貿易地位的崛起。國際貿易文獻上普遍認定在 1990 年代前亞洲的貿易，以日本為軸心，進入 2000 年代後，則由晚近崛起的中國與日本並駕成為東亞雙軸心的貿易型態（見 Baldwin, 2006, 2009）。從我們過去研究發現，日本和中國的總貿易出口目的地雙軸心出現在 1990 年代初期，隨著中國崛起和日本地位下滑的動態路徑，最後中國成為東亞唯一的軸心。不同屬性產業對應全球與東亞不對稱的貿易依賴關係，其產業軸心結果當不同。我們計算了 1999～2019 年以來東亞 11 國在東亞區域的軸心指數與輻緣指數，過往日本一直是東亞貿易軸心，其出口目的軸心指數高於中國，在 2003 年之後，區域整體性的傾向中國趨勢更為明顯，中國指數開始超過日本，並且與日本指數的下跌路徑形成對比，中日雙軸心呈一消一長，主要結果如圖 5-5 和圖 5-6。

前一章清楚點出紡織業上、中、下游分工從雁行模式到跳蛙模式。本章則以紡織業為主的勞力密集產業觀察，日本主要的軸心地位在 1999 年前已被中國取代（見圖 5-5(A) 和 5-5(B)），在貿易軸心僅餘中國。其他的技術和資本密集產業（見圖 5-6），仍存貿易雙軸心。惟 2003 年後，日本失去出口目的地軸心地位的現象就會變得更加清晰。值得注意的是，南韓 2016 年在其他運輸工具產業（圖 5-6(D), SITC 79）及 2017 年在電腦周邊（圖 5-6(A), SITC 75）的

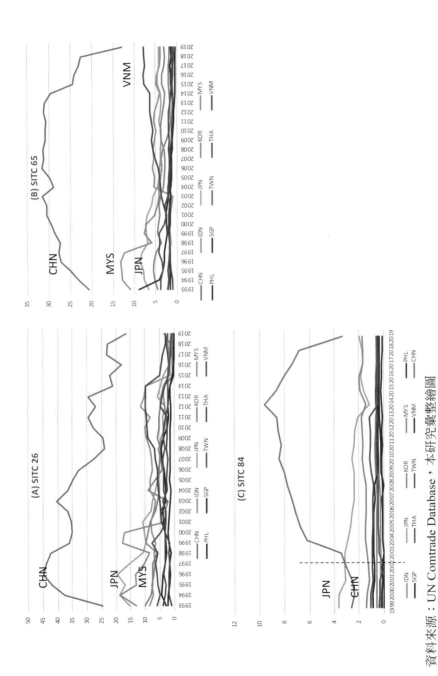

資料來源：UN Comtrade Database，本研究彙整繪圖

圖 5-5　紡織業總貿易之出口目的地軸心指數（XH）

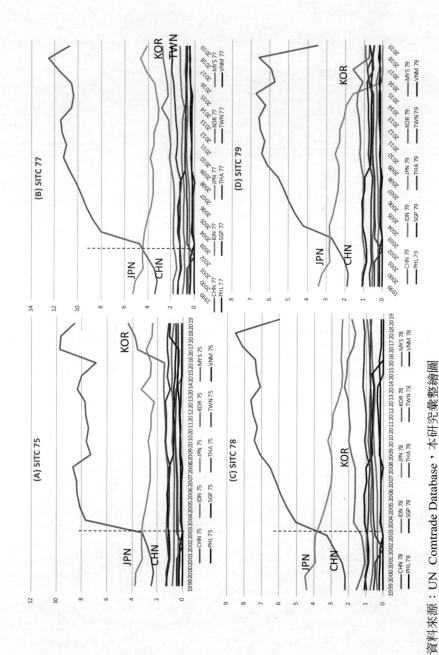

資料來源：UN Comtrade Database，本研究彙整繪圖

圖 5-6　技術和資本密集產業總貿易之出口目的地軸心指數（XH）

出口軸心指數已超過日本，逐年拉大距離。此外，南韓汽車產業自 2014 年起與日本亦步亦趨追趕，日本的汽車產業貿易軸心地位式微。

5-3 實證與結果

針對東亞地區的日本、四小龍、四小虎、中國、越南，共 11 個經濟體所呈現雁行轉變中日雙貿易軸心的結構，接下來利用 1999～2019 年雙邊資料以引力模型 panel 計量方法驗證。

雁行理論產業輪動序列如下：首先是勞力密集產業，包括紡織業上、中、下游產業 (SITC 26, 65, 84)，以及鞋類 (SITC 85)。其次是資本密集產業，以運輸工具產業為主，包括汽車、航空器、船舶和軌道運輸工具等 (SITC 78-79)。最後為技術密集產業，包括電腦相關產品 (SITC 75)，以及電子零組件 (SITC 77)。

5-3-1 實證策略

綜合上述發現，本節設計三個模型以檢視由雁行到軸輻的佐證。首先，依雁行理論的發展路徑先後有序傳遞過程，基本上與國家發展規模（國家大小以 GDP 衡量）、開發程度（國民所得水準 GNPPC）、技術能力（反映在擁有專利權存量），以及海外投資的流入或流出 (FDIi, FDIo) 等有關。準此，我們先設計模型 1 探究檢驗東亞雁行之形成因素、長期趨勢 (trend)，[4] 以及日本、台灣和南韓、中國等雁行梯隊對 RCA 的趨勢影響 (JPNtrend, TWNtrend, KORtrend, CHNtrend)。

其次，出口目的地貿易軸心則以第 4 章附錄為基準，進一步擴展為雙邊引力模型，以模型 2 進行驗證出口目的地貿易軸心。除了

4　定義時間趨勢變數(T)，當資料年分為1999，T=1，2000年之T=2，逐年遞增。

以標準引力變數，如雙邊國家經濟規模（GDP_i 和 GDP_j）、$GNIPC_i$ 與 $GNIPC_j$ 為出進口國之平均國民所得，用以衡量雙邊消費市場的購買力，以及兩兩之間的距離、共同邊界和共同語言等之外，以 PTN_i 與 PTN_j 表兩兩國家專利權存量，以測度技術優勢如何影響軸心地位，另外從跨國投資，依不同的投資流向，再區分出進口國屬投資接收國（$FDIi_i$ 與 $FDIi_j$），以及對外投資國（$FDIo_i$ 和 $FDIo_j$）。此外，設計出口國家經濟規模變數，以衡量日本 ($crJPNGDP_i$) 和中國 ($crCHNGDP_i$) 國家經濟規模與技術優勢。相同方式設計日本和中國出口國技術優勢變數（$crJPNPTN_i$ 和 $crCHNPTN_i$），以及產業變數，以釐清不同產業軸心形成，最後設計不同上、中、下游產業分工程度。

最後，實證策略著重於從顯示性比較利益 RCA 的更迭，與日本和中國在雁行理論中的定位轉換關係，以及顯示性比較利益 (RCA) 是否有助於貿易軸心的形成？據此，將過去產業競爭力納入影響出口目的地軸心貿易因素，以衡量以往的 RCA 是否有助於軸心地位形成，設計考量以出口國落後 3 期的 RCA 的影響力。因此，在模型 2 基礎下納入落遲 RCA 指數，建構模型 3 檢驗從雁行到軸輻假說，亦即過去在特定產業上的比較優勢有助於出口軸心地位形成。同時考量日本和中國過往 RCA 指數對形成出口軸心的影響力，以及長期趨勢，設計精神同前，在此略述。

5-3-2 實證結果

一、模糊的雁行

我們從不同產業特質來看，以表 5-3 所列三種不同屬性（技術密集、資本密集和勞力密集），理論上不同產業特質對應不同全球顯示性比較利益地位，以RCA檢視東亞雁行panel隨機效果的實證結果。

首先，根據基本模型 1a 到模型 1c，我們發現技術與 RCA 間呈正相關，亦即技術水準越高，有助於提高 RCA 指數；外來投資流入 (FDIi) 亦同，除了勞力密集產業以外，其餘產業均有正向關係。其次，就國家發展程度（以平均國民所得 GNIPC）的高低，對 RCA 的影響有限，甚至近乎無。而國家經濟規模 (GDP) 大小，對於 RCA 也無正向的影響。

最後，從特定國家長期趨勢來看（見表 5-3，模型 1d 至 1f），相關解釋變數與基本模型相仿，在此略述。為檢視東亞先後有序的發展順序上，我們設計了日本、台灣、南韓和中國等四國的長期時間趨勢變數進行實證。結果顯示，首先，日本不論在勞力、技術和資本密集產業的長期趨勢發展影響力均衰退。其次，日本和中國在勞力密集產業的 RCA 指數的重要性越來越弱，中國和台灣在技術密集產業 RCA 也呈與時俱退情況，南韓在資本密集產業亦減弱，比較利益無實質退化。這個結果，與圖 5-3 和圖 5-4 的 RCA 指數結果相一致，近 5 年來，印尼和越南在勞力密集的 SITC 26、65、84 和 85 的 RCA 指數大幅成長的結果，突顯出雁行產業移轉。

二、出口目的地軸心──中日雙軸心的一消一長

表 5-4 為引力模型對 lnHX$_{ij}$ 進行迴歸，以驗證出口地軸心的決定因子。首先，基本引力變數的估計係數符號，符合理論結果，亦即國家經濟規模（GDP$_i$ 和 GDP$_j$）均為正，而國家發展程度 (GNIPC) 對形成出口目的地軸心的貢獻不定。而距離 (Dist) 一如標準引力模型結果，為負向關係，顯現出口國與進口國雙邊距離越遠，將阻隔其成為出口目的地軸心。相關性變數中，國與國具有共同邊界 (adjcent$_{ij}$)，對出口目的地軸心有助益，共同語言 (comlng$_{ij}$) 的效果有限。

此外，出口國的技術優勢，僅在技術密集產業上有助提升軸心地

表 5-3　RCA 產業別 panel 隨機效果

模型	1a	1b	1c	1d	1e	1f
產業別	勞力密集	技術密集	資本密集	勞力密集	技術密集	資本密集
被解釋變數	lnRCA	lnRCA	lnRCA	lnRCA	lnRCA	lnRCA
lnGDP	-0.615***	-0.506***	-0.536***	-0.614***	-0.503***	-0.535***
	(-105.37)	(-106.38)	(-85.78)	(-105.37)	(-105.76)	(-85.75)
lnGNIPC	0.0267***	(0.00)	(0.00)	0.0294***	(0.00)	0.00
	(7.16)	(-1.41)	(-0.25)	(7.82)	(-0.33)	(0.79)
lnPTN	0.0141**	0.00728*	0.0258***	0.0196***	0.00802*	0.0296***
	(3.28)	(2.14)	(5.94)	(4.41)	(2.33)	(6.69)
lnFDIi	-0.0406***	(0.00)	0.00795**	-0.0400***	(0.00)	0.00878**
	(-14.91)	(-0.95)	(2.76)	(-14.70)	(0.75)	(3.04)
lnFDIo	0.0355***	0.0131***	0.0546***	0.0381***	0.0180***	0.0598***
	(7.64)	(3.33)	(10.83)	(8.14)	(4.54)	(11.68)
JPNtrend				-0.0210*	-0.0968***	-0.0629***
				(-2.28)	(-12.30)	(-6.49)

模型	1a	1b	1c	1d	1e	1f
產業別	勞力密集	技術密集	資本密集	勞力密集	技術密集	資本密集
被解釋變數	lnRCA	lnRCA	lnRCA	lnRCA	lnRCA	lnRCA
CHNtrend				-0.0389***	0.00	0.01
				(-4.75)	(0.61)	(0.61)
TWNtrend					-0.101***	
					(-9.09)	
KORtrend						-0.0448***
						(-4.56)
截距項	1.254***	0.14	-0.768***	1.270***	0.09	-0.778***
	(11.75)	(1.41)	(-6.65)	(11.94)	(0.90)	(-6.71)
N	37,976.00	23,739.00	19,363.00	37,976.00	23,739.00	19,363.00

註：1. 上標 *、** 及 *** 分別代表 5%、1% 及 0.1% 之顯著水準，2. 括弧內為 Z 值。

位，進口國在勞力和資本密集產業的技術優勢，對形成軸心有正面助益。最後，外來投資 (FDIi) 對形成軸心地位的助益有限，但對外投資 (FDIo) 無論是出口國或進口國均有正面貢獻。

至於中國和日本雙軸心地位（見表 5-4，模型 2d-2f），日本和中國的國家規模（crJPNGDP$_i$ 和 crCHNGDP$_i$）均有助於技術和資本密集的軸心指數。而技術優勢對中日軸心地位，似無明顯助力。

最後，軸心地位的轉變，呈現一消一長態勢，正如圖 5-5 和圖5-6的圖像。根據表5-4，模型(2d-2f)可見日本的長期趨勢(JPNtrend)在三大產業均是與時俱退，詮釋了圖 5-5 和圖 5-6 中，日本自 1999年起出口目的地軸心指數逐年下滑，在 2002～2004 年被中國超車的圖像。中國則是在勞力和資本密集產業出口目的地軸心的地位重要性也逐年下降，除了技術密集產業以外。

三、從雁行轉變到貿易軸輻？

對照表 5-2，何以日本在上游產業具技術優勢，無法反映在貿易上面？這個不對稱的貿易依賴與產業軸心關係向中國傾斜的情形日益嚴重。我們發現過去日本領頭雁的東亞雁行的圖像不再，轉為兩個貿易軸心，繼之探討中國和日本 RCA 指數，如何影響到出口目的地軸心地位。若仔細觀察中國與日本在產業發展特色，與不同貿易品目項的內容，其實有相當程度落差。

接下來檢視東亞雁行的圖像轉為兩個貿易軸心的交互影響，方法亦採 panel 迴歸的固定時間效果進行，實證結果彙整於表 5-5。基本引力變數結同與表 5-4 相仿，在此略述，重點放在 RCA 與出口目的地軸心 HX 的交互效果。

表 5-4　出口目的地軸心產業別 panel 固定效果迴歸結果

模型	2a	2b	2c	2d	2e	2f
產業別	勞力密集	技術密集	資本密集	勞力密集	技術密集	資本密集
被解釋變數	lnHX	lnHX	lnHX	lnHX	lnHX	lnHX
$lnGDP_i$	0.500***	0.436***	0.534***	0.533***	0.462***	0.607***
	(19.20)	(36.26)	(25.95)	(21.33)	(38.23)	(30.34)
$lnGDP_j$	0.111***	0.280***	0.103***	0.111***	0.279***	0.103***
	(7.89)	(25.07)	(10.48)	(7.86)	(24.52)	(10.37)
$lnGNIPC_i$	0.0297***	-0.0239***	0.00	0.0265***	-0.0279***	-0.00939**
	(8.95)	(-8.86)	(0.85)	(8.03)	(-10.38)	(-2.92)
$lnGNIPC_j$	0.00	-0.0604***	-0.0356***	0.00	-0.0603***	-0.0365***
	(-0.97)	(-15.72)	(-8.72)	(-1.09)	(-15.62)	(-8.86)
$lnPTN_i$	0.01	0.0243***	0.00	0.00	0.0182***	-0.00649
	(1.63)	(10.58)	(-0.49)	(0.21)	(7.96)	(-2.18)
$lnPTN_j$	0.00788*	0.00	0.0170***	0.00787*	0.00	0.0178***
	(2.54)	(1.74)	(6.93)	(2.53)	(1.18)	(7.18)
$lnFDIi_i$	0.0238***	0.00	0.00	0.0245***	0.00	0.0177***
	(4.47)	(-0.66)	(0.64)	(4.62)	(0.40)	(3.34)

模型	2a	2b	2c	2d	2e	2f
產業別	勞力密集	技術密集	資本密集	勞力密集	技術密集	資本密集
被解釋變數	lnHX	lnHX	lnHX	lnHX	lnHX	lnHX
$lnFDIi_j$	-0.0302***	-0.0558***	-0.0347***	-0.0307***	-0.0564***	-0.0339***
	(-8.71)	(-19.71)	(-10.61)	(-8.85)	(-19.82)	(-10.29)
$lnFDIo_i$	0.0619***	0.0492***	0.0448***	0.0588***	0.0501***	0.0360***
	(12.40)	(10.78)	(9.08)	(11.80)	(10.97)	(7.27)
$lnFDIo_j$	0.0133***	0.0334***	0.0238***	0.0135***	0.0336***	0.0241***
	(3.74)	(11.49)	(7.14)	(3.79)	(11.49)	(7.17)
$lnDist_{ij}$	0.05	-0.178***	-0.136***	0.04	-0.170***	-0.117***
	(-1.24)	(-10.59)	(-4.73)	(-1.00)	(-9.88)	(-4.03)
$adjcent_{ij}$	0.666**	0.459***	0.485**	0.690***	0.494***	0.625***
	(3.18)	(4.43)	(3.13)	(3.29)	(4.64)	(3.98)
$comlng_{ij}$	-0.545***	0.02	0.06	-0.564***	0.00	0.00
	(-3.46)	(0.31)	(0.61)	(-3.59)	(0.02)	(-0.32)
$crJPNGDP_i$	0.06	0.0724**	0.113**			
	(1.70)	(2.78)	(3.14)			
$crCHNGDP_i$	-0.0500***	0.0389***	0.0805***			
	(-8.67)	(8.20)	(9.99)			

模型	2a	2b	2c	2d	2e	2f
產業別	勞力密集	技術密集	資本密集	勞力密集	技術密集	資本密集
被解釋變數	lnHX	lnHX	lnHX	lnHX	lnHX	lnHX
crJPNPTN$_i$	-0.276**	-0.190***	-0.250**			
	(-2.88)	(-3.64)	(-3.21)			
crCHNPTN$_i$	-0.0712***	-0.135***	-0.418***			
	(-8.17)	(-11.75)	(-19.77)			
Trend				-0.999***	-0.881***	-0.923***
				(-43.78)	(-61.15)	(-49.52)
JPNTrend				-0.0573***	-0.0437***	(0.01)
				(-7.96)	(-9.64)	(-1.13)
CHNTrend				-0.109***	0.0219***	0.0929***
				(-16.45)	(5.25)	(15.42)
截距項	-11.26***	-10.40***	-10.41***	-10.73***	-9.851***	-10.37***
	(-22.55)	(-41.99)	(-27.38)	(-22.46)	(-40.11)	(-28.12)
時間固定效果	Yes	Yes	Yes	Yes	Yes	Yes
N	37,374	23,277	18,872	37,374	23,277	18,872

註：說明如表 5-3。

表 5-5　出口目的地軸心與 RCA 交互關聯實證結果

模型	3a	3b	3c	3d	3e	3f
產業別	勞力密集	技術密集	資本密集	勞力密集	技術密集	資本密集
被解釋變數	lnHX	lnHX	lnHX	lnHX	lnHX	lnHX
$lnGDP_i$	0.538***	0.406***	0.335***	0.548***	0.499***	0.512***
	(30.58)	(52.78)	(28.65)	(23.51)	(45.80)	(31.52)
$lnGDP_j$	-0.0311**	0.0853***	0.0526***	0.110***	0.246***	0.0950***
	(-3.10)	(10.40)	(7.93)	(8.89)	(25.13)	(13.06)
$lnGNIPC_i$	0.00940***	-0.0293***	-0.00495*	0.0446***	-0.0249***	0.00
	(4.02)	(-16.45)	(-2.22)	(15.83)	(-13.40)	(1.91)
$lnGNIPC_j$	-0.0145***	-0.0497***	-0.0332***	0.00	-0.0536***	-0.0316***
	(-4.74)	(-19.41)	(-11.76)	(-0.13)	(-19.95)	(-10.83)
$lnPTN_i$	-0.0103***	0.00	0.00440*	0.01	0.00	0.00634**
	(-4.11)	(-1.63)	(2.37)	(1.91)	(-1.28)	(2.75)
$lnPTN_j$	-0.00634**	-0.0112***	0.00499**	0.00768**	0.00306*	0.0189***
	(-2.86)	(-9.03)	(3.16)	(2.74)	(2.00)	(9.95)
$lnFDI_i$	0.0288***	0.00	0.0201***	0.01	0.00	0.01
	(7.78)	(0.92)	(5.46)	(1.91)	(-1.50)	(1.92)

模型	3a	3b	3c	3d	3e	3f
產業別	勞力密集	技術密集	資本密集	勞力密集	技術密集	資本密集
被解釋變數	lnHX	lnHX	lnHX	lnHX	lnHX	lnHX
lnFDIi$_j$	-0.0466***	-0.0556***	-0.0327***	-0.0286***	-0.0567***	-0.0335***
	(-19.05)	(-29.41)	(-14.23)	(-9.72)	(-29.06)	(-14.41)
lnFDIo$_i$	0.0493***	0.0382***	0.0267***	0.0726***	0.0452***	0.0376***
	(14.04)	(12.58)	(7.69)	(17.13)	(14.70)	(10.70)
lnFDIo$_j$	0.00675**	0.0281***	0.0160***	0.0129***	0.0326***	0.0220***
	(2.68)	(14.43)	(6.87)	(4.25)	(15.86)	(9.15)
lnDist$_{ij}$	0.124***	-0.0270*	-0.0414**	0.00107	-0.150***	-0.127***
	(4.41)	(-2.37)	(-2.59)	(0.04)	(-8.56)	(-4.95)
adjcent$_{ij}$	0.0118	0.217**	0.234**	0.865***	0.604***	0.665***
	(0.18)	(3.19)	(2.77)	(4.16)	(5.55)	(4.79)
comlng$_{ij}$	-0.274*	-0.152***	-0.0837	-0.774***	-0.06	-0.12
	(-2.43)	(-3.37)	(-1.82)	(-4.95)	(-0.82)	(-1.24)
lnRCAlag3	0.506***	0.226***	0.196***			
	(136.36)	(53.18)	(48.03)			
crJPNRCAlag3	0.0262***	0.0379***	0.00			
	(3.96)	(9.83)	(-0.11)			

模型	3a	3b	3c	3d	3e	3f
產業別	勞力密集	技術密集	資本密集	勞力密集	技術密集	資本密集
被解釋變數	lnHX	lnHX	lnHX	lnHX	lnHX	lnHX
crCHNRCAlag3	0.0988***	0.0462***	0.0653***			
	(19.70)	(12.31)	(14.46)			
crTWNRCAlag3	-0.0380***	-0.0210***	-0.0195**			
	(-5.13)	(-3.63)	(-3.12)			
crKORRCAlag3	-0.0177**	-0.0155***	-0.0282***			
	(-2.65)	(-3.93)	(-5.14)			
RCATrend				-0.976***	-0.841***	-0.819***
				(-46.83)	(-69.59)	(-56.63)
crJPNRCAtrend				0.00729***	0.00691***	0.00343***
				(18.82)	(25.67)	(10.47)
crCHNRCAtrend				0.0179***	0.00912***	0.0128***
				(58.79)	(33.90)	(41.45)
截距項	-7.666***	-7.556***	-6.153***	-11.04***	-10.22***	-9.164***
	(-21.97)	(-45.24)	(-27.25)	(-24.53)	(-45.93)	(-30.16)
時間固定效果	Yes	Yes	Yes	Yes	Yes	Yes
N	37,374	23,277	18,872	37,374	23,277	18,872

註：說明如表 5-3。

根據模型表 5-5 3a-3c，過去的 RCA 指數對於出口目的地有顯著的正向關係，亦即 RCAlag3 越高，則越有助於形成出口軸心地位。若從日中兩國來看，日本在勞力和技術密集產業的 RCA (crJPNRCAlag3) 估計係數為正，亦謂日本在過去這兩產業所奠定出口競爭力，對於出口目的地軸心的正向助力，而資本密集產業則不顯著。而中國三大產業過去 CA 指數 (crCHNRCAlag3) 估計係數均為正，表示隨過去產業出口競爭力越高，更加強其出口軸心地位。反觀台灣和南韓，crCHNRCAlag3 估計係數均為負且顯著，反映台灣和南韓從過去特定產業競力的表現，不易推進成為出口軸心。

從長期趨勢來看，過往 RCA (RCATrend) 的表現，對出口軸心地位形成是逐年降低，反觀日本和中國在三種產業 RCA 指數的長期趨勢均呈與時俱進，亦即 crJPNRCAtrend 和 crCHNRCAtrend 係數均為正且顯著，特別是從過去 RCA 推動成為出口軸心地位，中國顯然大過於日本。

5-4 結語

東亞 11 個經濟體（中國、日本、台灣、香港、南韓、新加坡、馬來西亞、泰國、菲律賓、印尼及越南）在勞力密集產業全球出口比重約占半數，中國的全球出口比重近四成。而 EA11 在資本密集產業的出口，僅占全球四分之一，以日本出口比重最高，約占 EA11 近半數。值得注意是 EA11 的技術密集產業占全球出口比重超過七成，中國在出口技術密集的全球比重逐年攀高。我們發現東亞雁行的圖像轉為兩個貿易中心，東亞國家對中國出口和進口依賴逐年加深，而對日本則減緩態勢。

首先在雁行理論部分，實證結果發現技術與外來投資流入 (FDIi) 對於 RCA 指數均呈正相關，亦即技術／FDIi 水準越高，有助於提高

RCA 指數（FDIi 除了勞力密集產業以外）。日本不論在勞力、技術和資本密集產業的長期趨勢發展均呈影響力衰退。其次，日本和中國在勞力密集產業的 RCA 指數的重要性越來越弱，中國和台灣在技術密集產業 RCA 也呈與時俱退情況，南韓在資本密集產業亦減弱，比較利益無實質退化，某種程度反映傳承到印尼和越南等地。這個結果，與圖 5-3 和圖 5-4 的 RCA 指數結果，近 5 年來，印尼和越南在勞力密集的 SITC 26、65、84 和 85 的 RCA 指數大幅成長的結果，突顯出雁行產業移轉。

再者，中國和日本雙軸心地位（見表 5-4，模型 2d-2f），日本和中國的大國規模，均有助於在技術和資本密集產業形成出口目的地軸心。而技術優勢對中日軸心地位，似無明顯助力。至於日中軸心地位的轉變，呈現一消一長態勢，正如圖 5-5 和圖 5-6 的圖像。中國則是在勞力和資本密集產業出口目的地軸心地位重要性也逐年下降，除了技術密集產業以外。

而從雁行與軸心關係來看，過去 RCA 指數對於形成出口目貿易軸心地有顯著的正向關係，亦即過去 RCA 指數越高，則越有助於形成出口軸心地位。日本在勞力和技術密集產業的 RCA (JPNRCA) 估計係數爲正，資本密集則不顯著。而中國在三大產業的 RCA 指數 (crCHNRCA) 越高，更加強其軸心地位。此外，長期趨勢來看，過去 RCA 表現，對大多數國家軸心地位形成的助力是逐年降低，反觀日本和中國在三種產業過往 RCA 指數的長期趨勢均呈與時俱進，強化其軸心地位。

最後，雁行與軸心關係來看，過去越有競爭力的特定產業，並不必然有助出口軸心地位之形成，僅有中國和日本顯著較高競爭力的產業加強其軸心地位，其餘如南韓和台灣過去在特定產業的高競爭力，無明顯形成爲出口軸心領導地位。日本和中國在三種產業競爭力指數的長期趨勢，均呈與時俱進。

第 6 章

中國的經濟發展 ——
中國模式？

　　之前所證實的 1997 年金融風暴與後來居上的中國跳蛙現象，讓東亞的雁行發展模式暴露出其侷限性，難以為所有後進國家所複製。中國何以能越過馬、泰、菲、印四小虎，在某些產業及產品，直接承繼日、韓、台乃至歐美，而成為新興的世界生產基地？除了既有文獻與在前一章在實證上所提出的客觀因素，如產業屬性與全球化在 ICT 產業產品生命週期縮短利於新進企業等因素之外，尚有中國特有的屬性。這一章將針對中國模式，所謂「社會主義的市場經濟」進一步解析。

6-1 中國的崛起

6-1-1 經濟成長趨勢

　　中國自 1979 年宣布改革開放以來經濟一路成長，如今就全國經濟生產毛額 (GDP) 來算已是全球第二大經濟體，僅次於美國。唯平均國民所得仍未能突破全球平均的中等所得水準。[1] 從圖 6-1 實質 GDP 的成長趨勢，我們可將中國的成長自 1980 年起以 1989、2001 年劃分為三個階段。首先是緊接改革開放直到 1989 年的天安門事件之開放初期十年；然後是 1990～2001 年加入 WTO 列為第二階段（美日半導體爭端、台灣開放對大陸投資，與 1997 年亞洲金融風暴等中國得利事件）；此後為加入 WTO 後貿易大幅成長的第三階段。

　　第一階段，為 1979～1989 年，經濟成長圖如圖 6-1A，實質 GDP 由 1979 年的 3,159.2 億美元增加至 1989 年的 7,966.4 億，平均成長率達到 9.69%。

---

[1]　中等所得陷阱，詳第8章。

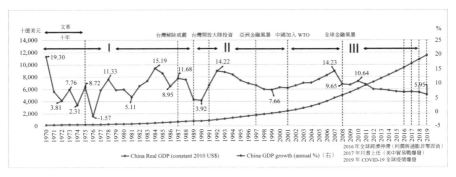

資料來源：World Development Indicators, World Bank

圖 6-1　中國的實質 GDP 及其成長趨勢

第一階段 (1979～1989)

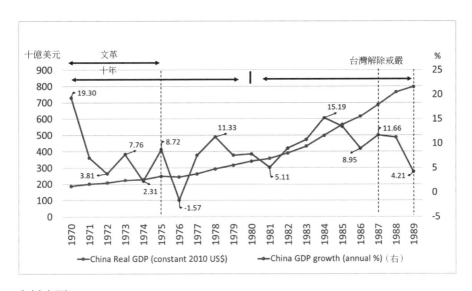

資料來源：World Development Indicators, World Bank

圖 6-1A　中國的實質 GDP 及其成長率 (1970～1989)

　　鄧小平的改革開放與當年中美建交，畫出新的局面。亦為外資進入中國提供某種程度的保障。其次，在法治不全的情況下，同文同種的台商隱身投入，特別是台灣解嚴 (1987) 更成為中國經濟成長的重

要引線。這段期間的平均 GDP 成長率高達 9.69%，於 1984 年達到最高峰的 15.19%，直到 1989 年天安門事件爆發，外來投資停滯甚至撤離，成長率乃掉到 4.21% 左右。

第二階段 (1990～2001)

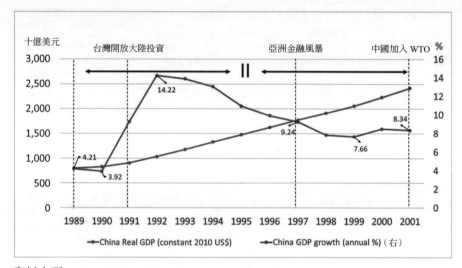

資料來源：World Development Indicators, World Bank

圖 6-1B　中國的實質 GDP 及其成長率 (1989～2001)

　　第二階段，爲 1989～2001 年，如圖 6-1B 所示，GDP 成長率在 1992 年達到 14.22% 的最高峰，[2] 然後於 1998 年成長率（1997 年亞洲金融風暴外資由東南亞轉進中國）再度上揚，直到 2001 年仍維持 8.34% 的成長率。整段期間的平均成長率高達 9.91%，GDP 自 1,033.22 億美元增加到 2,418.25 億，足足翻漲 2 倍多。

　　這段期間民營化政策仍然在促進經濟成長上扮演重要角色。鄧小

2　後文將說明六四後的外資回流及台灣1991年開放對大陸投資，對中國經濟成長的影響。

平於 1993 年宣布中國爲「社會主義下的市場經濟」，並進行「國退民進」的國企民營化之改革。於 1995 年更在中共第十四屆中央委員會的第五次會議通過「捉大放小」之國企改革新政策，將沒有效率的小型國企透過股權轉讓或以拍賣方式開放民營，活絡其資產，更擴大民間企業參與的空間。亦即，市場派之主張透過市場競爭價格機制來刺激經濟成長，受到重用，而有 1998 年「國退民進」的改革主軸，同時也爲中國申請加入 WTO 後迎接外來競爭進行「預演」的前置戰略。

1995 年底中美簽署勞改產品、智慧財產權及市場准入三項協議，1996 年美國給予中國「正常貿易夥伴關係」，都與中國的民營化改革有一定的關係。當然間接也促成中國得以在 2001 年 1 月 1 日加入 WTO 的結果，讓中國可以進一步透過 WTO 的外貿擴張，而進入飛揚的第三期發展階段。1997 年亞洲金融危機，讓外資加速進入中國，導致中國在 1999 年發布了「5 號文件」以審批手段，限制外資生產線的擴張，藉以保護國內企業。

2000 年初時任中共中央總書記的江澤民，拋出「工農兵＋知識分子＋民間企業家是黨的三個代表理論」，肯定先進的社會生產力量，背後之民間企業家的經濟發展角色。另一方面，民營化政策也發揮作用，據估計到 2000 年有 80% 的縣級及以下的集體企業已經私有化。民營部門大幅擴張，乃有後續 2002 年新財產法及 2004 年修憲之保障私有財產的政改，肯定民間企業家的社會貢獻，並允許企業家入黨的政策。[3] 民營財產權的保障，更加速民間部門的擴張，市場因而擴大，亦間接吸引更多的外資到來。

3　民營化過程創造出以權貴階級接手民營化之國企的「紅帽子企業」，亦即文獻所稱之「裙帶資本主義」(crony capitalism)，為後來的貧富差距埋下根源。

第三階段 (2001～)

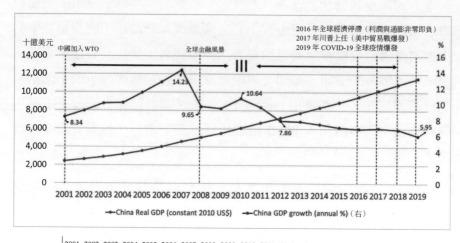

資料來源：World Development Indicators, World Bank

圖 6-1C　中國實質 GDP 及其成長率

	2001	2002	2003	2004	2005	2006	2007	2008	2009	2010	2011	2012	2013	2014	2015	2016	2017	2018	2019
Real GDP	2,418	2,639	2,904	3,198	3,562	4,015	4,587	5,029	5,502	6,087	6,669	7,193	7,752	8,327	8,914	9,524	10,186	10,873	11,520
GDP growth (%)	8.34	9.13	10.04	10.11	11.39	12.72	14.23	9.65	9.40	10.64	9.55	7.86	7.77	7.43	7.04	6.85	6.95	6.75	5.95

　　第三波的經濟成長始自加入 WTO 的 2001 年，歷經 2008 年全球金融危機到 2019 年。全球市場於 2000 年網路泡沫後的快速復甦，而中國趁著加入 WTO 之便，快速成為全球製造中心，貿易地位也急速竄升，如圖 6-1C。2001～2007 年全球金融危機發生前，平均成長率高達 11.26%。金融風暴席捲全球，中國卻能利用強大的內需市場（4 兆人民幣刺激內需政策），而免除經濟蕭條，甚至成為全球經濟反轉的拉力；2008 年中國的成長率還維持 9.65% 並快速反轉，直到 2017 年美中爆發貿易戰前夕仍維持 6.95% 的成長率，自 2008 到 2019 年前夕 COVD-19 疫情全球爆發，平均成長率仍有 7.83% 的水準。

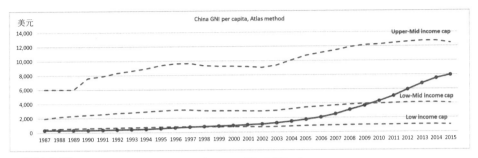

資料來源：World Development Indicators, World Bank

圖 6-2　中國的人均所得

　　雖然中國的經濟規模從實質 GDP 的趨勢來看，已經超越德國與日本成為僅次於美國的全球第二大經濟體，但若就人均所得來看，如圖 6-2 所示，仍然未能跨過全球平均中等所得的水準。如圖所示，1997 年，中國的人均所得越過全球平均所得線，隨後在 2001 年加入 WTO 後明顯上升，大約在 2005～2006 年其人均所得成長率更逐年提高（反轉年），於 2010 年進入低階中等人均所得群組，變成低階中等所得國家。唯在 2015 年其成長率開始減緩，迄今無法跳出中所得水準，落入所謂「中所得陷阱」，何以致之？我們將在第 6 章進一步從體制的角度來進行分析。

6-1-2 世界工廠的貿易圖像

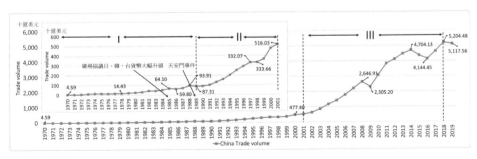

資料來源：World Development Indicators, World Bank

圖 6-3　中國總貿易量 (X+M) 趨勢

　　貿易開放與擴張爲造成中國經濟快速成長的重要因素，所以貿易量的增長趨勢與前節之經濟成長圖像（圖 6-1）相當雷同，堪稱亦步亦趨，如圖 6-3 所示。大抵可以 1989 及 2001 年區隔分成三期。1989 年前之第一階段：在 1979 年改革開放前如圖所示，其貿易量幾乎停滯在低量狀態，開放後就從 144.3 億美元增加到 1985 年的 641億，近 4.5 倍，到六四天安門事件的前一年 (1988) 更增加到 939.1 億美元，1989 年則因該事件回跌到 873.1 億美元。1979～1989 年平均十年間的年增率達 20.6%。1990 年代到加入 WTO 爲第二階段：貿易量自 1989 年略爲減少後快速上揚，到加入 WTO 的 2001 年時已達到5,160.3 億美元（1989 年的 5.91 倍），年平均成長率近 16%。

　　2001 年加入 WTO 後，中國大陸的貿易更進一步與全球市場連結而進入更快速增長的第三階段。自 2000 年的 4,774 億美元一路增長到 2008 年全球金融風暴發生前的 2 兆 6,469 億美元，平均年成長率達 23.8%。2009 年雖因爲全球貿易因金融風暴萎縮而下跌 13%，但仍以高於全球的速度，於隔年反彈回升，於 2014 年再上另一高峰，總貿易量達 47,041.3 億美元，並早在前一年 (2013) 就已經超過美國成全球第一大貿易國（見圖 6-4）。

　　中國大陸在 2001 年以「非市場經濟」地位加入 WTO 後，其貿易量快速攀升到 2009 年已經超越德國而排名第二，僅次於美國。到2013 年進一步超過美國成爲世界第一（見圖 6-4）。

　　若單從出口值來觀察，更是在 2008 年就已經超越美國成爲世界第一的出口國。更甚者，2014 年其總出口額竟然超過歐盟二十八國的總出口額（見圖 6-5）。

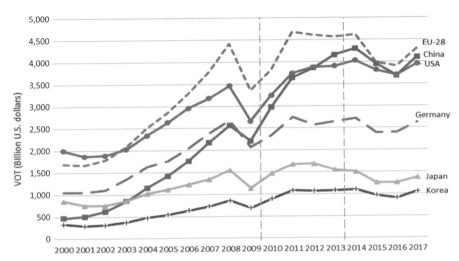

資料來源：UN Comtrade Database

圖 6-4　世界前五大貿易國的總貿易量趨勢

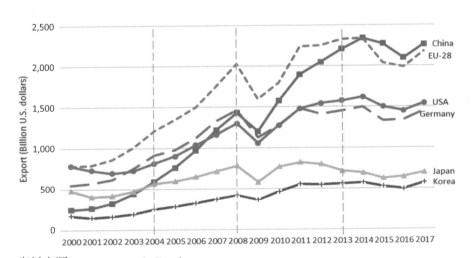

資料來源：UN Comtrade Database

圖 6-5　世界前五大出口國之年出口趨勢

　　特別值得注意的是，中國的貿易地位竄升所伴隨的貿易順差之持續性擴大，如圖 6-6 所示。在 1989 年前其貿易餘額大抵維持平衡，有順差之年亦不乏逆差的時候，如 1982 年的 -48.1 億美元及 1985

年之 -125 億。即便在天安門事件後，各國逐漸恢復中國的投資和貿易，仍然在 1993 年出現 117.9 億美元的逆差。隨著 1997 年亞洲金融危機重創東南亞與東亞各國，外資加速轉進中國，進一步促成中國在全球分工的製造業加工生產地位，外貿乃呈現鉅額順差，並逐年擴大，到 2001 年加入 WTO 時達到 280.9 億美元的規模。隨著逐年增加，特別是於 2004 年起快速增長，到 2008 年全球金融風暴發生時其順差高達 3,488.3 億美元，在 2015 年再創另一高峰達 3,588.4 億美元。

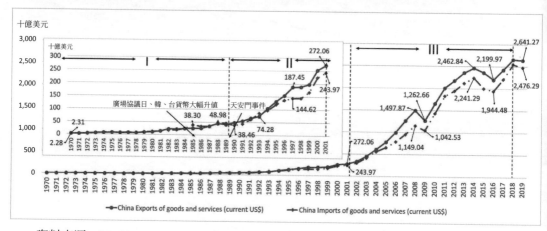

資料來源：World Development Indicators, World Bank

圖 A　進、出口趨勢

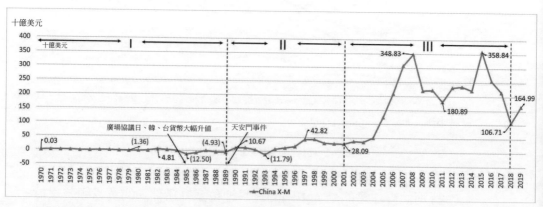

資料來源：World Development Indicators, World Bank

圖 B　貿易餘額

圖 6-6　中國貿易趨勢（出口、進口與順差）

隨著 2015、2016 年以來全球經濟陷入低成長期，作為世界工廠的中國，其貿易出口與進口雖雙雙下滑，但仍維持大幅順差，直到美國總統川普於 2017 年初上任並發動美中貿易戰與科技冷戰，其順差才下滑到 2018 年的 1,067.1 億美元，但 2019 年又回升到 1,649.9 億美元。綜合而言，伴隨中國快速崛起而形成的大幅並持續性貿易順差，已經反映出全球貿易結構性失衡的嚴重性，若再進一步觀察（詳下一章），可發現中國的貿易順差主要來自美國的進出口，而美國的持續性貿易逆差以中國對象為主，則近年來的美中貿易衝突乃至形成貿易戰及後續的技術冷戰，也就不意外了。

6-2 中國如何崛起（社會主義下的市場經濟？）

中國崛起有其機緣。1979 年的改革開放，在社會主義集權政體下的經濟發展策略，本質上雷同於 1970 年流行的「依附型發展模式」，以強勢的政府主導資本的流向與開發部門之優先順序。依附型模式下的三要角：強勢政府、在地資本精英與外來企業資本，在中國的發展模式中也都可以發現其身影。

在集權體制下，政府強勢自然不在話下，國企與共黨權貴扮演的即是「在地資本精英」之角色。至於跨國企業的外資流入，則略顯曲折，不若中南美洲當年的情境。要言之，除歐美等跨國企業，如德國的福斯汽車 (1982)、美國 AMC 汽車 (1983)、法國標緻汽車 (1985) 等由中方主動招商以與國企合作者之外資，台灣企業或台商，在其他外資進入中國前，一馬當先或捷足先登扮演關鍵性的觸媒角色，特別是在台灣 1987 年解除戒嚴的前後。台灣對於中國經濟發展的觸媒作用，有兩岸獨特的歷史與文化背景。因此，若有所謂的中國發展模式，則就此而言，其他後進的發展國家要複製中國模式是難以想像的。

　　從前面兩章的經濟發展理論與實例，我們可以歸納發展的要件，除先天的資源稟賦（人、地、風水、礦）之外，有三：資本、技術（人才生產技術）與管理。中國在 1979 年改革開放之前，一切經濟活動掌控在國家機器中，資本國有企業國營、官僚式管理、生產效率低落，不在話下。隨著改革開放而啓動的經濟快速崛起，也反映在三大發展要素的提升現象。亦即資本增長、技術進步與管理能力的進步。[4] 在這一節，我們將從這三個角度來解析中國的經濟發展。首先就資本的增加而言，開放之初期，外來直接投資爲主要資本來源。後期則中國自有資本已經進入能自我積累的階段，乃至有資本出口的能力。值得注意的是，技術也隨著外來投資而進步。管理與組織經營效率，亦隨外企的進入而直接（合資經營下的必然）與間接（學習、觀摩效果）地產生量變與質變。概言之，開放外資帶來資本增加、技術進步與管理現代化的知識。

　　尤有甚者，在開放初期伴隨外資進入的外銷訂單，更是發揮關鍵的角色。這讓中國在開放初期，能夠快速以加工產品進入國際市場；根據東亞四小龍等的發展經驗，出口導向的策略於發展初期有重要的作用。[5] 換言之，沒有開放就沒有外資，也就沒有初期的生產，及出口的擴張，乃至後續之技術的引進與升級。於是探析中國如何吸引外資，移轉其技術並據以進入國際市場、提高市占率，以及累積外匯從而培育自主的資本、技術與開拓國際市場，爲研究中國經濟發展模式的主要法門。因此，我們先分析 (1) 國際外來投資如何進入大陸？然後再探討 (2) 中國如何在鄧小平所定位之社會主義市場經濟（或林南

4　資本增長反映在外貿出口盈餘，及中後期開始有對外直接投資的資本出口現象。此路徑亦可清楚地在四小龍的發展經歷中發現。

5　以國民所得帳來說明如下：Y（國民所得）$= C$（消費）$+ I$（投資）$+ I^f$（外來投資）$+ G$（政府支出）$+ X$（出口）$- M$（進口）$\Rightarrow [S$（儲蓄 $Y-C$）$- I] - I^f = X - M$。

所稱之中央管控的國家資本主義 (Central Managed Capitalism)）[6]體制下，充分利用外資，並強制以市場換技術的策略取得技術，以挹注本國企業取得規模優勢，從而主導全球的產業與貿易秩序？

6-2-1 外來投資與中國的經濟發展

　　中國的改革開放剛好碰到戰後全球化的萌發期。如下圖所示，全球的跨國投資毛額 (gross FDI) 占 GDP 的比例，在經過第二次石油危機，1978 年後開始上升，1980、1981 年達到新高，占 GDP 5.09% 左右，金融性跨國投資（熱錢）更是滾滾而動，於 1981 年更高達全球 GDP 的 34.37% 左右。雖在 1982 年的中南美金融危機而下跌，但在不到兩年間隨即反彈而一路急速攀升。

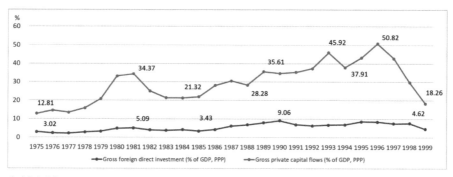

資料來源：World Development Indicators, World Bank

圖 6-7　全球對外直接投資毛額趨勢

6　國家資本主義的體制普遍存在於1980及1990年代出現高成長的東亞新興經濟體，如日本、南韓、台灣、新加坡乃至東南亞四小虎馬來西亞、泰國、菲律賓、印尼等。在中國的CMC體制下，政府掌控資本與資源之產業乃至國民營企業流向的實權，則遠遠超出傳統的國家資本主義。在初期產業發展方向之優劣取捨容易判斷時，有其效率，但等到進步到資本密集與技術密集階段，產業發展方向較為複雜難斷的情況，則由上而下、由中央政府獨斷的戰略遙控與戰術之應用，其對錯風險則可能大到難以負荷的規模。

　　中國的改革開放，伴隨著 1979 年中美建交的加持作用，逐漸開啓跨國企業去中國投資的熱潮。圖 6-7 中 1982 與 1983 年的流動率下跌，主要是中南美洲金融風暴所致，唯實質投資影響不大，並且隔年立刻反轉。1985 年的 G5 Plaza Accord 促成日圓升值，引發南韓、台灣等四小龍貨幣的大幅升值，導致出口成本增加，讓原本就因薪資提升帶來的出口不利地位更形惡化，引發日本與四小龍的跨國投資勢潮。於是，東南亞與中國沿海的深圳地區，因地緣關係成為主要的投資目的地。[7]

　　中國開放帶來的大市場誘惑，吸引跨國企業爭相競赴中國投資設廠。我們根據圖 6-8 之外資流入中國 1970 年以來趨勢圖，大略分成三個階段來介紹。

　　第一階段為 1979～1988 年，即鄧小平 1978 年宣布改革開放之隔年，[8]到發生六四天安門事件的前一年。開放初期，中國的外來投資，從金額來觀察雖然不多，但就國家經濟規模來看，其外來投資與 GDP 的比重，已經由 1980 年的 0.3% 一路增加到 1988 年 1.023% 的高峰；與世界平均水準相較，如圖 6-8 的下圖所示，已經不相上下。無疑地，中美建交及後續的外交關係的「黃金時期」，大幅降低外商布局中國的風險疑慮，相對地強化跨國公司的中國大市場誘惑。[9]首

7　深圳經濟特區於1980年成立。台商在解嚴前就透過各種管道赴中國投資，解嚴後更大幅前往，如富士康於1988年到深圳特區設廠。

8　1978年11月鄧小平總理宣布中國將進行「對內改革對外開放」。隔年1月1日美國與中國正式建交，鄧小平於1月底訪問美國九天。1982年更有雷根與中國總理簽訂了上海「八一七」公報的中美關係之發展。中美外交關係的建交改善，增加跨國公司對中國市場的誘因。第一家進入中國的美商就是手機的發明者Motorola。

9　中國大市場的誘惑在西方工業化初期就存在。十九世紀的殖民主義就有「中國人袖子長一吋，曼徹斯特的紡織業就可長期興旺」之說。最終貿易失衡導致後來的鴉片戰爭，與洋人侵華的事件。

波到來的外來投資，爲歐美等西方的跨國公司[10]。在開放之初，內政改革尚未推行，一切企業均爲國營的環境下，[11]所有到中國投資者都是與國企合資，並不意外，重點是被允許到中國投資者有中國之產業發展的策略性考量，即機械、電訊與汽車工業。

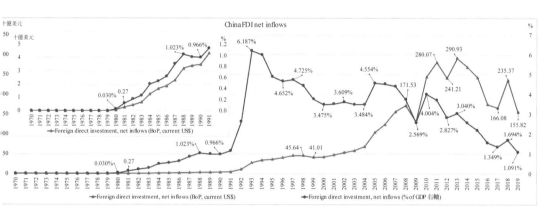

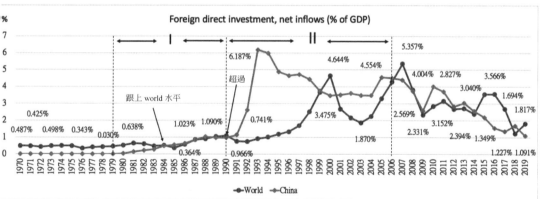

資料來源：World Development Indicators, World Bank

圖 6-8　中國的外來 FDI、FDI/GDP（上圖）與全球 FDI/GDP 趨勢比較（下圖）

---

[10] 1980年代以歐美跨國企業爲主，而東亞日韓台外資的進入，則相對在1980年代末期，特別是1985年日圓升值及1987年台灣解嚴並開放大陸投資以後。

[11] 呼應市場經濟內政改革重點爲允許民營企業，及法治和保護私人財產的修法。具體的修法在鄧小平1992年南巡深圳特區後，定調中國體制爲「社會主義的市場經濟」。

　　第一家外資為瑞士的訊達 (Schindler) 集團，於 1980 年透過其香港分公司怡和迅達集團與「中國建設機械總公司」合資成立「中國訊達電梯有限公司」，引進電梯技術，並在國營的市場保護下，到 1997 年已經成為中國最大、內外銷第一的電梯廠商。[12] 來自美國者，以 1937 年發明行動電話的通訊網路企業 Motorola 為最先。該企業於 1980 年代之初，在應允為中國培訓員工與供應商的條件下，獲得中國政府同意前往設廠，並協助中國建設通訊網路。甚至於 1989 年發生天安門事件，Motorola 對中國投資的腳步也未曾停歇。[13]

　　另一件重要外來投資為自 1978 年就開始與中國接洽之德國汽車產業大廠，福斯 (Volkswegen)。有別於日本、美國及法國汽車業，該企業為中國「上海專案」招商之唯一接受者，於 1984 年 10 月 10 日在北京簽約，並全資成立「上海大眾汽車有限公司」（見 en.m.Wikipedia.org），持有一半股份。福斯為最早跨進中國的汽車業外資，並持續擴增據點，在 2017 年福斯中國集團的年售量達 3.14 百萬輛，屬全中國品牌車之冠。德國的品牌汽車投資中國，逐漸發揮標竿作用。後續美國汽車公司 (AMC) 也到北京合資成立北京吉普公司，法國標緻抵廣州設廠（1985 年 7 月）。中國對外合資招商的相關制度與法規亦因而趨於完備，有利於後續的招商。上述策略性選擇機械產業、通訊及汽車工業以招引外商來投資設廠，從前圖所表現之中國外來投資占 GDP 比重在 1984 年已經跟上世界平均，可說明其招

12　參閱《卓越雜誌》（1997年6月1日，頁101，中國五百大外商投資企業排行）。

13　Motorola後來錯估形式，在2G手機的全球市場占有率於1997年輸給Nokia，再於2007年於中國智慧型手機市場輸給南韓的三星，最後在2011年出售給Google，然後於2014年被轉售給中國的聯想(Leveno)集團，聯想則據以順利進入美國市場。手機的發展史與相關企業的起落，呈現中國如何在資訊通訊(ICT)產業崛起，並成功地利用市場優勢與中國式國家資本主義（林南稱之為中央管制式的資本主義CMC）的效率性，創造所謂的紅色供應鏈，我們將在後面的節次中詳細解析。

邀外資的政策是成功的。換言之，改革開放顯著地吸引了外資，並且成功提升其汽車工業、通訊設備及機械產業的技術水平。

第二階段爲 1990～2008 年，外資流入中國大陸，是以 1989 年天安門事件到 2008 年全球金融風暴發生的近二十年。如圖 6-8 之上圖所示，1988 年的外資流入比率達到 1.023%，爲改革開放以來的最高峰。隨後的民主運動導致的六四天安門屠殺事件，嚇走不少外資，外資流入 GDP 比跌到 1990 年的 0.966% 最低點（低於全球平均的 1.09%）。但卻在 1991 年快速反彈攀升，遠遠超出世界平均。於 1993 年外資流入占 GDP 比更高達 6.187% 的高峰，短短三年間增加近六倍之多。這一段期間 GDP 的成長率如前一節所述，亦當然在外資的投入與跟隨之出口訂單的作用下，有快速的增長。外資流入占 GDP 比自 1993 年 6.187% 的高點逐漸下滑，但也一直遠大於世界平均，直到 2008 年才被世界平均「追上」。而第三階段爲 2008 年後，因與世界水平相當，故在此便無特別論述。

爲何這個時期的外資流入中國比重，遠大於全球平均，而且大幅升揚，直到 2008 年全球金融風暴發生後，才被世界平均水準追上？換言之，何以發生那麼重大的人權與民主壓制事件，並沒有阻礙外資持續對中國投資的浪潮？主要原因可以歸納如下：

（一）歐美乃至東亞的日本等發展先進國家，對中國六四事件的對應方針，爲保持支持中國繼續改革開放的基調。因爲，歐美各國基本上認爲，中國的繼續改革開放，有利其走向民主法治。此觀點應是所謂華盛頓共識[14]的延伸。

（二）另一個現實的原因是，自改革開放以來，歐美各國的跨國企業就爭相到中國投資，如前述瑞士（電梯）、德國（汽車、家

14　華盛頓共識(Washington View/Consensus)，參考Krugman (1999)。

電）、美國（通訊）等。根據統計直到 1988 年，中國外來投資的比重中來自美國的有 18.3% (1985)、日本 16.1% (1985)，其他歐洲各國透過香港子公司者近 50% (1985)。在 1990 年，外來投資自 1985 年的 16.61 億美元，增加到 348.7 億美元。開放以來就積極參與中國的招商而與國企合營的歐美與東洋外資，其沉入成本 (sunk cost) 已有相當的規模，面對中國的六四變局有騎虎難下之處境。

要言之，無論從政治上（期待中國和平崛起並成爲民主法治的國度）或經濟上的利益（保護其跨國企業在中國的利益）考量，都促使各國面對中國只有人權道義的譴責，本質上，仍或明或暗地繼續支持中國的開放。

上述歐美各國持續支持中國改革開放的策略，首先可以從美國老布希總統的因應看出端倪。1989 年新上任的布希總統在六四後對中國採取討好的態度。[15]布希總統在六四後沒多久就派訪問團密訪，由國家安全顧問 Brent Scowcroft 率領到北京向中共示好，並於 12 月再度公開訪問之。美國的公開示好，給逐利爲主的跨國企業繼續投資中國的定心效果。美國重要通訊品牌廠 Motorola 未受六四事件影響，反而繼續加碼中國的投資，即是一個例證。隨後 1992 年鄧小平南巡並定調「社會主義的市場經濟」，而 Motorola 也於當年獲准獨資成立「天津 Motorola」，並宣布於 1995 年全面本土化，有一定的因果關係。其次，東亞在中國投資主要的國家日本，其因應戰略亦認爲「協助中國繼續開放，讓中國整體維持穩定」，有利於日本在亞太地區及全球的利益。[16]

---

15 「美前駐中大使回憶錄揭密：六四前後老布希政府對中國太軟弱」(http://rti.gov.tw)。洛德 (Winston Lord)大使在美國外交口述歷史，Foreign Affairs Oral History Project。

16 據中央社2020年12月23日的綜合外電報導(http://cna.com.tw 2020/12/23)：根據日本政府外務省於2020年12月23日公開的1987～1990年之外交文件。日本政府於六四當天就決定對中國採取和睦的對應方針，並認知西方國家也希望中國維持改革開放的路線。

　　各國支持中國的持續開放策略，外資加速流入，還有另一個重要的指標信號，即鄧小平於 1992 年南巡後，宣布中國繼續走「社會主義市場經濟」的路線。鄧小平所揭示的「社會主義市場經濟」體制，在西方各國政府及跨國企業的眼下，只剩下「市場經濟」，完全忽略社會主義的專制體制前提。所以在大市場大利潤的誘因下，中國成了全球跨國投資的首選。磁吸效應導致前圖所示，在 1991 年起中國的外來投資比重急速竄升，遠遠高出全球平均。1990 年外資流入中國增加到 348.7 億美元，為 1985 年之 166.1 億的 2.1 倍，到 1995 年增加到 3,752.1 億（五年間增加為十倍）。值得注意的是，來自台灣的投資比重，在台灣 1987 年解嚴，並於 1991 年開放對大陸投資後，即快速上升。在 1990 年台灣的中國投資，占所有中國外來投資的 6.4%（當年自美國、日本的比例分別為 13.1% 與 14.4%），1993 年來自台灣的投資比達到 11.3%，遠大於美國的 7.5% 及日本 4.9%。[17]

　　日本於中國改革開放之初，涉入中國投資的積極度不若西歐各國。以汽車工業為例，中國開始對外針對汽車工業招商的 1980 年代初期，日商並未看好中國市場，直到 1980 年代末期才布局中國市場。**台灣**則因為兩岸的政治隔閡，直到解除戒嚴與 1991 年開放對大陸投資，台商投資大陸才化暗為明乃至爆量增長，時間也恰好在中國的外資流入巨幅增加的 1990 年代之初期。作為四小龍之一，以及與大陸同文同種的便利優勢，台灣對中國大陸的投資，有其重要的作用。特別是在二十世紀末，驅動全球經濟成長的 ICT 產業上，台灣的投資，發揮其在東亞與全球產業鏈中介的技轉角色，直間接促成所謂紅色供應鏈的形成。[18]

17　轉引自Nakagane, Katsuji (2002), "Japanese Direct Investment in China: Its Effects on China's Economic Development," in Hilpert, H. G. et al. (eds.), *Japan and China Macmillan*, Pub. Lt. 2002. Ch3, 53.

18　台商於中國投資在「紅色供應鏈」的形成所扮演之角色，見附錄6-1台商與中國世界工廠之形成。

　　此外，外資持續流入中國與其內政改革有一定的關係。外資流入的誘因，除了相較於其他國家，在中國有較高之投資報酬，及長期看好其大市場的規模效應之外，還有法治上私有財產保障的改進。以及，各階段（歷次的五年計畫）產業發展重點下給予的優惠措施，如廉價的工業用地與減稅等等。改革開放以來多次的內政改革，特別是1990年代後期間宣布的「捉大放小」國企民營化、2004年憲改之保障私有企業與個人財產等，均對市場經濟的擴張與吸引外資有正面的吸引力。所以，研究中國經濟發展模式，不可忽略其經濟政策背後的體制變革與對應五年計畫下產業政策的作用。因此，下一節將針對中國的相關制度變革與產業政策，進一步解讀其在中國模式所扮演的作用。

6-2-2 制度改革與產業政策

　　中國的經濟崛起，外資與活絡的民營企業扮演關鍵的角色。外資帶來資本、技術與管理知識以及外銷訂單，注入源源不斷的成長力道。制度改革允許私人部門的擴張，讓市場經濟得以更充分發揮其價格機能的作用，促動市場擴張而更能吸引外資的正向循環。歷次五年經濟計畫，與時俱進地選擇重點產業予以各種優惠措施，乃至管制外資投入，讓中國產業依序由勞力密集、資本密集而進入技術密集的產業。尤其是在數位時代重要的資訊通訊產業，後來居上，成為全球資訊通訊產業鏈的主要生產基地，某些產品甚至可以左右全球市場的起落。

　　外資大量不斷地流入，除了適逢全球資本主義浪潮之外在因素外，中國在內政上朝市場經濟發展的內政改革，以及各期產業政策也發揮重要的觸媒作用。內政改革，基本上是朝「市場經濟」的方向進行，雖然在專制體制「社會主義」的前提下，不可能達到民主國家之

完全市場經濟的程度，但在開放初期的確發揮市場價格機能之提升資源分配與生產效率的功能。「市場經濟」賴以運作的價格機制，以自由貿易及所有權的保障最為關鍵。民營化及伴隨而來的保障私有財產權的憲改，成為其邁向市場經濟的重要階段性指標。

　　中國的體制改革（民營化與保障私人財產權）可分為三個階段，各階段也在對應之五年計畫，搭配與時俱進的產業政策。第一階段為改革開放 (1978) 到 2001 年加入 WTO。經歷 1989 年天安門事件、1992 年鄧小平南巡後將中國經濟定名為「社會主義的市場經濟」，與 1995 年朱鎔基宣布國企「捉大放小」的國企民營化，到成功以非市場經濟體加入 WTO。第二階段為 2002 年起到 2013 年習近平上台，所謂「胡溫體制」時代：此階段，以保障私有財產與活絡市場經濟為主軸，也是中國經濟成長的顛峰期。最後為反市場經濟的第三階段，以 2013 年習近平上台為起點。此時期的其他歐美各國，正面臨後金融風暴時期的高度失業率與所得不均等種種困境；反之，中國政府則發現其國際經貿地位，已經可以左右全球經濟而與歐美抗衡。這個時期的經濟政策，則轉變為反市場機制的國家資本主義，再度強調「中國特色的社會主義市場經濟」，所謂「中央管制的國家資本主義」特色，更為彰顯流露。[19]

一、第一階段 (1978～2001)

　　第一期民營化在鄧小平 1978 年 11 月宣布改革開放，逐步打破國有與集體生產的共產藩籬，開放民營企業。這是自 1950 年代以來透過「公私合營」政策，沒收所有私有企業以來，首次再出現民營企業

---

[19] 2020年習政府以「共同富裕」直接對中國企業徵收「自發性捐款」，為另一階段，反映在缺乏法治制度下，企業發展隨時被國家機器所邁阻的高度風險程度。

的口號。[20]民營化活絡了經濟，也因為大量外企到中國大陸，以及從國企下崗的工人和有企業經營能力者自國企退休後「下海」創業的風潮，[21]為中國經濟注入活力。兩位數的經濟成長率，提高人民所得，西方世界的民主思潮也隨著流入中國，其知識分子的民主論壇[22]及學生的民主運動，終於導致 1989 年的天安門事件。

六四事件並未阻止外來投資的進入，反而在沉入成本以及西方與日韓各國對中國的改革開放仍保持樂觀期待下，外資在隔年略為停歇後，即刻反彈上揚，如前一節所述。而鄧小平也於 1993 年南巡深圳特區後，宣布「社會主義的市場經濟」的經濟體制，並於 1995 年提出「國退民進」的政策，開放不具效率的公有企業民營化。在 1995 年中共第十四屆第五次會議通過的對國企改革策略，亦即「捉大放小」的民營化政策，將小型績效不佳的國有企業關廠、民營化或予以整併，以此政策作為加入 WTO 的談判過程所進行的改革。1996 年美國柯林頓政府給予中國地位提升為「中美正常貿易夥伴關係」，為另一波高峰。2001 年中國終於加入 WTO。

外資在「市場經濟」前景的樂觀期待下，加速投入中國的投資。值得一提的是，台灣之資訊產業、國際品牌廠如 Nokia 與 Motorola 等之上游供應廠，亦隨著品牌商加速到中國投資設廠，直接培植資訊通訊產業紅色供應鏈形成。一時間中國市場成為資通訊產業全球各大

---

20 值得注意者，1980年代的西方也正流行民營化與經濟自由化。資本帳（跨國資本流通）與經常帳自由化孰先孰後？漸進或急速？這些問題成為1980年代學界重要的研究課題。而在極權社會主義的中國，不可能放任「自由化」與民營化。是以改革開放儘管名目上是往市場經濟的自由化與民營化，但本質上仍有許多差異。

21 經典人物為於1987年到深圳創立華為的任正非。

22 參考鄭竹園(1992)有關六四天安門事件之始末原由的分析，以及1989年前美駐中國大使Winston Lord的回憶錄（頁16，註13）。要者，1980年代初期，仿照美國智庫而設立三個重要的改革研究中心，並派遣資優生赴美留學，邀請在美華人學者回國加入智庫，參與經濟改革的設計。

品牌廠競相投資與搶占市場的主要地區，各外資大廠在大市場的刺激下，爭相擴張產能。

　　這一個階段的經濟發展模式，基本上是複製日本與東亞四小龍的出口導向的東亞模式。以台灣之加工出口區的成功經驗爲藍本，首先於 1980 年在深圳設立經濟特區，以優惠的土地價格與免稅以及低廉薪資，吸引外商與台商紛紛前去設廠。低階產業、勞力密集產品的加工再出口，成爲早期發展的主軸。隨著深圳的成功，沿海的特區一一設立，到 1990 年代末期，中國已成爲發展成世界重要的低技術產品的加工基地，如前節中國貿易圖像所示。

二、第二階段——2001～2005 年（十五計畫）、2006～2010 年（十一五計畫）

　　隨著加入 WTO，緊接著 2002 年胡錦濤（中共中央總書記）與溫家寶（國務院總理）上台，中國體制正式進入所謂「胡溫體制」的時期。改革開放以來的中國體制，進入重要的第二階段，發展政策則涵蓋十五（第十個五年計畫）與十一五（第十一個五年計畫）。體制改革之最重要者，爲根據 2004 年的修憲；根據修憲內容，私人財產獲得保障。財產權爲市場經濟的基石，因此在此體制下，民間企業大量湧現。加上 2000 年網路泡沫後，網際網路與數位經濟的迅速發展，降低了創業門檻，讓民業得以蓬勃發展。中國的體制上，也出現民企在黨內及各級政府皆出現有相當名額的「代表人士」的現象。

　　這個時期既以趨向「市場經濟」的改革爲主軸，[23] 我們也可以從產業政策看出端倪。碰巧世界經濟也在 2000 年網路泡沫破裂後，進入網際網路蓬勃發展的時代。伴隨資訊通訊產業的崛起，與其模組化

23　這個階段的市場經濟導向之改革，應該與其以「非市場經濟體」加入WTO，而十五年後得通過會員國核可能除去加諸於「非市場經濟體」的限制有關。先此一提，中國在達到年限後尚未能解除「非市場經濟體」之名。

高度跨國分工的可行性，讓中國的市場經濟導向之改革，得到空前的成就。

　　顯然這個時期的產業政策主軸，反映在「十五」與「十一五」計畫下，在於發展中國的網際網路之相關產業，特別是通訊器材、手機，乃至其上游的半導體產業。台灣於 2002 年政府所提出的「兩兆雙星」產業計畫，[24] 其中半導體、面板等，同時也成為中國大陸積極爭取台商設廠的標的產業。值得一提者，為了壓抑外資的市占以保障國有品牌發展，而於 1999 年公布的「5 號文件」——所有外資擴廠都必須經過官方審批，在 2007 年則遭到廢除。同年台灣的晶片大廠——聯發科，基於其市場行銷策略，公開手機設計圖（文獻上，稱為 MTK 革命），導致中國山寨手機廠如雨後春筍冒出，到 2008 年國內品牌的山寨手機市場占有率高達 40%，與外資手機市占的 40.8% 相距不遠。[25] 智慧型手機 2007 年的問世與居於關鍵供應鏈之台商的兩岸設廠，讓中國成為全球主要的生產與出口基地。

三、第三階段（2013～迄今）與十二五、十三五計畫

　　2013 年習近平上台，中國體制逐漸變成強調「中國特色的社會主義」的反自由主義、壓抑市場經濟的時代。[26] 進一步於 2017 年的「十九大」揭示社會主義路線，「公有體制為經濟基礎的黨獨大之國

24　「兩兆」指台灣有相對優勢之預期產值將超過兆元以上的「半導體」產業及面板（「影像顯示」）產業。「雙星」指國際上技術發展主流的「數位內容」產業與生技產業。見2002年經建會新世紀第二期國家建設計畫，頁144-149。

25　餘近20%市占為中國品牌廠，如小米、華為等。中國手機產業的崛起，從外資品牌廠的下游組裝，台商投資中間零組件代工生產而透過保護國產自創品牌，從而成功走向國際，為典型的產業發展案例，亦是中國整體產業發展之融合外資、政府與在地精英的縮影。唯目前其關鍵技術晶片製造，仍受制於國際先進國家。

26　根據2013年發布的內部「9號文件」內容，警示七股社會中的反動潮流，包括有「親市場的新自由主義」與「質疑改革開放之『中國特色社會主義本質』」等。

家政策，才是中國通往康莊大道之鑰」；隔年再透過修憲，強調「黨領導一切」的原則。於是，在前一階段「胡溫體制」下，2004 年修憲「合法私有財產不可侵犯」的人民財產權保障、發揮市場機制，以促進經濟成長的準市場經濟體制的基礎，乃逐漸潰散。

換言之，隨著習近平執政，中國的經濟體制由前一期的保障私有財繁榮市場經濟時代，變為抑制市場經濟，強調中國特色的社會主義。政策上則透過強制移轉、國企併民企（或稱之為「國進民退」）手段，以圖達到「共同富裕」的小康社會。前時期的準市場經濟體制帶來快速成長，讓中國進入經濟大國的境界，但也造成嚴重性貧富不均、金融失序與房地產泡沫等等社會問題，讓中國擺回到社會主義的核心路線。前朝累積的巨量外匯存底與經濟實力，得以讓習近平於 2013 年提出「一帶一路」的經濟外交策略以抗衡美歐。內政上於 2014 年成立 1,200 億人民幣的基金發展「國家 IC 產業」，（2015 年 5 月 8 日）宣示於 2025 年達到「中國製造」的全球製造中心地位，以擺脫「世界工廠」之低階產品加工製造基地的落後形象。2017 年（當年的 AI 軟體 α-90 打敗中國十九歲年輕棋王柯潔）進一步宣布發展中國成為「全球人工智慧研發中心」。爭霸的企圖，也間接醞釀美中在經貿與技術的衝突，成為目前中國大陸在國際經貿舞台上的主要基調，也牽動這個世紀的全球經濟大未來。

這個時期的產業政策，反映在十二五、十三五的內容中，也在國家資本主義的干預下，達到相當得成效。

四、以「十二五」(2011～2015) 為例

根據規劃，中國要在 2015 年前達到 80% 的面板自製率的目標。在此政策的積極運作下，台灣與南韓的面板業在國際市場的地位，逐步被中國大廠所取代（見附表 6-1）。中國面板的樣板企業，為成立

於 2009 年 11 月的華星光電。該企業由中國第三大電視品牌 TCL 與深圳政府及三星電子，分別以 55%、30% 及 15% 股份合資成立；其設廠及後續第一線技術工程師，則全部由來自當年奇美電與友達的 200 位台灣人才組成，主要靈魂人物為奇美電號稱台灣面板第一戰將的陳立宜。[27] 他在鴻海的子公司群創併購奇美電過程中離職，並接受中國 TCL 邀請協助成立華星負責自台灣控角設廠人才。[28]

在擁有 30% 股份的深圳政府協助下，迅速於 2009 年 11 月取得快速核可設廠。後續之土地取得及設備進口快速通關與種種官方配合下，19 個月就完成建廠並於 2011 年 8 月開始生產，在 2012 年製造出當年全球最大的 110 吋面板，供習近平就職典禮之用。值得一提的是 TCL 華星光電創立之初的面板廠就是當時最先進的 8.5 代廠，乃當年陳立宜 2008 年在奇美電的建廠計畫，因金融風暴而停擺；奇美電併入鴻海的群創後，其 8.5 代面板廠落腳於南科的路竹園區。巧合的是就在群創宣布與奇美電合併於 2009 年 11 月（完成合併在 2010 年 3 月），深圳政府核准了華星光電的執照，另外中國面板廠龍頭京東方亦在同時間開建 8.5 代面板廠。[29] 除了前述官資的投入、設廠的特惠，尚進一步透過關稅保護其搶占國內市場，於 2012 年 4 月 1 日起，將 32 吋及以上之不含背光模組的液晶面板進口關稅自 3% 提高為 5%。

從生產及貿易統計來看，中國十二五計畫扶植國有面板產業取得

27　見2012年5月31日，《商業周刊》第1280期詳細訪談報導。

28　2013年他被台灣調查局台北市調處，以接受TCL中資於台灣成立公司獵取人才，違反《兩岸人民關係條例》3年以下有期徒刑罪名，被移送檢方偵辦。

29　京東方創立於1993年4月，主產電視用射像管，於2003年2月以3.8億美元收購南韓現代集團的HTDIS（顯示器為主產品），取得TFT-LCD面板的技術。與華星光電同時在2009年11月始建8.5代面板廠。在2021年第二季的全球大尺寸面板的市占，京東方的排名以32%居冠，台灣的群創與友達則分別以16%及14%落居第二及第三。

相當的成效。依 2019 年統計，中國已經是全球最大的面板製造及出口國，其中以京東方科技 (BSE) 為中國最大企業。依 2021 年第 2 季全球大尺寸面板廠排名，京東方以全球市占 32% 居冠，唯其主要零組件之一的晶片尚得花費 60 億美元購入，其中只有 5% 為中國的國產貨，可見其關鍵性零件尚受制於國外的困境。

　　另一個與台灣廠商密切相關之技術為觸控面板。觸控面板為 2007 年智慧型手機得以問世的關鍵技術，台灣廠商宸鴻研發成功，讓蘋果的第一支搭載觸控面板的 iPhone 得以上市並熱賣。到 2011 年有一半的 iPhone 與 iPad 觸控模組，均出自台商宸鴻（見附表 6-2 觸控面板的宸鴻與歐菲光）。與前述面板一樣的模式，中國的深圳政府出資補助成立歐菲光，進入市場，在其政府補助及中國市場種種保護措施的優勢下，宸鴻於 2017 年宣布與當時已經變成中國觸控面板龍頭廠的歐菲光結盟，交互投資交易持股，歐菲光取得 51% 的股份及主導權。

　　台灣技術人才的流入當然不限於前述，台灣人才的流入也普遍出現在中國的 ICT 產業與半導體產業的發展上。如附表 6-3 所列出者，台灣技術人才的流入中國關鍵的 ICT、半導體、晶圓、IC 設計等大廠，乃至參與創立者不乏其例。相較對於日本、南韓，乃至於其他歐美先進技術人才吸收，兩岸雷同的文化、語言與政治認同和歷史關係，可能讓中國更容易從台灣招納或誘獵技術人才。這或許也是中國模式的特色之一，而無法被模仿者。

　　在 2004 年鼓勵中資併外企的「走出去政策」，及 2008 年之獵取二千科技人才的「千人計畫」政策下，中國政府或透過國營企業或直接補貼及種種明暗管道，投入大量資金，企圖從製造大國提升為舉世技術密集產業的研發及生產中心國。顯然「十二五」的 2015 年完成 80% 面板自製率的目標達成了，但另外在 2014 年發布「國家 IC

產業發展推進綱要」之以 1,200 億人民幣的 IC 發展基金乃至後續誘發地方政府加入後合計達 4,200 億人民幣的晶片製造運動，並未能突破技術與關鍵製造設備之受制於歐美或日本等東亞的瓶頸。2015 年 5 月 8 日公布的「2025 中國製造」的目標仍面臨技術困境的問題。[30] 隨著 2015 年「2025 中國製造」政策公布，中國的晶元設計紫光，也啓動一連串大手筆的併購，被稱爲「紫光模式」。

五、「十三五」(2016～2020) 下的成效與爭議

除了延續「十二五」之六大新興產業外，「十三五」另規劃了十二大戰略性新興產業，主要有先進半導體及智能（系統、交通、材料）產業等，以圖能在國際爭上科技龍頭的地位，與後續中美科技冷戰有密切關係。在智能機器產業規劃上提出「中國製造 2025」，展露中國在其核心零件與關聯科技，亦即減速器、感測器、伺服電機和運動控制等，四方面的技術瓶頸。[31]

根據以往中國國家資本的補貼，與透過各種行政手段以取得國外先進技術的歷史經驗，終於在 2017 年美國總統川普上任後，爆發一系列的貿易戰，以及對中國的技術圍堵之外交與技術冷戰。2017 年在電腦機器人 α-Go 戰勝中國十九歲的圍棋天才柯潔後，中國立刻宣布將設立「新一代智能發展中心」的規劃。隨之，Google 於中國大數據的引誘下，於北京設立「AI 研究中心」，此舉強化了中國在人臉與生物辨識的 AI 技術，並導致後來中國用於監控、滲透人民團體及政治控制上，強化其專制統治能力。這結果讓西方民主國家的期望──讓中國融入全球經貿體系以發展爲西式民主政體──落了空。

---

30 2012年世銀的報告（林毅夫主導之研究）指出中國在ICT產業的技術能力尚待突破，否則國家發展無法脫離中等所得的陷阱。

31 參見張小玫2016年科技產業資訊室(iknow)，「中國大陸『十三五計畫』對台灣企業之影響（四）」(https://iknow.stpi.narl.org.tw/post/Read.aspx?postID=12720)。

另外一個指標性案例，則為居全球電動車及自動駕駛龍頭地位的特斯拉 (TESLA)，接受騰訊（中國前三大網路公司）入股 5%，以相關 AI 之專利技術換取關稅減讓及法規上的優惠。此案例也加深了歐美民主國家對於中國取得技術優勢的疑慮。

6-2-3 中國特色的國家資本主義

國家資本的積極角色，在中國的經濟發展過程相當明顯，堪稱國家資本主義之極致。改革開放以來的市場機制之利用與控制，顯現在其歷次的五年計畫中。在歷次的五年計畫中，隨著各階段產業發展目標，而設計的種種土地租金優惠與減稅措施，在吸引外資應該發揮了相當的成效。除了極端科技密集產業如半導體產業之先進晶片、設備等，獲效尚不明顯者之外，其餘在勞力密集、資本密集的產業，國家力量均透過產業政策，充分發揮作用成為國際市場的主宰者。

國家資本主義下的技術升級策略

中國的產業發展，其技術之取得，採用「先求有再求好」的策略。首先以收購外資大廠之技術較低階的子公司，接著以低毛利手段取得市占率，再以大規模低平均成本之優勢，搶攻海外市場，充分利用所謂貿易理論上所稱之在地市場優勢（home-market effect，或母國市場效果）。高階關鍵技術的取得，除了自我培育，或吸引海外華人（海龜）等正常管道之外，大抵上有兩種策略：(1) 市場換技術，(2) 技術人才的獵狩。此兩策略的成效最佳，同時也最為國際上所詬病，間接埋下 2017 年起中美貿易戰及後續之科技戰的遠因。

「市場換技術」之策略，明訂於 1995 年的「國退民進」政策中，要求合資的外商必須將專利技術轉讓以取得投資許可。例如 1999 年頒布「5 號文件」，直接限制外國廠的擴廠，以扶植其國產手機，讓

國產品的市場占有率得以快速提升。其他透過市場換技術而成功的案例，如高速鐵路、汽車產業等等。

至於人才與技術的獵取，則明訂於 2008 年的「千人計畫」中。這也是後來中國與美國，乃至中國與西方各國在國際經貿爭端的導火線及政府干預的證據。

近十年來的兩個五年計畫「十二五」(2011～2015) 與「十三五」(2016～2020)，乃至最近的「十四五」(2021～2025)，都與目前的國際經貿結構變化和紛爭有密切的關係。例如：引發後來中美貿易戰的導火線之一的「2025 中國製造」，即是出現在「十三五」中，乃至發展「2035 年成為世界 AI 中心」也是。

綜合而言，中國政府在專制體制下，可以不經立法程序充分透過國家機器，利用其龐大國內市場的誘惑，以行政手段逼迫外來投資企業合資、技術移轉、忽略智慧財產權、鼓勵中企仿冒國外品牌的山寨行徑等等。諸如此類種種，刻意作為或不作為的違反市場機制之國家資本主義行徑，終於醞釀了 2017 年以來的中美貿易戰，及後續多數歐美先進國家的技術圍堵；也是導致加入 WTO 十五年後的 2016 年，中國未能如期獲得多數會員國同意脫離「非市場經濟體」之名的可能原因之一。

6-3 結論：中國經濟發展的特色

一、中國模式或東亞模式？

中國經濟發展經驗，有何特色？抑或只是東亞模式的翻版？中國的經濟發展過程，起自其邁向市場經濟的改革與對外經貿開放為中國帶來空前的經濟繁榮。改革開放的策略，由勞力密集而資本而技術密集；透過深圳為首之經濟特區的試行，推廣到鄰近沿海地區，進到內

陸：透過外來投資的技術及管理知識的引進，並隨之而來的外銷訂單進入國際市場；以國家資本及優惠適時地援助重點產業並扶植民間企業。到這個階段的發展模式，基本上與日、韓、台、新等東亞模式並無太大的不同。

所不同者有三：其一，中國一旦選定重點發展產業，則傾國家之力從政策優惠（如免稅）與以國有資本如成立國家產業投資基金予以扶持，鼓勵整併收購，再以公平交易選擇性審查手段壓制外國企業，積極扶持本國廠商。

其二，在經濟成長後，進一步以其壯大的市場，形成更強的磁吸作用，得以用國家力量進行所謂「市場換技術」的外資政策，甚至直接以國家資本進行獵人才「盜」取技術之「千人計畫」則為東亞模式之外的特色。亦即，「中國經濟發展模式」，若有的話，最大之相異於東亞模式者，為以國家的權力遂行「市場換技術」的政策，此舉以中國大市場的吸引力為前提。換言之，日、韓、台、新都不可行。貿易文獻中的母國大市場效果 (home-market effect)，除了純因為規模經濟產生的低單位成本優勢外，在中國強勢的國家資本主義下，「市場換技術」的外來直接投資技術移轉效果，亦屬於「大市場效果」，只是它是透過強勢的國家權力，而不是市場抑制，來產生作用。

其三，一黨專政下之黨團力量主導的模式。民企為其改革開放後，帶動經濟成長的火車頭，應無疑義。只是民企在國家所允許的市場經濟開放範圍內，遂行其追求最大利潤的市場活動時，還得注重黨政關係的培養，Abrami et al. (2014) 在 *Can China head?* 書中，直指在中國經營者無論民企、外資，除了管理師麥可波特經典論述的企管五力之外，尚得注意黨政無所不在的「第六力」。不同於民主法治的國家，在中國，黨政一家的「為所欲為」可以是民企與外資公司成功發展的助力，也可以毫無預警地讓一家「成功」的企業一夜之間傾頹

破產。阿里巴巴的「螞蟻金服」子公司，預計在美國上市 IPO 的三天前突然被禁止，便爲其例；餘例亦不勝枚舉。

綜合而言，中國的經濟發展模式，只有在中國特有的政經體制下可行的極端國家資本主義，接近社會學家林南所稱爲「中央管制的國家資本主義」(Centrally Managed State Capitalism)。

二、體制與成長的極限

改革開放以來中國經濟體制爲「社會主義的市場經濟」，此爲 1992 年鄧小平南巡深圳特區時定下的開放路線，於 1993 年正式定名。本質上中國的體制，一直是擺盪在「社會主義」與資本主義的「市場經濟」之間，而政府的手也從來沒有離開過這個鐘擺。本質上「市場經濟」所賴以運作的一個必要元素爲財產的所有權。然而在中國的社會主義體制下，要實施產權的完整體制 (a complete system and property right)，本質上幾乎是不太可能；所以市場經濟的發揮也就有其極限。無巧不巧，中國的經濟成長表現最好的第三期（1999 年以後），到 2010 年左右下滑的十年間，也是中國啓動一連串保障私人財產權的修憲時期。2002 年 11 月 15 日人民代表大會提案修「新的財產法」，在 2004 年修憲確立「合法的私有財產不可侵犯」。

早在 1988 年中國就通過修憲定位「私有企業爲對社會主義的補充」，所以民企名目上享有國家的保障及權利。隔年的六四天安門事件，讓保障私有企業的腳步慢了下來，直到 1992 年鄧小平的南巡，並將中國的經濟體制定名爲「社會主義的市場經濟」，鼓勵民營企業的力道才再度顯現。1993 年 11 月宣布不再硬撐小型國企，於是國退民進、國企私有化大幅展開。一方面，下崗的失業工人爆增，另一方面，在創業鼓勵私有企業的氛圍下，大量國有企業員工「下海」創業。在下崗（提供私企人力）與下海交織作用下，民間私人企業如雨

後春筍出現，市場經濟生機盎然。到了 1998 年朱鎔基宣布「國進民退」、「捉大放小」[32]，更增加小型國企民營化的力道。到 2000 年估計有 80% 之縣級以下的集體企業已經私有化。取得這些國企者，不意外地，多數是能保持良好黨政關係的「紅帽子企業」，其特許與特權的優勢自然不在話下，亦間接促成後續合法私有財產的修憲。換言之，中國之民營化與保障民營私有產權的立法於 1997 年亞洲金融風暴後開張，更於加入 WTO 的 2001 年前後全力推行。

民營化與保障私有產權，成為胡溫體制 (2002～2012) 下，重要的發展策略。雖然落後 1980 年代之民營化與自由化世界風潮近二十年。在民企的逐利活力下，以及保障合法私有企業財產權的正面作用下，開展了中國快速增長的年代。伴隨加入 WTO 融入世界的市場之鼓舞，外資加速流入中國。外資的加入帶來了資金、技術與管理方法，更重要的是帶來出口訂單。全球加工基地乃迅速由東亞與東南亞轉移到中國，中國成為世界工廠，貿易量快速竄起。

到了 2013 年，已經成為全球最大貿易國。若單就出口而言，其總出口值早在 2009 年就已經超過德、美而居全球第一，更於 2014 年超過 EU28 國出口的總和。雖然貿易全球第一、出口全球最大，甚至超過歐盟 28 國的總和，經濟規模 GDP 亦僅次於美國居全球第二；但是中國的平均國民所得，仍未能超過全球中等所得的上限。在 2012 年（胡溫體制下最後一年）世銀報告指出中國必須提升其產業技術水準，方能越過中等所得陷阱。綜合而言，社會主義的市場經濟，在中國體制下所提供的財產所有權，不是一個完整的財產權制度，而是處處充滿特權，及在缺乏可信的司法制度下，隨時可能被沒收的財產權體制。本質上，如同裙帶資本主義 (crony capitalism) 或國家資本主

---

[32] 此政策乃為加入WTO談判中的未來做準備，企圖留住大型國企，民營化無效率的小型公有企業，以增加整體產業競爭力。

義的情況，特許權讓持有者獲得超額利潤，但因而累積的財富，也必然在知曉特權體制的風險下，將財富隱藏起來。下焉者，假他人之名（白手套）存放，或建立私庫以密藏之；上焉者，則透過各種管道（如子女留學外國、人頭企業），藏富於國外。在正常資本主義下，資本家透過市場機制有效運作其資本所獲得的報酬，在沒有無端被徵收的風險顧慮下，會繼續尋找有利於資本的新投資機會，或是擴大原有的企業規模，或進行上、下游相關產業的投資，乃至進軍其他無關產業進行所謂多角化經營。於是，經濟體系在正向循環下，穩定擴充、就業機會增加、整體產值提高、平均所得隨之提升。然而，在特權資本主義下，資本報酬缺少長期回流停駐在經濟體系下的誘因，所以在經過一段快速成長時期後，並無法避免「資本竄逃」的命運，以致於出現成長的瓶頸。國民所得無法進一步提高，形成所謂中等所得陷阱。中國特色之社會主義的市場經濟，根據目前的表現，顯然仍未能越過中等所得陷阱，體制的特質使然。

附錄 6-1　台商與中國世界工廠之形成

在解讀何以中國能越過東協四虎，在 ICT 產業，特別是實體資本與人力資本密集產業的生產與出口上，優先承繼美、日與四小龍而成為主要供應基地，如陳宏易與黃登興 (2009) 的實證發現，台灣海外投資走向的變化，提供一個間接的佐證。如前述雁行產業發展順序，決定於領頭國家的夕陽產業，與其對外投資的落腳順序。

台灣在 1987 年解嚴，1991 年開放對中國大陸的投資，造成台商的海外投資大舉集中於中國大陸。如附圖 6-1 所示，在 1997 年亞洲金融風暴發生之當年，對大陸的直接投資已經占台灣對外投資高達 52.67%。亞洲風暴後的投資比重雖下跌，但於 2001 年中國加入 WTO 後再度由 40% 左右迅速增加到 2007 年的 66.7% 達到最高峰；隔年發生全球金融風暴，其投資比重雖稍有減少，隨後則再度攀升。

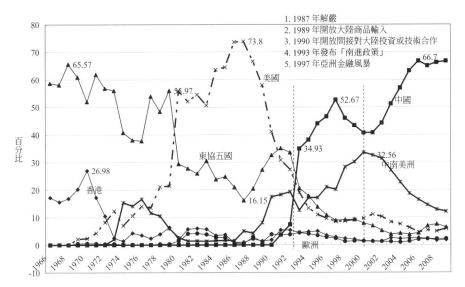

資料來源：直接取自黃登興 (2011)〈海外投資與外資〉之圖 3-3 與圖 3-3B

附圖 6-1A　台灣對外投資金額分布趨勢（五年移動平均）

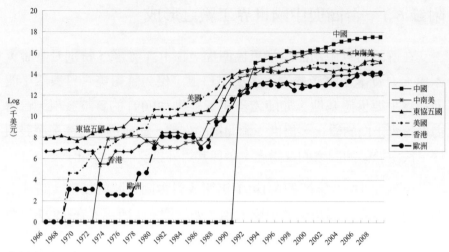

資料來源：取自黃登興 (2011)〈海外投資與外資〉之圖 3-3B

附圖 6-1B　台灣對外投資分布

　　隨著台灣在中國大陸的投資，將中國帶進 ICT 產業的全球分工體系，由於 ICT 產業的快速進化，相關零組件的生命週期隨之縮短，中國得以從後進者的優勢越過東協四虎，而成為相關零組件的後來居上之世界供應基地。至於 ICT 最終產品的組裝製造，更在中國 13 億人口之大市場優勢下，成為世界工廠，充分發揮貿易理論上所稱的本國市場效應。[33]

　　台商在中國製造業崛起初期扮演關鍵的促進角色。[34]台商 1980年代下半起西進三十年來，在中國打造 ICT 產業之生產聚落，在中

---

[33] 關於HME之促成一國形成出口貿易核心(trade hub)或進口來源核心的實證研究，請參閱Huang et al. (2021)。

[34] 台商在中國製造業崛起初期扮演關鍵的促進角色。從1980與1990年代起大量台商的西進入駐東莞、深圳地區所發揮的作用，也被社會學家的田調結果所肯定，見吳介明(2019)關於台商在中國東南沿海地區的投資與群聚的作用。

國崛起具有關鍵性的帶頭作用，也可間接從統計趨勢顯示出來。

　　首先，如附圖 6-2 台灣外銷訂單之海外生產比例所示，台灣的外銷訂定，大部分是透過台商在海外投資的工廠來生產的；其海外生產比自 2010 以來都在 50% 以上。再就不同產業來觀察（附圖 6-3），ICT 產品更高達 80～90%，特別是 2014 年以後都在 90% 以上。第二高的電機產品也高達 70% 左右，居第三的電子產品亦有 50% 上下的比重在海外生產。值得注意的是這批海外生產的產品，也多集中在中國大陸。

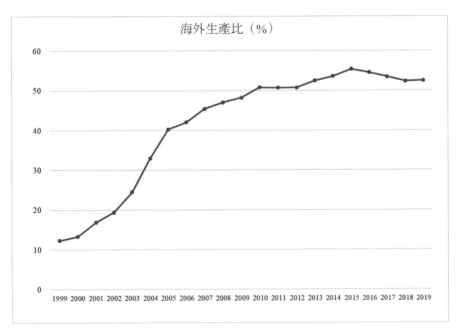

資料來源：經濟部統計處，外銷訂單調查資料庫

附圖 6-2　台灣接單海外生產比率

資料來源：經濟部統計處，外銷訂單調查資料庫

附圖 6-3　台灣接單海外生產比率（產業別）

　　台商的投資設廠，除了直接透過台灣在國際產業鏈將中國大陸納入全球分工體系以外，也讓透過「投資的示範效果」間接促成中國在地廠商的興起，特別是初期在資本與技術含量不高的勞力密集或簡單的加工產品。進一步，而且更重要的是，透過台商的投資，其技術移轉的直接、間接效果，帶動其技術與產業升級。有者，在專制政體下充分施行國家資本主義，一方面透過合資限制、控制市場強迫以「市場換技術」來取得技術；另一方面，透過人才的挖角，以取得技術，如附表 6-1。

附表 6-1　台灣面板業人才外流紀要

群創與華星：中國華星光電的創立，透過政府資本挖角台灣技術人才為關鍵。2009 年 11 月群創光電宣布將合併奇美電子（在 2010 年 3 月 18 日才正式完成併購），巧的是中國華星光電同年同月成立，其主要技術人才來自台灣的奇美電、群創及友達等面板大廠。此例視為台灣產業先驅在中國新創產業的關鍵角色，特別是技術人才與所伴隨之技術的兩岸連通現象。此外彩虹光電與中電熊貓等中企也不乏台灣面板人才流入的記錄。

·2009 年 11 月
- 群創宣布合併奇美電的同時，時任奇美電副總的陳立宜，已經透過其在台設立人力仲介公司，3 個月內挖角了近 200 人的團隊，內含研發業務來自友達、產品經理來自奇美，還有來自南韓的高手，到對岸另起爐灶成立華星光電。
- 前友達執行副總盧博彥接任龍騰總經理。
- 前奇美電電視面板事業總處長陳立宜轉任華星光電副總裁。

·2010 年
- 前奇美電廠長王國和擔任華星光電副總。
- 前華映廠長吳英明轉任中電熊貓擔任副總。

·2011 年
- 友達顯示器開發中心協理連水池轉任 TCL 集團工業研究院副院長。
- 前華映副總陳光郎轉任 TCL 多媒體全球研發中心總經理。

·2013 年
- 前奇美電業務副總郭振隆擔任中電熊貓總經理。
- 面板缺貨的時候，丁景隆[35]為解決問題，主導與彩虹光電間合作的「咸陽計畫」，就是由群創負責技術支援、彩虹光電提供產能，雙方一起銷售面板的互利合作案。（群創與彩虹光電進行「咸陽計畫」）
- 陳立宜及其他 5 名台籍員工，被調查局台北市調處，以違反《兩岸人民關係條例》3 年以下有期徒刑罪名為由，移送檢方偵辦。主要是理由是陳立宜在台灣設立公司接受 TCL 集團挹注資金，並以祕書名義，在台南市設立冠懿人力資源管理顧問公司，向台灣面板廠員工進行挖角，導致面板技術人才大量流向大陸。

---

[35] 丁景隆在群創地位崇高，他原是奇美電副總經理，2009年群創併奇美後，他也成為群創一員，但在內部被歸類為奇美舊勢力。

- ·2014 年
- 陳立宜轉赴中電熊貓任職。
- 群創與鴻海合作在高雄路竹大手筆投資 880 億元，蓋最先進的 8.6 代廠以及低溫多晶矽 (LTPS) 生產線。路竹六代 LTPS 廠設備由鴻海買單，群創僅負責提供工廠廠地及營運。（群創與鴻海合作投資 8.6 代廠及 LTPS 生產線）
- ·2015 年
- 中國「十二五」計畫中，2015 年的目標之一即是：面板必須達到八成本土採購，華星光電就是樣板企業，其由中國第三大電視品牌 TCL 持股 55%；其次是深圳政府的 30%，南韓三星電子也持股 15%。為中國第一次成功複製三星模式，整合上下游產業鏈的面板廠。由 TCL 高級副總裁賀成明，擔任華星總裁，負責政府關係，陳立宜則負責營運計畫、找人。
- ·2016 年
- 6 ～ 8 月間，曾參與 2014 年 8.6 代廠投資案的 48 名群創掌握技術之主管與工程師，[36] 陸續跳槽到咸陽彩虹光電，協助其建構 8.6 代面板廠。 [37]
- 9 月，群創向 48 名主管、工程師寄出存證信函。
- 11 月，負責供應群創設備的東捷，[38] 也通過投資彩虹智能裝備。（群創的設備供應廠東捷通過投資彩虹智能裝備）
- ·2017 年
- 華星光電的高階主管絕大部分均來自台灣企業，如下表（《商業周刊》報導）：

---

[36] 此次跳槽的48名員工皆參與當時建廠最新、最關鍵的技術，包含蝕刻、薄膜、黃光、測試以及LCD等前段製程。

[37] 咸陽彩虹光電隸屬中國電子訊息產業集團，原本是中國最大的映像管工廠，近年積極轉型面板產業。

[38] 東捷為前奇美電設備主要供應商，東捷設立時奇美電（原奇晶光電）曾取得20%股權，不過群創併購奇美電後，已陸續出脫東捷持股，但雙方仍維持供應鏈關係。2016年11月9日東捷董事會通過，將與中電集團合資新成立咸陽彩虹智能裝備公司，這項動作被外界解讀為群創攜手協力廠商深化與陸廠合作。

2017 華星光電高階主管

華星職位／姓名	來頭／地位	重點資歷
總裁／賀成明 （兼 TCL 高級副總裁）	LG. Philips LCD 南京分公司／副總	LG 在南京建立模組廠 關鍵人物
執行副總裁／ 陳立宜 (2009)[39]	前奇美電子電視面板 產品事業處／協理	攻下四成中國電視面板 市場
副總裁／王興隆	前友達光電／資深協理	奠定友達品管基礎
副總裁／王國和 (2010)	前奇美廠長／ 前龍騰光電／副總經理	中國建廠專家排名前三
高級副總裁／金旴植	LG、Philips LCD 技術 中心總部／執行副總裁	負責 LCD 從 3.5 代到 7.5 代線的生產建廠

資料來源：

1. https://money.udn.com/money/story/5612/2140557

2. https://www.mirrormedia.mg/story/20161128fin004/

3. http://bw.businessweekly.com.tw/press/content.php?id=17052

4. http://www.appledaily.com.tw/appledaily/article/finance/20150824/36738345/

5. http://www.chinatimes.com/newspapers/20140301000091-260204

---

[39] 2014年轉赴中電熊貓任職。2009年時任奇美電執行副總。

附表 6-2　台灣人才流入中企紀要（半導體、面板、手機），2000～迄今

年分	台灣企業	中國企業	產業／產品	事件概要
2000	世大半導體	中芯國際	半導體／晶圓代工	在台積電併購世大半導體[40]期間，原任世大總經理張汝京，轉戰到中國創立中芯國際，任總裁暨執行長。
2005	彩晶	龍騰光電	面板	2005 年吳大剛離開彩晶總經理職務，曾擔任寶成集團顯示器部門執行長、龍騰光電總座及著手大陸彩虹集團的 6 代線計畫，2011 年再轉任友達接手消費產品顯示器事業群（專責中小尺寸面板業務）。
2006	華映	深超光電	面板／5 代廠	深超光電聘請前華映的映像管部門副總經理鐘祥桂，負責規劃與興建 5 代線。
2006	廣輝	深超光電	面板／6 代廠	友達合併廣輝，[41] 廣輝製造副總陳勁志及其團隊離職，深超光電當時計畫興建 6 代廠，即邀請陳勁志及其團隊負責規劃與興建 6 代以上面板廠。
2009	奇美電	華星光電	面板	群創合併奇美電[42]後，時任副總經理的陳立宜，在台設立人力仲介公司，3 個月內挖角了近 200 人的團隊，內含來自友達的研發業務人才、來自奇美的產品經理等，到中國成立華星光電。2014 年陳立宜轉赴中電熊貓任職。

---

[40] 2000年台積電併購世大半導體。

[41] 2006年友達光電宣布與廣輝電子合併，前者為存續公司，後者為消滅公司。

[42] 2009年群創光電宣布合併奇美電子，2010年正式併入。

年分	台灣企業	中國企業	產業／產品	事件概要
2009	友達／鴻海	龍騰光電	面板	曾任友達執行副總的盧博彥 2006 年離開友達之後，轉赴鴻海集團，負責鴻海液晶電視代工新事業，後接任龍騰光電執行長。
2009	華映	京東方	面板	華映總經理邱創儀退休後，轉為京東方所延攬。
2010	華映	中電熊貓	面板	前華映廠長吳英明轉任中電熊貓擔任副總。
2010	奇美電	華星光電	面板	前奇美光電廠長王國和擔任華星光電副總。
2010	晶電	三安光電	半導體／磊晶	三安光電向台灣磊晶廠晶電員工，開出年薪千萬元台幣的優越條件，導致晶電被挖走了百人團隊。
2010	勝華	歐菲光	觸控面板	觸控面板產線生產基地都在大陸的勝華，出現人才流失問題。至少有 2、30 位陸籍幹部，因為歐菲光強勢開出至多五倍薪水而紛紛跳槽。
2011	友達	TCL	面板	友達前顯示器開發中心協理連水池，投靠 TCL 集團工業研究院副院長，曾任華星光電副總裁。
2011	友達	華星光電	面板／AMOLED	友達前 OLED 技術處經理王宜凡，離職後轉任華星光電 AMOLED 開發部長。同年，前研發副理謝忠懍也轉職於華星光電，將友達委託交大所做的研究計畫洩漏給華星光電。
2011	華映	TCL	面板	前華映副總陳光郎轉任 TCL 多媒體全球研發中心總經理。

年分	台灣企業	中國企業	產業／產品	事件概要
2012	統寶／友達	和輝光電	面板／AMOLED	曾任統寶、友達主管的朱克泰，接受上海政府邀請，前往和輝光電協助興建中國第一條 AMOLED 生產線。
2012	友達	華星光電	面板	友達前光電 OLED 技術部研發副理許宗義，前往中國深圳華星光電擔任研發中心開發部科長。
2012	聯發科	展訊	半導體	聯發科前人資管理專案副理林碧玉，利用職務之便，在外開設「艾特」管理顧問公司，並透過在聯發科研發部擔任主管的丈夫陳威任充當「內應」，長期蒐集大批聯發科高階主管、研發部門員工人事資料後，疑幫展訊及多家高科技公司高薪挖角。
2013	宏達電	四川成都市政府	手機	前宏達電工業設計部副總兼首席設計師簡志霖與工業設計部處長吳建宏有意離職，並企圖挖角宏達電多名工程師前往中國發展。外傳簡志霖合作洩密對象是中國四川成都市政府，並非私人企業，簡攜走宏達電尚未公開之操作介面中的 ICON 圖形設計、多款熱銷手機銷售總量、手機市場分析圖等，赴中國簡報，進行洽商合作，作為雙方將在中國成立「玉科技」新公司所用。
2013	奇美（群創）	中電熊貓	面板	前奇美電副總郭振隆，到大陸面板大廠擔任中電熊貓總經理。
2014	晶電	三安光電	半導體／磊晶	晶電藍光部門 10 人團隊以「三年五億（台幣）」的代價被三安挖角，其中包括副總級人物。

年分	台灣企業	中國企業	產業／產品	事件概要
2014	聯發科	鑫澤數碼	半導體／IC 設計	負責研發手機晶片的鄭國忠等 3 位工程師離職後，帶槍投靠競爭對手香港商鑫澤公司，其母公司為中國展訊通訊。 游姓工程師以手機從螢幕拍下程式碼共 123 張，隔年 (2014) 跳槽香港商鑫澤數碼。
2014	聯發科	展訊	半導體／IC 設計	聯發科手機部門總經理袁帝文，轉任紫光集團旗下展訊擔任副總裁。並疑似在離職前掌握員工任職意願，再透過獵人頭公司精準挖角聯發科研發人員。
2015	宸鴻	惠科	面板／8.6 代廠	觸控面板大廠宸鴻前廠長陳猷仁，跳槽大陸惠科，擔任 8.6 代廠副總經理，負責工廠經營等業務。
2015	華亞科[43]	紫光	半導體／記憶體	華亞科[43] 前董事長高啓全出任紫光集團全球執行副總裁一職，推動合併武漢新芯，成立長江存儲公司，在武漢投資 3 座 12 吋廠。並計畫在深圳、南京興建 DRAM 廠。
2015	穩懋[44]、聯穎[45]（聯電）	嘉石	半導體／晶圓	• 2013 年聯穎光電研發經理楊光宇至嘉石工作，2015 年改聘為顧問派回台灣，檢方認為其任務為在台竊取量產砷化鎵關鍵技術。

---

[43] 2016年華亞科正式被美光併購，正式成為美光全資子公司。

[44] 穩懋公司是全球6吋砷化鎵及氮化鎵半導體晶圓代工龍頭。

[45] 聯穎光電股份有限公司成立於2010年，為聯電集團新投資事業群的一員，為竹科第一座6吋砷化鎵純晶圓代工服務公司。

年分	台灣企業	中國企業	產業／產品	事件概要
				• 2015 年穩懋工程師白勝傑及聯穎工程師張健智、董建豪，三人分別竊取穩懋與聯穎半導體製程流程及機台參數等營業祕密，並拷貝穩懋薄膜製程參數、黃光製程資料及聯穎砷化鎵後端工程製程交付。遭挖角的三人後轉任至中國嘉石公司（後更名爲海威華芯）擔任主管。 【影響：此舉以致中國廠商得以量產砷化鎵晶圓。（資料來源：《財訊》雙週刊第 549 期）】
2016	華亞科	紫光	半導體／記憶體	前華亞科總經理梅國勳自美光退休，擔任紫光集團高級顧問。
2016	華亞科	合肥長鑫	半導體／記憶體	前華亞科資深副總劉大維投奔合肥長鑫。於合肥空港經濟示範區興建 12 吋晶圓廠，計畫挖角華亞科高達 200 人。
2016	南亞科	紫光	半導體／記憶體	南亞科前副總施能煌退休後轉戰紫光，擔任集團高級副總裁。集團旗下的長江儲存、合肥長鑫，亦透過施能煌以過去人脈挖角，2017 年華亞科即傳有高達百人集體跳槽。
2016	彩晶（群創）	咸陽彩虹光電	面板／8.6 代廠及 LTPS	2014 年群創與鴻海合作投資 8.6 代廠及低溫多晶矽 (LTPS) 生產線，其中群創 48 名掌握技術的主管、工程師，陸續跳槽到咸陽彩虹光電，目的是協助咸陽彩虹光電建構 8.6 代面板廠。
2016	台積電	中芯國際	半導體／晶圓代工	台積電前營運長蔣尚義，也被揭露正式受到中國晶圓代工廠龍頭——中芯國際延攬爲獨立董事。

年分	台灣企業	中國企業	產業／產品	事件概要
2016	台積電	中芯國際	半導體／晶圓代工	前台積電高管梁孟松 2011 年轉於三星擔任半導體代工執行副總，2016 年轉任中芯國際團隊。 【影響：梁洩漏先進晶圓製程 FinFET 技術（鰭式場效電晶體）給三星，使三星領先台積電至少半年用在 16 奈米製程。（資料來源：《天下雜誌》第 565 期）】
2016～2017	聯詠	竑邀科技	半導體／IC 設計	2016 年聯詠兩位離職主管竊取公司 IC 設計機密資料，到中國及香港成立的竑邀科技，分別擔任總經理及技術總監。再加上聯詠 2017 年分紅打折，20 多名員工在 2 人招手下，跳槽投效竑邀。
2017	聯電	紫光	半導體／晶圓代工	聯電前執行長孫世偉擔任紫光全球執行副總裁，協助紫光在成都設立 12 吋晶圓廠，建構規劃「從芯到雲」關鍵的自主邏輯晶片製造業務，與旗下的新華三發展雲端技術，同時與記憶體業務雙軌並進。
2017	聯電	晉華集成電路	半導體／記憶體	聯電 2016 年接受由福建省政府投資的晉華集成電路委託，開發 DRAM 相關製程技術。由聯電資深副總經理陳正坤，出任中國福建省動態隨機存取記憶體(DRAM)廠晉華集成電路總經理。
2017	晨星半導體	紫光	半導體／記憶體	前晨星創辦人楊偉毅出任紫光旗下長江存儲公司研發長，推動 3D NAND 自主研發。

年分	台灣企業	中國企業	產業／產品	事件概要
2017	華亞科	紫光	半導體／晶圓	美光 2016 年收購華亞科，5 名經理涉嫌竊取華亞科列為機密和極機密的 30 奈米擴建計畫製程等資料，轉往紫光旗下子公司（長江存儲、合肥智聚），協助發展半導體建廠，其薪水是台灣 3～5 倍起跳。
2017	南亞科	紫光	半導體／晶圓	離職李姓員工涉嫌竊取南亞科 20 奈米晶圓製程技術，且意圖至中國西安紫光國芯半導體任職。但因不熟重要製程的核心關鍵技術，未被錄取而返台。
2017	台積電	華力微	半導體／晶圓	台積電徐姓員工離職前，涉嫌影印台積電 28 奈米製程的營業祕密資料，準備跳槽至華力微公司。

資料來源：

1. https://www.bnext.com.tw/article/13376/BN-ARTICLE-13376
2. http://realblog.zkiz.com/greatsoup38/22920
3. https://binjam.pixnet.net/blog/post/3257102- 面板業震撼》大陸深超光電 - 大舉來台挖角
4. http://www.fu-ling.com/stock-bulletin.asp?newsNo=s7370
5. http://news.ltn.com.tw/news/business/paper/1065420
6. http://technews.tw/2016/12/31/semiconductor-plan-china/
7. http://www.cw.com.tw/article/articleLogin.action?id=5080144
8. http://www.appledaily.com.tw/appledaily/article/finance/20170110/37514539/
9. http://www.appledaily.com.tw/appledaily/article/finance/20170412/37614872/
10. https://zh.wikipedia.org/wiki/ 廣輝電子
11. https://zh.wikipedia.org/wiki/ 奇美電子
12. http://www.cna.com.tw/news/afe/201702220398-1.aspx
13. http://news.knowing.asia/news/2da1724e-5c0a-4256-8d76-c7f3e1fdb7c3
14. https://tel3c.tw/blog/post/205116076
15. http://technews.tw/2015/12/02/auo/

16. http://news.ltn.com.tw/news/business/paper/831568

17. https://kknews.cc/zh-tw/tech/rejbk9o.htm

18. http://www.taiwantape.com/news/more/53/1074

19. https://udn.com/news/story/2/2253804

20. http://mypaper.pchome.com.tw/1626108/post/1325294409

21. https://www.gvm.com.tw/webonly_content_13128.html

22. https://www.udn.com/news/story/7240/2435504

23. http://news.ltn.com.tw/news/society/breakingnews/1619884

24. http://www.wtkmicro.com/cht.cc/about/profile.asp

25. http://www.cna.com.tw/news/asoc/201712080088-1.aspx

26. 林苑卿，《財訊》雙週刊第 549 期，〈激增的科技間諜案都和中資有關〉

27. https://udn.com/news/story/7315/2722197

28. https://www.ettoday.net/news/20171208/1068610.htm

　　亦有，受委託代工的台商因委託商（品牌商）之強制，將技術專利移轉給其在中國培植的第二代工廠商，而技術流入中國者。典型例子為觸控面板的台灣到中國的技術流出，大要揭示如附表 6-3，有關觸控面板業的兩岸連結——宸鴻與歐菲光。最早之觸控面板發明者為台灣廠商宸鴻，該項技術為 2007 年的 iPhone 手機帶來革命性的突破，宸鴻也取得初期的獨占地位。後來，被迫將專利移轉給上游的品牌商 Apple，後者再將技術移轉給中國的廠商；繼之，在中國的國家資本資助下，2013 年冒出兩百多家觸控供應廠，其中中國觸控業者歐菲光在深圳政府補助下，低價搶進；宸鴻失去觸控技術的獨占地位；中國也取得觸控面板在國際市場的關鍵地位。

附表 6-3　觸控面板業的兩岸連結——宸鴻與歐菲光

宸鴻光電科技股份有限公司，簡稱宸鴻，英文簡寫「TPK」。

年分	事件說明	產業及市場發展
1984	江朝瑞於大學畢業後，開始做顯示器的生意，1984 年創立台灣錄霸 (TVM) 投入顯示器產業，進入台灣五百大企業。	顯示器（創台灣錄霸）。
1989 ～ 1993	台灣工資不斷攀升，LCD 開始取代傳統的映像管顯視器；又逢誠洲、源興等競爭者挾著生產優勢興起，顯示器利潤持續下滑，錄霸毛利從 26% 跌到 10%；工廠被迫移到印尼。被印尼合夥人欺詐，經三年訴訟仍負債 15 億元，1993 年關閉台灣錄霸公司。	替代品 LCD 問世、市場競爭加劇、印尼投資受騙。1993年，台灣錄霸關閉。
1995	在監視器市場競爭激烈下，與美國客戶 ELO 合作，ELO 採購監視器做博弈機台、ATM 和 POS（零售銷售系統），引發契機將公司轉進觸控面板市場做代工。	代工觸控面板。
2000	在廈門設立觸控面板代工廠。	
2002	江朝瑞開始投入研發觸控面板。	投入研發觸控面板。
2003	創立宸鴻光電。	
2004	擔任 Balda[46] 亞太區總裁，開始接觸手機產業。蘋果跨入手機市場，為尋找觸控技術，開始與宸鴻進行合作。	接觸手機產業。開始與蘋果合作。
2005	向諾基亞推銷電容式觸控技術在手機上的應用，未被接受。於開曼群島設立宸鴻集團 (TPK Holding Co., Ltd)，營運總部位於福建廈門，主要以投資控股公司的形式成立，該公司轉投資設立子公司從事觸控應用產品之研發、製造及銷售等業務。	設立宸鴻集團／觸控應用產品之研發、製造及銷售。

---

[46] 德國巴爾達公司(Balda)原為照相機製造工廠，如今則是全球第二大手機外殼廠。2005年，Balda和宸鴻科技合資成立觸控式螢幕生產企業(TPK Holding)，成為iPhone觸控式螢幕的生產商。

年分	事件說明	產業及市場發展
2007	蘋果第一支搭載宸鴻的觸控面板的 iPhone 問世並熱賣；宸鴻身價暴漲。根據 *Forbes* 雜誌，在 2011 年蘋果有一半的 iPhone 與 iPad 觸控模組，都出自宸鴻；因此，宸鴻 2011 年合併營收因此高達 1,433.7 億元，前三季的月營收倍數高成長。	iPhone 上市熱賣，宸鴻身價暴漲。
2010	成立宸通光電，並合併展觸光電。朝向印刷製程的中、大尺寸投射式電容觸控面板製造。	朝中、大尺寸投射式電容觸控面板製造。
2011	為抓住 Win 8 帶來的觸控商機，及鞏固觸控感應器的供給。宸鴻以子公司 55 億元入主了原為友達集團的達鴻，[47] 主要業務為觸控感應玻璃。達鴻以生產前段觸控感應器為主，宸鴻以後段貼合、系統整合為主。	入主達鴻。生產前段觸控感應玻璃及後段貼合、系統整合。
2012	微軟推出新作業系統 Win 8，為微軟與英特爾力拱的觸控筆記型電腦，投入約 150 億元擴廠。轉投資取得建穎科技（廈門）有限公司 100% 股權，利用建穎廠房擴充觸控面板機器設備、產能。	朝觸控筆電市場發展，並投入 150 億元擴廠。
2013	Win 8 筆電市場滲透率不如預期，[48] 又蘋果在 iPhone 5 以後改採用內嵌（in cell）技術，與宸鴻發展的外掛（out cell）技術不同。亦即，誤判微軟的發展趨勢，並丟了蘋果的訂單（鴻海子公司分食宸鴻一半蘋果觸控訂單）。兩百多家觸控供應商問世，其中中國觸控業者歐菲光在深圳政府補助下，低價搶進；宸鴻失去觸控技術的獨占地位。公司轉與日本寫真印刷策略聯盟，開發奈米銀線觸控技術。	錯估觸控筆電市場及面對市場競爭，失去觸控技術獨占。轉合作開發奈米銀線觸控技術。

---

47 達鴻於 2015 年宣布聲請財務重整及緊急處分，但至 2016 年，公司董事會仍決議向法院聲請宣告破產。

48 觸控筆電滲透率 2012 年為 10%，至 2015 年僅 14%，近兩年只成長的四個百分點。

年分	事件說明	產業及市場發展
2014	與中企匯頂[49]結盟，推出 IFSTM 技術，將指紋感測器置於觸控面板下，簡化指紋辨識 IC 組裝。	開發指紋辨識技術。
2015	整併相同產品之生產據點，[50]以降低成本及提升營運效率。 競爭激烈及歐菲光搶進低價市場，日本中小尺寸面板廠 JDI 將在隔年開出 in cell 產能，預估產業狀況不會好轉；公司乃提列近 190 億元的資產減損。	整併生產據點。提列近 190 億元的資產減損。
2017	宣布與大陸觸控面板龍頭廠歐菲光策略結盟，相互投資與交叉持股，並計畫成立新的合資公司（規劃 TPK 持有 49% 之股權，歐菲光持有 51%）。	與歐菲光策略結盟。

資料來源：

1. https://zh.wikipedia.org/wiki/ 宸鴻光電科技

2. https://www.businesstoday.com.tw/article/category/80392/post/201511120030/

3. http://estock.marbo.com.tw/ASP/BOARD/esubject.asp?BoardID=3&ID=3761531

4. https://www.moneydj.com/KMDJ/Wiki/WikiViewer.aspx?KeyID=25b02620-e621-4dbf-af58-e42e3521ffae

5. http://m.appledaily.com.tw/appledaily/article/finance/20140220/35651676/

6. http://dook970.pixnet.net/blog/post/89208345--- 負債小台商變全球觸控天王傳

7. https://m.gvm.com.tw/article_content_20368.html

8. http://wealth.businessweekly.com.tw/m/GArticle.aspx?id=ARTL000046587

　　綜合而言，台灣在中國產業發展中扮演了關鍵的角色。中國大陸不僅是台商重要的投資地，[51]同時台商也是中國產業發展之重要的

49　中國觸控IC廠。

50　整併的公司包含宸鴻（廈門）、宸洋光電（廈門）、瑞世達（廈門）三家公司。廈門兩家子公司祥達光學、宸正光電則合併為祥達（為一間存續公司）。祥達從事光學玻璃、光學塑膠、光學複合材料、觸控顯示系統零件的生產加工與研發；宸正則從事觸控顯示器、觸控系統、軟體等生產。

51　台灣於1987年解除戒嚴，即有台商1991年允許台商間接投資於中國大陸，當年投審會的「統計」突然從7%躍升到近37%，參見黃登興(2011)，「台灣百年經濟發展」的圖3-3與圖3-4。

「中間人」，種下中國成就「世界工廠」的關鍵種子。社會學家的調查研究，也有雷同的發現：中國於 1980 年代透過台商的投資，在東南沿海、廣東的深圳地區，打造勞力密集產業的加工基地，成為後來成就「世界工廠地位」的關鍵。吳介民 (2019) 在其《尋租中國：台商、廣東模式與全球資本主義》書中論證：「台資是全球價值鏈延伸到廣東的『中間人』，沒有台資就無法確立廣東 EOI 發展模式；而沒有廣東模式，就沒有中國的經濟崛起，簡言之，台商協助中國成為『世界工廠』。」

第 7 章

美中貿易戰與近代經濟
發展的啓示

　　國際貿易秩序總是在自由貿易與保護主義間來回擺盪[1]。自 1870 年到上世紀一戰前，Bertil Ohlin 稱之爲近代的第一波貿易黃金年代。國力最強的英國爲這個年代自由貿易的經濟領頭者。然後第一次世界大戰結束（1918 年後），則明顯進入保護主義盛行的時代。著名的 Smoot-Hawley Tariff 於 1930 年 7 月在美國參議院通過，全球陷入貿易寒冬，以致全球經濟未能在 1929 年的大蕭條中快速恢復，間接誘致第二次世界大戰 (1941〜1945) 的爆發。二戰後，以美國爲首的戰勝國，重整全球經貿秩序，協調出多邊談判機制，完成以去除關稅貿易障礙爲目標的《關稅暨貿易總協定》(General Agreement on Tariffs and Trade, GATT)。1950 年代以來半導體技術的問世，技術進步讓生產可以分段切割 (fragmentation production)。除了傳統不同產業的產業間貿易外，同一產業乃至產品的跨國分工變爲可行，加上運輸成本也在技術進步下大幅降低，全球貿易乃進入第二個黃金時代。

　　跨國產業鏈的垂直分工，隨著技術的進步，與運輸成本的下跌，越來越細，貿易流量中，也逐漸出現越來越大比例的中間財與零組件。同一產業之跨國間互相依賴程度越來越深，全球貿易也在 GATT 零關稅目標下大幅快速增長。1970、1980 年代出現了因經濟開放而融入自由貿易體系，帶動經濟成長的新興經濟體 (Emerging Economy) 或新興工業化國家 (Newly Industrialized Countries, NICs)，如東亞的四小龍台灣、南韓、香港及新加坡，或後續東南亞的四小虎馬來西亞、泰國、菲律賓及印尼等。在這一波自由貿易擴張的第二黃金年代，保護主義思維則散成細細支流分散，散布在開發中乃至已開發國家中；或以保護新興產業爲理由（如幼稚產業保護），以國安與產業生存爲理由（美國的 232 條款），以反傾銷、反補貼等

---

[1] 這一章根據黃登興（2018），《失衡的全球貿易：中美貿易戰的根源與新保護主義之挑戰》，發表於中央研究院經濟研究所的「國際貿易新秩序」論壇引言報告，更補。

等形式，藏在先進與開發中國家。在 GATT 外另立規範的 multi-fiber agreement，被 GATT 排除在外的農產品貿易等等不一而足。1995 年進入世界貿易組織 (World Trade Organization, WTO) 的年代後，紡織品貿易限制 (MFA) 剋期失效（意義：訂出失效的年限），農產品貿易自由化成爲 WTO 的標的，衍生發展中國家對先進國的集體對立。於是自由貿易與保護主義，在先進國家與開發中國家間，在產業龍頭與跟進者或下游加工基地間，擺盪進退。因此有 1980 年代恐日症下美日的半導體貿易戰爭。隨著網際網路 (internet) 的問世，自由貿易再站上峰頭，直到 2017 年 1 月美國川普總統上台。

中國的開放，以豐沛人力加入全球分工體系，把貿易的第二黃金時代進一步推向更高峰。然而，隨著中國逐漸取代東亞四小龍及四小虎，成爲東亞乃至全球加工基地而成功崛起，對照歐美等已發展國家出現的所得分配惡化與成長的減緩，加上美國 1980 年代後期以來越來越嚴重的貿易逆差惡化，一種「中國威脅論」的氛圍從美國逐步拓散，擴及至歐洲乃至其他各國。

2017 年 1 月川普以「讓美國再次偉大」、「製造業回流」等從中國要回工作機會的政見，當選美國總統後，是一連串的外交與貿易保護政策，爲中美的貿易戰爭揭開序幕。全球貿易逐步進入新的保護主義時代。無論後續發展如何，幾乎可以確定，貿易史上第二黃金時代已經結束，或正在結束中。2021 年繼任的拜登總統，依然延續美中對手之貿易戰略，全球貿易秩序確定不可能再恢復川普上任之前的情境，國際間的產業分工體系，勢必受到相當程度的衝擊。產業鏈重整爲必然，如何重整成爲重要的前瞻性課題。

川普經濟爲新保護主義時代的主要起點，在這一章，將依序探討中國如何崛起，與其如何衝擊美國的貿易地位及國內社會所得結構的穩定，導致川普在總統選舉勝出；以探討中美貿易衝突的根源。進一

步，我們將論析川普政府主導的中美貿易戰，如何達成全球經貿合作組織的重整。在最後，我們提出在新保護主義，對全球貿易秩序的挑戰，與在貿易理論的學術研究上，值得關注的新課題。

7-1 中國崛起與霸權威脅

美國川普總統的橫空而出，一聲「讓美國再次偉大」點破中美建交以來，歷任美國政府所冀望的「中國夢」：希望中國和平崛起，並共同維護美國於戰後所打造的世界體制與美國領導的秩序。[2]

美國與中國建交以來，主流思潮認為透過中國經濟貿易往來，帶動其經濟發展，隨著經濟成長與國民所得提高後，西方的民主人權思想自然會滲入中國社會，讓中國政體體質變成美國理想中的政體，同時不會危害美國戰後乃至冷戰結束後的全球霸權地位。在此理念下，雖經過 1989 年天安門事件，美國仍繼續其連結中國全球化的政策。柯林頓與布希政府繼續以更大幅度開放與中國的經濟貿易關係。2000 年 10 月柯林頓總統正式簽署給予中國永久正常貿易待遇 (Permanent Normal Trade Relationship with China, PNTR) 法案，終止了 20 年以來依《1974 年貿易法》對中國的逐年審查再給予最惠國待遇的政策。2001 年 WTO 通過中國入會案，布希總統宣告，隔年 1 月 1 日中美兩國永久正常貿易關係正式生效。

此後，中國在國際貿易分工地位快速攀升，經濟持續以二位數的速度成長。美國在九一一恐攻事件後，分心於應付回教聖戰組織國際恐怖主義，亦樂見中國的崛起，並希冀其在這些國際事件上與美國的合作。但隨之而來，茁壯中的中國，對全球資源的需求大幅增加，其

2　參見前亞太助理國務卿坎貝爾(Campbell)與拉特納(Ratner)，在2018年合著*Foreign Affairs*，有關歷任白宮政府對中國崛起的期待與失落。

搜索搶購石油、礦源等行動，終於又引發中國威脅論之恐中情結的再度爆發。[3]

2005 年代表中國開放改革智庫的資深研究員鄭必堅，在知名外交事務期刊 *Foreign Affairs* 發文，[4] 申明中國將會和平崛起，以解除近二十多年來隨著中國快速經濟發展帶來的大量能源及資源進口需求，與快速的軍事擴張，所造成之全球各國各界對中國霸權的疑慮。文中強調，中國不會採用二戰前德國與日本等掠奪資源追求霸權的路線，也不會有冷戰時期追求霸權主導全球的企圖。

2013 年《紐約時報》[5]報導中共內部的「9 號文件」，內容等同宣告美式中國夢的幻滅。該文件，內容旨在警告中共高階領導人注意並消除中國社會中的七股反動潮流：首要爲「西方憲政民主」，其次是「人權普世價值」、「媒體獨立和公民社會」及親市場經濟的「新自由主義」等等。到了 2017 年 10 月的中共十九大，完全廢除習近平的黨主席任期限制，更落實了美式民主不可能如美國所冀望，民主與人權社會在中國的體現，更不可能有和平崛起而不對抗美式價值的大中國。

7-1-1 1980 年代的恐日症與中國崛起

大抵而言，中國 1980 年代之初，改革開放以來，得以豐沛低廉勞動力之優勢，逐漸取代其他傳統美國、日本與東南亞的生產基

---

[3] 中國威脅論集其大成的代表作爲2011年由Peter Navarro與Greg Autry合著的*Death by China*（中文翻譯本：《致命中國》）。書中細數了鄧小平改革開放以來，中國崛起後種種引起西方各國擔心的政策作爲。值得一提的是，Navarro在川普上台後擔任白宮貿易與工業政策主任，主導川普政府對中國的政策走向。

[4] Zheng Bijian (2005), "China's 'Peaceful Rise' to Great-Power Status," *Foreign Affairs*.

[5] https://www.bbc.com/zhongwen/trad/china/2013/08/130819_nytimes_cpc_document.

地，成爲世界工廠，有其歷史上的巧合與契機。美國在二戰後一方面領導西方民主國家建立國際貿易秩序，如 GATT 之成立進而發展爲WTO，另一方面爲圍堵共產國家的擴張，透過外交、經濟及軍事的外援，建構其外交上的友邦，此外也形成產業發展與貿易上的相依夥伴。同時，也養出足以挑戰美國經貿地位的夥伴；特別是在半導體革命帶來的高科技產業。1970 年代，日本汽車在美國市場的挑戰爲首波。1980 年代後期，美國、日本半導體的貿易戰，更是慘烈。[6]

　　雷根政府的減稅與財政擴張政策，讓美國步入貿易與財政雙赤字的不歸路，乃有 G5 之 1985 年的《廣場協議》(Plaza Accord)，根據此協議，日圓大幅升值；東亞其他各國如台灣、南韓等貨幣對美元也應聲大幅升值。日資以升值的優勢大舉進入併購美國企業。[7]*Rising Sun* 小說與電影中的恐日氛圍，或稱恐日症 (Japanophobia)，厚厚籠罩全美，爲當時美日半導體戰加油煽火。另一方面，日本、台灣及南韓的廠商也趁幣值上升之利，轉往東南亞乃至中國等投資設廠。1997 年的亞洲金融風暴重創馬來西亞、泰國、菲律賓及印尼等東南亞諸國，進一步讓崛起中的中國受到跨國公司的青睞，紛紛再將生產基地更深、更大層面地轉往中國。此第二波的跨國直接投資湧入中國，當然其產品最終落腳點，仍是全球最大消費區的美國，而且以中國的廣大勞力加上國家資本的刻意運作，讓美國的貿易赤字以更大速度攀升。而美國廠商對中國的直接投資 (off-shoring)，並且大部分零組件代工 (out-sourcing) 也越來越大規模，在在都促成中國經貿地位

6　有關美日在半導體產業的貿易爭端，參見Tyson (1992)的*Who's Bashing Whom?: Trade Conflict in High Technology Industries*。雖然1986年美日簽訂了Telecommunication Agreement，但這只是美日半導體產業爭端的起點，日本依然在半導體產業的發展上穩定成長，並逐步成為美國重要競爭對手。

7　指標性的併購案，有Sony併購Columbia唱片與影視公司，及Mitsubishi（三菱）併購1933年落成的Rockefeller Center。

大幅竄起的面勢。

　　值得注意的是，1980 年代之恐日症只侷限於美日之間的紛爭。這一次的「中國威脅論」帶來的恐中症，相對而言就不再侷限於美國，同樣的氛圍基本上是瀰漫中國以外的各個大貿易經濟體，如歐盟、日本、南韓乃至東南亞，詳細的論述我們在後面再說明。

7-1-2 中國貿易地位的竄升

　　中國就在全球化的氛圍中，在軍事與經濟上逐年壯大。經濟上中國成爲全球主要加工基地。以豐沛又低廉的勞動力，在勞力密集的產品或下游加工製程上展現跨國分工的優勢，中上游產品零件的輸入加工再出口，隨著開放腳步越來越活絡。終於在 2009 年其總貿易超越德國，居全球第二位，以 2 兆 2,072 億美元，僅次於美國的 2 兆 6,586 億美元，到了 2013 年進一步超越美國成爲世界最大貿易國，見圖7-1。

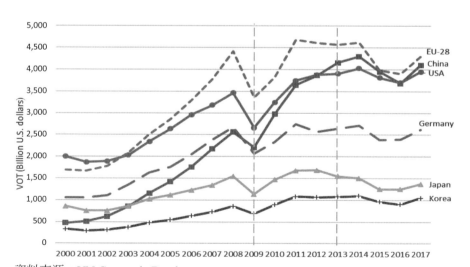

資料來源：UN Comtrade Database

圖 7-1　總貿易量全球前五大

　　中國的出口表現尤其突出。其年出口值在 2004 年已經達到 5,933
億美元，成爲居美國與德國之後的全球第三大出口國。到了 2008 年
全球陷入金融風暴後，2009 年中國年出口值更以 1 兆 2,016 億美元
超過美國及德國成爲全球最大出口國，如圖 7-2A 所示。此後，在全
球貿易成長持續走低的趨勢下，中國出口仍逆勢上揚，大幅拉開其出
口的領先幅度，不但遠高於居次的美國與德國之出口，更在 2014 年
超過 28 個歐盟會員國 (European Union, EU) 整體的總出口。

　　相對於其年出口值的快速成長，並大幅領先全球各國，中國進口
的成長速度則緩慢許多。但是，逐年增加的進口額，也讓其進口排名
在 2004 年就超過英國及日本而居第三位，僅次於美國與德國。到金
融風暴後的 2009 年就已經升到第二名，雖不能超過美國，但已經成
爲全球第二大進口市場，與美國維持亦步亦趨的落差，如圖 7-2B 所
示。

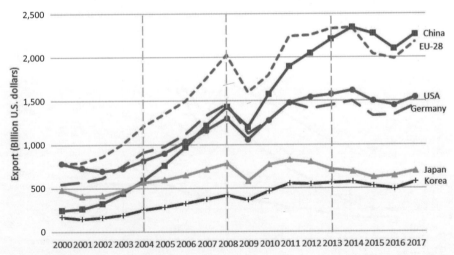

資料來源：UN Comtrade Database

圖 7-2A　總出口全球前五大

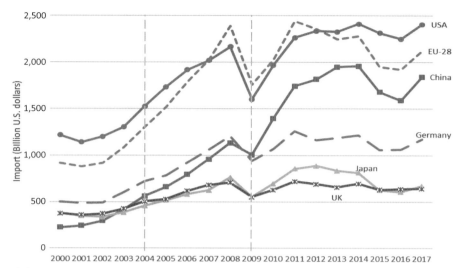

資料來源：UN Comtrade Database

圖 7-2B　總進口全球前五大

7-1-3 美中貿易的失衡與美、中、日三角貿易

　　美中之間的貿易不對稱關係，單從美國貿易逆差的來源分布可進一步看得更清楚。如圖 7-3A 所示，美國貿易失衡始於共和黨主政的雷根政府年代，一系列的減稅與增加公共支出政策，造成美國有史以來的財政與貿易雙赤字。此後其貿易逆差一路擴大，特別是在 2001 年中國加入 WTO 之後，如圖 7-3A 所示。同一時期，中國對美國貿易順差，則顯著地增加，2009 年雖因爲前一年全球金融風暴的全球性貿易萎縮而略爲減緩外，隨後繼續上揚。美國對中國的貿易逆差在 2001 年只占了美國總貿易逆差（4,118.20 億美元）的 6.83%，如圖 7-3B（約 281.38 億美元），遠低於對日本逆差比重的 14.27%（587.86 億美元）。到了 2017 年美國貿易逆差達到 8,623.26 億美元，有 41% 來自東亞的中國、日本、南韓及台灣四國，其中來自中國的逆差就占

了 31.99%（約 2,758.20 億美元）。居次來自日本的逆差則一路下跌到 2017 年的 7.10% 左右（約 612.26 億美元），如圖 7-4A 和 7-4B。

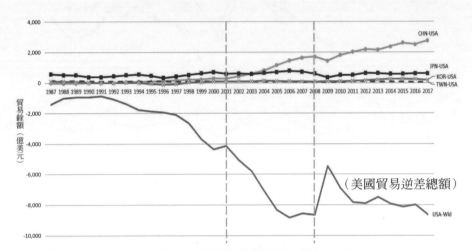

資料來源：UN Comtrade Database，經濟部國貿局，中國海關，自行統計
註：貿易差額 = EX_{iUSA}-$IMiUSA$, i = CHN, JPN, TWN, KOR。

圖 7-3A　1987～2017 年東亞各國及世界對美貿易餘額

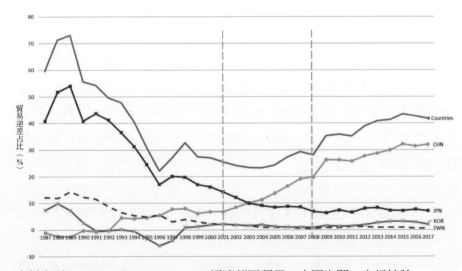

資料來源：UN Comtrade Database，經濟部國貿局，中國海關，自行統計

圖 7-3B　1987～2017 年美國對東亞貿易逆差占總逆差之比

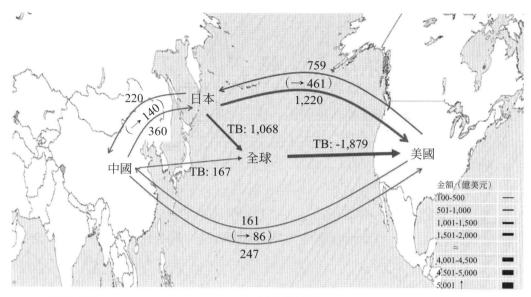

資料來源：UN Comtrade Database，自行彙整繪圖

圖 7-4A　1995 年中美日三角貿易

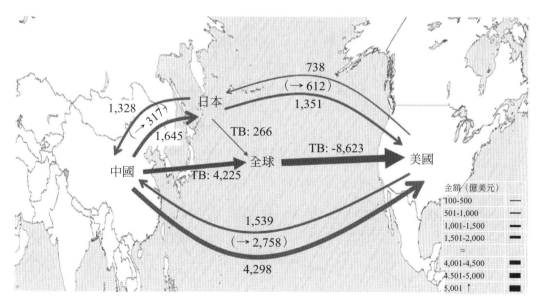

資料來源：UN Comtrade Database，自行彙整繪圖

圖 7-4B　2017 年中美日三角貿易

7-2 不對稱的貿易依賴

　　除了前述以簡單的長期貿易趨勢，反映中國貿易地位的崛起，若進一步從相互依賴程度的變化來觀察，則這種不對稱的貿易型態，即傾向對中國之依賴現象將更明顯。我們應用 Baldwin (2004, 2006) 的軸心測度量（公式請參見第 4 章附錄 4-1 式 (4-1)），依據此雙邊的軸心 (h) 及輻緣 (i) 關係，設計區域性的出口地軸心指標 XH_{ih}^{R}（參見第 4 章附錄 4-1 式 (4-2)），代表 h 在區域 R 的軸心指標。同理，我們可以對照 HM_{ih}^{X}，計算相對進口來源地雙邊軸心 XH_{ih}^{M}（見第 4 章附錄 4-1 式 (4-3)），以及相對進口來源的雙邊軸心—輻緣指數 MH_{h}^{R}（見第 4 章附錄 4-1 式 (4-4)），代表 h 國在區域 R 中爲各國依賴的進口來源國，更詳細說明參見第 4 章附錄 4-1。

7-2-1 美中相互出口依賴關係

　　首先，我們可應用前文 HM 指數來觀察美中之間的雙邊貿易依賴程度，即 $HM_{CHN.USA}^{X}$ 和 $HM_{USA.CHN}^{X}$ 兩指數，尤其是其不對稱程度變化趨勢，如圖 7-5 之 $HM_{USA.CHN}^{X}$ 與 $HM_{CHN.USA}^{X}$ 線所示：

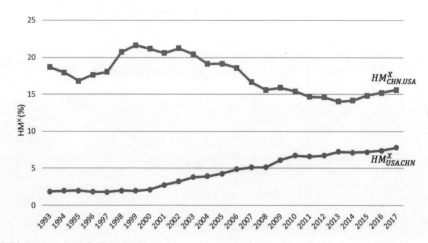

資料來源：本研究自行整理

圖 7-5　中美 HM^X 指數變化

從中國對美國的出口依賴指數變化，可看出美國市場作爲中國的出口軸心地位，在 1998～2001 年之間達到高峰，然後快速下滑，於 2011 年跌到 15% 以下，到 2013 年再略爲反轉，但幅度不大。此趨勢反映近幾年來美國作爲中國更主要出口市場的地位。反之，$HM_{USA.CHN}^{X}$ 所反映者爲：美國以中國爲出口軸心的情勢一直呈現穩定上揚的趨勢，雖遠不如中國對美國出口的依賴程度。這個不對稱的出口依賴關係，充分顯現在川普上台後對中國進口品動用 301 條款，課徵懲罰性關稅，但中國卻無法對等地課徵自美國進口品的關稅，在貿易互課關稅戰爭上的實力不對稱事實。

7-2-2 美中相互進口依賴關係

美國與中國相互進口依賴關係的變化，如圖 7-6，相對於美國之依賴中國進口來源（$HM_{USA.CHN}^{M}$ 線所示）之穩定呈現在 5～8% 之間，$HM_{CHN.USA}^{M}$ 反映的中國以美國爲進口來源的依賴指數，則由 1993 年的低於 3%（明顯低於中國對美國的 HM 指數），而一路增長，2004 年已經超過中國對美國的依賴程度，並繼續上揚。到 2015 年該指數已經達到 15% 左右，而美國對中國的進口依賴尚維持在 6% 而已。換言之，雖然中國對美國的總貿易順差一直在擴大，但在進口來源上越來越依賴美國的進口。實質上大多數爲中上游關鍵性零組件，反映中美間之產業鏈的密切分工關係，這個情勢也充分反映美國總統可以片面動用貿易條款，以國家安全爲由將對手特定企業列入「出口管制清單」，禁止美國廠商出口零組件給清單上的企業，其「攻擊性」貿易政策的殺傷力。[8]

---

[8] 在國際貿易文獻上，針對出口管制(export foreclosure)政策之衝擊與利弊得失的理論分析，以 Spencer and Jones (1989)爲肇始。此政策的自傷程度端看市場結構與下游加工回銷的需求彈性等而定。2018年4月16日，川普政府宣布7年內禁止美國企業銷售給中國的中興通訊公司；同年10月31日，將中國國營色彩濃厚的DRAM廠商福建晉華列入出口禁止清單，均是經典案

資料來源：本研究自行整理

圖 7-6　中美 HM^M 指數變化

7-2-3 日本在中國貿易對象中的角色

7-2-3-1 相對出口依賴程度的分歧

　　前述中國改革開放以來，長期依賴美國爲出口軸心的現象，在日本與中國間的出口關係上則有顯著不同。如圖 7-7 所示，反映日本以中國爲出口軸心的 $HM^X_{JPN.CHN}$ 線，雖逐年上升，但到了 2003 年才超越逐年下滑的中國對日本出口依賴 $HM^X_{CHN.JPN}$。換言之，不同於中國之依賴美國爲出口軸心，日本則是以中國爲出口軸心的程度，大於中國依賴日本作爲出口軸心的程度。2003 年以後日本依附中國的出口，大於中國對出口的依賴程度，並且一增一跌逐年顯著擴大。

　　例。值得一提的是，相對於理論文獻上只侷限於既有市場結構下來分析此激進政策的利弊，顯然忽略了避免技術外溢或流出，導致市場結構改變的影響。

資料來源：本研究自行整理

圖 7-7　中日 HM^X 指數變化

7-2-3-2 相對進口依賴程度的分歧

　　與前述中日相互出口依賴的趨勢完全相反，中日雙邊的進口關係，如 $HM^M_{CHN.JPN}$ 與 $HM^M_{JPN.CHN}$ 所示，分別呈現上揚與下跌趨勢。到了 2001 年以後 $HM^M_{CHN.JPN}$ 大於 $HM^M_{JPN.CHN}$，而且落差越來越大（如圖 7-8 所示）。

7-3 中日雙軸心的出現與向中傾斜

　　除了前述中美及中日間雙邊貿易的傾向中國市場外，區域整體性的傾向中國趨勢更爲明顯。東亞之中國、日本、台灣、南韓、香港，及東南亞的馬來西亞、泰國、菲律賓、印尼、新加坡、越南等十一個經濟體，加上美國與歐盟計算得到區域貿易軸心測量趨勢變化，如圖 7-9 及圖 7-10。

資料來源：本研究自行整理

圖 7-8　中日 HM^M 指數變化

7-3-1 出口目的地軸心

圖 7-9 為 1993 年以來各國根據前述公式計算後繪出的 XH_i 及 MH_i 趨勢圖。[9]同 XH_i 代表 i 國作為各國出口的軸心指數：根據該國，我們可以觀察到中國軸心在 1990 年代以來的快速攀升情形。可以 1995 年與 2004 年為界，分為三個階段：

（一）第一階段在 1995 年之前，即改革開放的初期，中國出口的軸心地位已經與日本不相上下。此反映無上所稱中－日雙軸心 (twin-hub) 的現象。同此時期，東亞的主要出口軸心以美國為首，其次為歐盟，如圖中的 XH_{USA} 與 XH_{EU} 所呈現。

9　此圖以各國總出口及總進口量來計算。理論上不同產業的跨國產業鏈分工因各國的相對優勢不同，而呈現不同的出口地軸心與進口來源軸心。Yang (2018)、Kuo (2018)分別就紡織業、自動化產業及製鞋業等進行分析。

　　（二）第二階段起自 1996 年，原本與日本並駕齊驅的中國軸心指數，開始上揚，相對的日本出口的軸心指數，呈現下滑之勢，兩者落差日趨明顯。反映中—日雙軸心態勢之一起一落的質變。值得注意的是，同此時期雖然歐盟的 XH_{EU} 指數變化不大，但美國則已經在 1999 年達到最高峰後，於 2001 年（中國加入 WTO）之後快速下滑。大抵而言，此階段中國的出口的軸心地位會竄升，不僅取代日本的軸心地位，亦讓美國軸心地位下跌。

　　（三）第三階段起自 2005 年，中國的出口的軸心地位居第一位並繼續竄升，與美國、歐盟及日本等持續下滑的趨勢形成強烈對比。

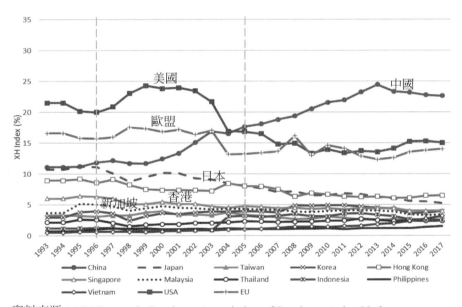

資料來源：UN Comtrade Database, Association of Southeast Asian Nations

圖 7-9　出口目的地軸心指數（東亞、美國及歐盟區域）

7-3-2 進口來源軸心地位

　　相對於出口軸心地位，中國在 1990 年代初期就與日本不相上下。(1) 其進口軸位的竄起而能與日本匹敵，大概晚了十年左右。如圖 7-10 所示，我們可以發現中國在 2003 年以後近十多年來，其軸心地位才明顯超越其他各國。(2) 在 2003 年之前，仍以美國居首，並遠大於居次的日本與歐盟。(3) 在 2003 年後，中國進口軸心地位大幅提升，應是反映加入 WTO 後，成爲全球首要製造工廠，有相對重要的被進口依賴的情形。2008 年因爲金融風暴而下滑，隨後仍繼續升揚，對照 MH 值平緩下滑的歐盟、美國及日本，落差亦如同出口軸心一樣，逐漸擴大領先歐盟、美國與日本的距離。

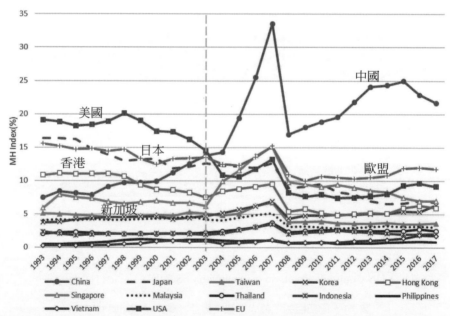

資料來源：UN Comtrade Database, Association of Southeast Asian Nations

圖 7-10　進口來源軸心指數（東亞、美國及歐盟區域）

7-3-3 小結

　　整體而言，我們不論從全球貿易排名，中國、美國及日本雙邊貿易或東亞、歐盟與美國整體來觀察，中國經貿地位一枝獨秀的崛起態勢均相當明顯。從早期扮演世界工廠，東亞乃至歐美的加工基地，晉升到全球最大出口國，進而成爲僅次於美國的全球第二大進口國，並持續維持高度的貿易順差，與美國長期的逆差成強烈對比。中國政策開放以來，以成功的「中國模式」發展路徑（後詳），首先追上日本，而在東亞貿易版圖上，出現中─日雙貿易軸心的現象；其軸心地位進而持續上揚，讓美國、歐盟及日本的貿易地位相對下跌，形成無論在出口或進口的軸心地位，中國皆有點鶴立雞群的局面。稱之爲「全球貿易秩序失衡」，應該有相當程度的事實根據，亦是種下中美貿易戰爭的根源，同時讓中國除了成爲美國貿易戰的對象外，也讓四處控訴美國之保護主義作爲的中國，到處碰壁。

7-4 中國貿易地位崛起與美國的中國症候群

　　中國在國際經貿地位單純的崛起，從跨國分工貿易利益的角度，應不至於直接導致貿易保護主義的再起。由戰後國際貿易組成與秩序之主導者的美國來發起，更是匪夷所思。

　　理論上，中國作爲美國之產業加工基地，爲美國品牌廠研發設計與資本投入，帶來的報酬增量，絕對是大於中國勞動投入的報酬。是以從貿易利益的分配來看，新的保護主義不應該是由先進的、在產業鏈上占有較大附加價值的美國來發動。然而川普選上總統後，立刻大張旗鼓採行保護主義政策。並且抨擊現行由美國主導建構的多邊貿易組織，如 WTO 與跨太平洋夥伴全面進展協定 (Trans-Pacific Partnership, TPP)，都不利於美國，認爲其遊戲規則對美國不公平，

並聲稱將重新談判現有美國的自由貿易協定 (Free Trade Agreement, FTA)。更恣意引用美國的《貿易擴張法》之 232 國安條款與《1974 年貿易法》之 301 公平貿易條款，動用行政命令發動充滿保護主義 的貿易戰。[10] 選前以美國優先、製造業回流及創造工作機會為主要政 見，選後大張貿易保護主義的旗幟，直接對中國進行貿易戰爭，在歷 經 2022 年 7 月 6 日與 8 月 23 日，分別針對中國進口之 340 億與 160 億美元的產品課徵 25% 懲罰性關稅後，9 月 24 日再對其他 1,000 億 自中國進口品課徵 10% 關稅。在面對中國選擇性的關稅報復後，川 普所屬的共和黨仍能在 2022 年 11 月 6 日期中選舉，有相當程度的 「勝選」（共和黨雖輸了眾議院，卻在參議院明顯勝出），其民意支 持度不減反增。這結果反映了中國崛起對於美國國內的衝擊，不是單 純貿易利益的跨國分配問題，應該是面對中國貿易競爭，導致其國內 所得分配不均與失業惡化所致。

在一人一票的民主政治體制下，當貿易導致所得分配不均程 度惡化，而且進口競爭受害者的人數占多數時，貿易保護主義必 然逐漸形成主流民意。以下我們從這個不對稱全球化 (asymmetric globalization)[11] 角度來分析，何以中國挾著十三億人口快速融入全球 貿易體系，導致新保護主義浪潮興起之不可避免。

7-4-1 中國症候群在美國 (China Syndrome)

關於美國勞動市場之失業、薪資停滯等現象，與中國貿易的關

10　首先，在2017年3月初宣布引用《貿易擴張法》第232條對進口鋼鐵和鋁材進行國家安全調 查，對進口鋼鐵製品加徵25%關稅、對進口鋁製品課徵10%關稅。接著於2017年8月14日根據 美國《1974貿易法》的301條款，以行政命令指示USTR（美國貿易代表）Robert Lighthizer對 中國違反不公平貿易行為進行調查。

11　參見Lee and Huang (2017)。

係，自 1980 年代以來，就一直是個學術界熱門的爭論課題（參考 Feenstra, 2010）。[12] 理論上，只要貿易對手國是相對薪資低廉的國家，其勞動市場就面對更多的對方低薪勞工之間接競爭，從而面對薪資停滯與失業增加的壓力。在完美的前提假設下，自由貿易下雖然各種要素（資本、勞力、技術與經營能力等）的報酬有增有減（在出口擴張部門的相對重要投入、要素之報酬增加，進口部門反是造成所得不均的情況），但是加總起來，貿易國整體利益是增加的（貿易利得）。透過適當的財政政策，可以將受益者的部分所得移轉給受害者，補償其因爲外來貿易競爭的所得損失。

然而現實中，這種完美的情況並不存在，課徵機制往往存在一些漏洞，而且移轉支付也不見得能讓眞正的貿易受害者獲得足夠的補償，遑論因爲產業衝擊導致結構性變化，以致在進口競爭部門失去工作者，往往無法順利在擴張部門找到工作。換言之，在自由貿易下，失業與所得不平均都將惡化，並且是個累積性的無解難題。

Autor et al. (2013) 以中國症候群 (China Syndrome) 爲題，針對 1990～2007 年全美國通勤區域 (commuting zone) 的在地勞動市場 (local labor market) 進行實證研究，證實暴露在進口競爭下的區域，明顯更受到失業與薪資停滯的衝擊，而其中製造業受僱人數的下降，有 25% 可歸因於來自中國產品的進口競爭。在論文最後 Autor et al. (2013) 進一步指出，進口競爭造成的失業與薪資停滯，導致家戶所得大幅下跌，引發聯邦與地方政府在社會救濟的財政負擔大幅增加。對照之下，政府設立貿易調整補助 (Trade Adjustment Assistance, TAA) 機制，以協助受貿易衝擊而失業者，所發揮的功能則微乎其微。

---

12 參閱Feenstra (2010)有關貿易與薪資落差的論證。

7-5 全球經貿組織的重整

　　川普 2017 年初上任，立刻以行政令宣告退出前任總統等籌組多年的 TPP，並揚言重啓美國簽署的 FTA，特別是北美自由貿易區 (North America Free Trade Area, NAFTA) 與美、日、韓 FTA，亦多次聲明不再服從 WTO 的規範等作爲，讓全球的區域性經濟組織重整充滿變化。[13]日本乃趁勢接手 TPP，中國趁機宣揚其亞投行、一帶一路，拾起捍衛全球貿易自由化的大旗，從本來被認定是極盡各種手段策略保護中國大陸市場的「非市場經濟體」，突然變身爲取代美國的全球化捍衛者領導國。

　　有趣的是，在 WTO 登記下的 FTA 於 2017 年已高達 250 個，而川普所要廢除的 NAFTA，卻是在其 1994 年簽署之當年，對全球FTA 之快速增加有相當明顯的帶頭作用者（見圖 7-11）。多數 FTA均在骨牌效應 (domino effect) 下，流於潮流下的形式，受到川普經濟衝擊自然有限，例如東協，其發展有自主的步調。

　　東協經濟共同體 (ASEAN Economic Community, AEC) 預計仍將在緩慢的步調中逐漸前進。區域全面經濟夥伴關係協定 (Regional Comprehensive Economic Partnership, RCEP) 源自 2004 年東協加一（中國大陸）、2006 年的東協加三（中國大陸、日本及南韓），而 2011 年的東協加六（中國大陸、日本、南韓、紐西蘭、印度及澳洲）；基本上一路發展已累積到 2017 年的第 20 回合的談判。RCEP終於在 2020 年 11 月 15 日簽署，而參與的會員國從原來的 ASEAN加六的十國，在 2020 年初的印度宣布退出之下，[14]只餘 ASEAN 加

---

[13] 此節根據黃登興（2018，《經濟年鑑》）更補。

[14] 印度總理莫迪以無法接受可能使中國廉價品大幅輸入，而造成其國內產業特別是紡織、農產品、乳製品的傳產危機，加上其欲發展ICT產業的自製產業目標之由，乃宣布退出RCEP。

五。值得一提的是本來 ASEAN 就單獨與中、日、韓簽有 FTA，而
中、日、韓 FTA 也在談判中；基本上，RCEP 淨增了紐西蘭與澳洲。
日本想辦法要將 CPTPP 之更嚴的開放市場納入 RCEP 的談判也未能
得到支持。換言之，看似龐大的 RCEP 經濟合作組織在各國自有盤算
下，熱鬧有餘而實際作用尚待觀察。

　　因此，川普上台後，主要的影響對象除 WTO 外，值得關注者，
當在 NAFTA、EU 與 TPP 等等，其相應之各經貿合作組織的會員分
布，則如圖 7-12 所示。

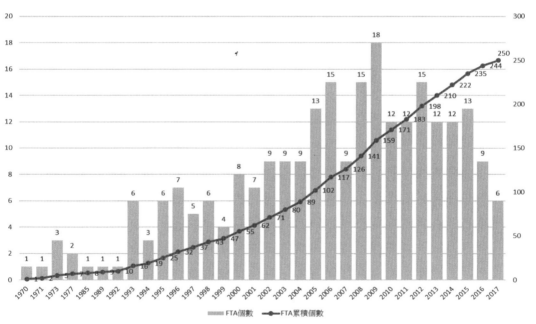

資料來源：WTO 區域貿易協定資訊系統 (RTA-IS, http://rtais.wto.org/UI/Public
　　　　　MaintainRTAHome.aspx)
註：左軸爲長條圖的參考軸，右軸爲折線圖的參考軸。

圖 7-11　全球 FTA 統計

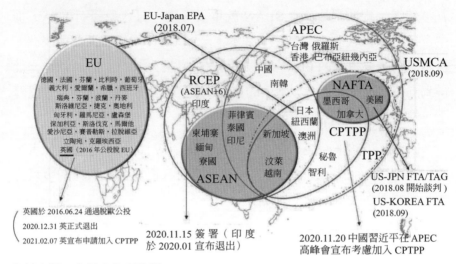

資料來源：本研究整理繪製

圖 7-12　各經貿合作組織的會員分布

7-5-1 WTO 的困境

首先就 WTO 來看，在共識決的機制設計下，WTO 於 2017 年並未達成任何實質的貿易自由化進展。歐美等西方國家及中國、印度與巴西為首的開發中國家，在農業保護與智慧產權等議題上依然陷在僵局裡。2017 年的部長會議只在電子商務協助中小企業、削減非法漁業補貼及推動法規透明化等議題上，達成持續推動的空泛共識。

貿易爭端解決機制在川普不補齊 WTO 法官人數的杯葛下，近於停擺狀態，無力處理兩個重要的爭議更讓 WTO 的前景岌岌可危：一者為美國與歐盟根據對《中國加入世貿組織協議書》第十五條規定，2016 年 12 月起在對中國反傾銷中採用的「替代國」價格計算傾銷幅度的做法，必須無條件終止，不得再以中國是否為市場經濟為理由，對其傾銷產品實施高達 300% 以上的報復性關稅。美國政府在 2017

年 11 月正式提交 WTO，美國將比照歐盟，繼續在反傾銷調查中，拒絕採用中國「非市場經濟條件下」形成的價格和成本，而採用符合市場經濟的第三國（替代國）數據。另一者爲俄羅斯以可能退出 WTO，來抗議歐盟對其禁止進口歐美豬肉進行索賠 13.9 億歐元的訴求，並指責歐盟對俄羅斯實施的制裁本身完全違反 WTO 規則。

7-5-2 NAFTA 變 USMCA

其次，NAFTA 在川普就任後首當其衝而重啓談判。從開始談判至 2018 年 2 月，川普政府提出的多項重大改革，包括修改汽車自製率規定即原產地規則 (rules of origin)、[15] 爭端解決機制、[16] 加拿大乳製品業未自由化 [17]，以及五年後 NAFTA 自動退場的落日條款，皆讓加拿大與墨西哥難以接受。加拿大更表示美國若執意移除 NAFTA 中重要的爭端解決機制，加拿大可能退出談判。且因三方談判進度緩慢，據加拿大官員表示川普宣布退出 NAFTA 的可能性更大。2018 年 2 月 26 日至 3 月 5 日，在墨西哥市舉行的第 7 輪談判，墨西哥也表示若美國堅持對墨西哥進口的產品課徵關稅或實施配額，墨西哥將終止 NAFTA 的重新談判。終於在 9 月底經過多方折衝妥協後，NAFTA 更名爲「美國—墨西哥—加拿大協定」(United States-Mexico-Canada Agreement, USMCA)，在 2022 年 11 月 30 日等待後

---

[15] 加拿大反對美國提出調高汽車自製率的要求。根據NAFTA協議，轎車或小貨車62.5%的淨成本須出自北美地區，才能享有關稅優惠，而川普政府擬將這項門檻由62.5%拉高到85%。但北美汽車產業也反對川普的要求，聲稱此舉將削弱市場競爭力並傷害區域供應鏈。

[16] 第19章有關非法補貼和大量傾銷的爭端解決機制，這個爭端解決機制由美國、加拿大兩國專家共同組成，具有強制執行力，且美國常常敗訴。加拿大很重視這個爭端解決機制，因為這個機能能夠確保反傾銷與反補貼政策「公平地執行」。而軟木製造商則強烈支持川普政府廢除，認為此制度缺失多過益處，尚有WTO爭端解決機制等其他工具可用。

[17] 原本的NAFTA協定中，加拿大乳製品業未自由化。此已成美國和加拿大之間長久存在的摩擦來源。據美國乳製品界表示，乳製品業是川普政府可以降低貿易逆差數十億美元的產業。

續經過各國國會認可就生效。USMCA 最受矚目的是納入所謂的「毒丸款項」，即任一會員國與非市場經濟國簽訂貿易協定，其他會員國得退出 USMCA。此款明顯是衝著中國而來。

7-5-3 美國退出 TPP 後日本主導 CPTPP 變革

川普 2017 年 1 月 20 日就任後大動作地立刻簽下行政命令讓美國退出 TPP，舉世譁然。TPP 爲美國前一任總統歐巴馬，在面對中國崛起而看到東協透過東協加一與加三（中國、日本與南韓）明顯傾向中國的情勢，[18] 企圖重返亞洲所主導的戰略性貿易組織；其內容更以保障美國產品進入亞洲市場的「公平」競爭與跨國投資保障的目的來設定。

嚴格來講 TPP 應該是極有利於美國的貿易合作協約，特別是智財權的保護，以及允許跨國投資公司得以對當地政府提出控訴之權利。TPP 除了是歐巴馬政府重返亞洲的戰略，消極而言亦是美國企圖阻抗中國經濟勢力在東亞擴張的一著棋。川普宣布退出後，日本接手調和其餘十國後，擱置了許多不利於美國以外之會員國的 20 項條款（其中有 11 項與智慧財產權相關：包括生物新製劑的有關資料保護期與延長著作權期限等），於 2017 年 11 月在亞太經濟合作會議 (Asia-Pacific Economic Cooperation, APEC) 領袖會議期間達成共識，更名爲跨太平洋夥伴全面進展協定 (Comprehensive and Progressive Agreement for Trans-Pacific Partnership, CPTPP)，並於 2018 年 3 月 8 日完成簽署，形成 5 億人口、經濟規模 20 兆美元、GDP 占全球 13% 的新經濟體。

---

[18] 除了FTA的傾向中國，我們從實際貿易流向上也證明1990年代下半形成的東亞貿易之中—日雙軸心現象，在進入2000年後呈現明顯的傾向中國軸心的現象。東亞各國含南韓、台灣、香港、新加坡與東協諸國。參見Huang et al. (2021)、Kuo (2018)及Kuo et al. (2019)。

　　TPP 一方面是美國企圖阻抗中國經濟勢力在東亞擴張的「圍堵」策略，其內容涉及諸多境內管制的撤除，自然不可能爲非市場經濟本質的中國所接受而加入，所以若 TPP 能成立，必是一個將中國大陸排除在外的組織。中國政府於是以一帶一路與設立亞洲開發銀行來因應，一方面爲中國過剩的產能尋找出路，另一方面透過低率的開發貸款與資金協助拉攏一帶一路所經過之歐亞各國，以突破歐巴馬的經濟圍堵。川普一上台就即刻推翻前朝的布局，而中國則順勢在一帶一路策略的帶引下順勢高唱貿易全球化與自由化的主張，儼然成爲捍衛自由貿易的大國。

　　英國在 2016 年 6 月 24 日通過脫歐公投，並於 2020 年 12 月 31 日正式退出，隨即在隔年 2 月 7 日宣布申請加入 CPTPP。中國則在 11 月 15 日簽署 RCEP 後不到幾天，於 2020 年 11 月 20 日的 APEC 會議上，習近平提出加入 CPTPP 的考慮。中國之企圖直接加入 CPTPP 以瓦解美日圍堵中國的意圖甚爲明顯；只是以現行中國體制要加入講求經濟開放高標準的 CPTPP 有相當的難度。

7-5-4 APEC

　　APEC 基本上淪爲各國外交的秀場，其促進經貿自由化的主要目標，因爲共識決機制前提的設計，淪爲口號。主要的「成就」反而是前述 2017 年 11 月 11 日在越南召開的領袖會議，讓原本美國以外之 TPP 會員國，在日本帶領下，獲致以 CPTPP 來取代原來 TPP 的結果。

　　中美兩國的貿易紛爭，繼續延燒到 APEC 的場合。2018 年 11 月在巴紐 (Papua New Guinea) 召開的領袖會議，在美國副總統彭斯與中國總理習近平兩人針鋒相對的言論下，首回在沒有發表領袖共同宣言之下閉幕。根據 CNN 的報導，中國極力反對宣言中出現 "We agreed to fight protectionism including all unfair trade practices." 的「不

公平貿易行為」(unfair trade practices)，顯然所謂的不公平貿易行為意指中國，並為中國以外各會員所共同認知。

7-5-5 EU

再看擁有 28 個會員國 5 億人口的歐盟，其變動之最大者莫過於英國 2016 年 6 月 24 日之通過脫離歐盟的公投，並隨後在 2017 年 6 月起英國與歐盟展開的三階段談判。第一階段從 2017 年 6～12 月展開，內容鎖定在分手費、雙邊公民權利保障與愛爾蘭邊境開放與否等「分手議題」；第二階段從 2018 年 1～6 月開始，主旨為「未來關係」，重點內容包括脫歐後的商業關係與市場、勞工談判；第三階段則從 2018 年 7 月開始到 10 月，雙方將針對歐盟法律、自由移動與歐盟補助討論，並確認脫歐後雙邊具體的「緩衝期」條件。雙方確定，無論是硬脫歐還是軟脫歐，英國都將在 2019 年 3 月 29 日午夜正式退出歐盟；唯期限因談判不成再度展延，最後在 2020 年 12 月 31 日英國終於正式脫離歐盟。

當然，英國的脫歐公投發生在先，與美國川普的保護主義政策無關，但是後續 EU 的發展，受到影響將無可避免；特別是在中美貿易戰白熱化後，各國爭相拉攏歐盟龐大的市場。在 2018 年 7 月 6 日首波關稅戰正式爆發，美國對中國進口品課徵 25% 的懲罰性關稅。中國立刻提出反制的報復性關稅，並且在中歐高峰會上指責美國發動關稅戰，違反貿易全球化與自由化的不是。但是歐盟反而重申其在 6 月就向 WTO 提出的申訴，指控中國「侵犯歐洲公司知識產權」，並提及 WTO 需要針對「強制技術移轉與補貼問題」制定新的規範。並且在 7 月 26 日歐盟與美國的聯合聲明中的第四點聲明提及：「我們同意共同致力於保護美國與歐盟的公司，更好地保護他們免於受到不公平的全球貿易行為之侵害。為此，我們會與有著類似想法的夥伴緊

密合作，推動 WTO 改革，以解除不公平貿易行爲，包括知識產權竊取、強制性技術轉讓行爲及工業補貼，與國有企業造成的扭曲以及產能過剩問題。」[19]歐盟顯然在呼應美國在 4 月分於 WTO 提出對中國的類似控訴。

又針對美國 2018 年 9 月 24 日對自中國進口的 2 千億美元產品課徵 10% 關稅，雖然中國發表《關於中美經貿摩擦的事實與中方立場》白皮書，再度趁機在聯合國控訴，但顯然各國的反應也不如其意。9 月 27 日美國與日本在聯合國會外的聯合聲明，雙方除了同意展開雙邊自由貿易協定談判外，更表明將更加保護美國與日本企業和勞工，避免受到「第三國」非市場化導向的政策影響。當然，第三國也是明顯意指中國。在這種中美貿易衝突的氛圍下，無形中也促成了歐盟與日本在 2018 年 7 月順利完成簽署歐日經濟夥伴協定 (EU-Japan Economic Partnership Agreement, EU-Japan EPA)。

《中歐全面投資協定》(Comprehensive Agreement on Investment) 於 2020 年 12 月 30 日完成最終談判，象徵中國對美國之經濟圍堵的一大突破。中美貿易戰自川普上任而爆發以來，美國基於國安考量而對中國的 5G 產品多所顧忌，將中興、華爲等中國大廠列爲禁止進口名單；繼任的拜登延續與中國對抗的貿易戰爭，並一反川普的單邊策略，建構美國盟友統一戰線 (a united front of U.S. allies) 以加強對中國經貿戰的圍堵力量。

---

19 美歐聯合聲明《Joint U.S.-EU Statement following President Juncker's visit to the White House》，其第四點如下："Fourthly, we agreed today to join forces to protect American and European companies better from unfair global trade practices. We will therefore work closely together with like-minded partners to reform the WTO and to address unfair trading practices, including intellectual property theft, forced technology transfer, industrial subsidies, distortions created by state owned enterprises, and overcapacity."

7-5-6 小結

綜合而言，川普一連串的保護主義作為下，顯然最後都指向中國，控訴其「不公平貿易作為」，包括強制性技術移轉、不尊重智慧財產權及國家資本的市場干預等，而中國趁勢反而舉起捍衛全球自由貿易的旗幟，在歐盟、聯合國等多邊國際論壇場合，反訴美國之貿易保護主義作為。

全球各主要貿易大國，折衝於中美之間，合縱連橫，企圖在中國、美國與歐盟三大市場中，尋覓最佳戰略。顯然無論在 WTO、APEC 或 EU 高峰會等，各個場域與各個論辯場景，都反映雖然各國不盡然認同川普訴諸關稅戰的保護主義作為，但對於中國之「不公平貿易」作為，似乎是同聲一氣。換言之，崛起的中國顯然已經挑動了美國維護其首席霸權地位的敏感神經，也同時讓歐盟、日本、南韓乃至東南亞的馬來西亞及印尼等，多數在國際經貿上有相當分量的國家，對其近十多年來貿易發展策略的「不公平性質」，有異口同聲的撻伐與責難。

7-6 結語：新貿易保護主義的挑戰

川普的橫空而出，重手揮向中國好不容易爬上全球貿易第一、GDP 第二的寶座，一語道破中國「和平崛起」的國王新衣，同時也為貿易史上第二波自由貿易的黃金時代畫下句點。

相較於 1980 年代美國及日本高科技產業的貿易戰，特別是美日間的半導體產業爭霸戰，乃是侷限於已開發國之間的貿易戰，當時的後進開發中國家，如台灣與南韓，僅是單純兩強背後的加工基地。這次中美貿易戰，雖也是由高度技術領先的已開發國家美國所發動，以開發中國家（中國）為主要對象，但相較於恐日症時期的美日貿易戰

之間，這一波貿易戰無論涉及的國際成員與產業，均相對又廣又深。

　　首先是歐洲及日本等發展先進國家，無不多多少少參與了這次的中美貿易戰爭。值得注意的是，雖然各國不見得同意川普激進的貿易關稅保護主義政策，但卻相當程度上一致認同美方對中國所指控的「不公平」競爭手段，如以國家資本補貼中國企業，並強力干涉外商在中國投資行為，強迫以市場換技術以取得外商之關鍵技術，和對於智財權的放任不管等等。

　　2017 年 7 月以來連續三波對美國自中國進口課徵關稅的手段，已經明顯牽動跨國廠商的國外投資布局，後續中美貿易戰再升高，也將進一步讓全球生產鏈大幅調整，無論情勢如何，全球貿易告別第二波黃金時期，進入新的緊縮階段，為必然趨勢，因而全球性經濟成長的減緩應在預料之中。

　　綜觀這次美國為首所發動的貿易保護主義風潮，乃有幾個大方向值得觀察：

　　（一）表面上的中美貿易戰場，本質上是美國在抑制中國崛起之挑戰其領導地位。中國之種種「不公平貿易」作為，給美國開啓貿易戰十足的藉口。中國威脅論或可歸類為 J. N. Bhagwati 於 1993 年所稱的「大國殞落症候群」（Diminished Giant Syndrome）。第一波貿易黃金時期末，英國得到這個症狀，美國則在 1980 年因為日本的崛起而第一次患上此症，如今面對中國的崛起，再度出現同樣症狀。

　　（二）中國以外的歐盟、日本及澳洲等貿易大國，基本上亦認同美國對中國干涉市場經濟，進行不公平貿易與強迫技轉等等的各種控訴。

　　（三）中國在 2013 年倡議「一帶一路」與亞洲基礎設施投資銀行（亞投行），原始目的為因應美國前任歐巴馬總統之 TPP 的「經

貿圍堵」，如今 TPP 變爲 CPTPP，少了美國的參與，但中國的「一帶一路」與「亞投行」戰略上，卻已經爲其打通一些關鍵性出口與通路及戰略據點。中國在某些方面取得天然資源的掌控權，但已經有些小國受牽制其「一帶一路」的貸款落入債務陷阱，或不得不交出國家資源控制權。後續勢必進一步影響資源依賴型產業的跨國競爭，極可能牽動新一波的貿易戰。

（四）經過第二波貿易的黃金年代，全球資源耗竭速度嚴重，電子與石化垃圾充斥地球。在天然資源不受限的前提下，所發展出來的貿易理論，無論是古典的以稟賦差異爲基礎的產業間貿易，或跨國垂直分工之產業內貿易理論，都再也不能描寫未來的「資源有限」、「資源搶奪」乃至「垃圾」貿易受到抑制之前提下的「未來型」貿易情勢。

第 8 章

中等所得陷阱與體制

中國自 1980 年代之初的改革開放，歷經天安門事件而後於 2001 年加入 WTO，乃快速超過德國、日本成爲僅次於美國的第二大經濟體。但從人均所得來看，卻依然未能超越世界平均中等所得水準，如圖 8-1A 所示，落入文獻上所稱之「中等所得陷阱」。從前面論述的種種經濟發展模式，我們可以彙整出經濟發展的關鍵要素，資源稟賦固然爲重要前提，但如何使資源（資本、人才、天然資源）發揮生產、運銷與分配效率，則涉及政府、企業與民間（企業家、勞工、資本家等）的運作機制，即所謂體制的層面。[1]在這一章，我們從體制特質的角度，來解析中國經濟發展的極限與東亞經濟發展的本質。

8-1 經濟發展的極限

成長的極限現象不僅發生在中國，東亞諸國並沒例外。如圖 8-1 所示，雖然東亞各國於 1980 年代呈現高經濟成長率，但不是所有國家均能在 1990 年代繼續維持。在 1997 年發生的亞洲金融風暴以後，日本領頭的東亞雁行發展隊伍，只有四小龍能持續成長而跨越中等所得水準。馬來西亞與泰國則停滯在中所得的低水準與高水準 (upper middle-income) 之間，印尼則更低，僅維持在中所得的低水平。即便是後來居上的中國，也只能成長到介於馬來西亞與泰國間的中所得水準。

---

[1]　此章主要是根據Huang and Huang (2019)會議論文改寫並增補。

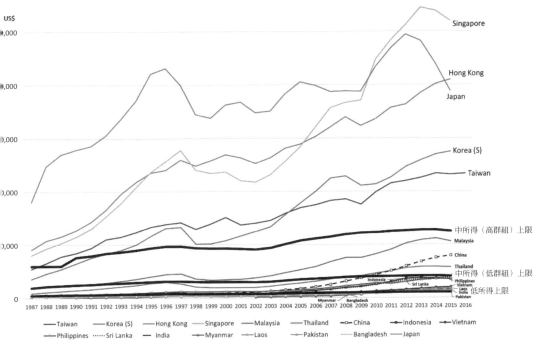

資料來源：World Development Indicators, World Bank

註：高群組中所得上限(upper mid-income cap)、低群組中所得上限(low mid-income cap)及低所得上限(low-income cap)，均依世銀之定義。見附表8-1。

圖 8-1A　東亞各國人均 GNP，1987～2016 年

表 8-1　平均國民所得分布 (1962、1987、2017) (國家數)

樣本國家	基準年		
所得分群	1962	1987	2017
低所得	13	9	0
中低所得	5	3	10
中高所得	0	3	3
高所得	0	3	5
合計	18	18	18

資料來源：World Development Indicators, World Bank，本研究整理

　　十八個東亞及南亞國家，如表 8-1 所示，在 1962 年，有十三個還在低所得水準，其餘五國雖已跳出低所得，但僅能達到中等所得的低水平。到了 1987 年則已經有新加坡、香港、日本三個高所得國，台灣、南韓、馬來西亞三國達到中等所得的高水平。到了 2017 年達到高所得水準者也僅增加台灣與南韓兩國，總數及有五國，雖然所有國家均已經跳出世界低所得國的群組。圖 8-1B 顯示 1962 與 2017 年各國的人均所得位置變化。值得注意的是在 1962 年所得高於台灣與南韓的菲律賓與馬來西亞，雖緊追在四小龍成為跨國公司投資的落足

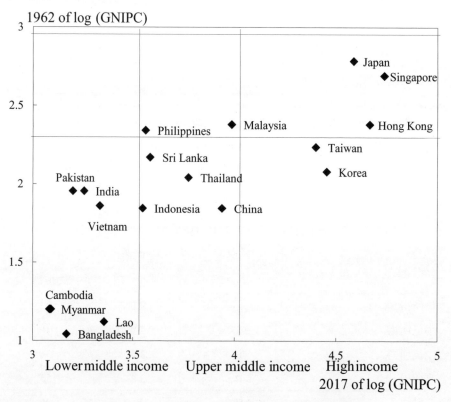

資料來源：World Development Indicators, World Bank，本研究整理

圖 8-1B　1962 年與 2017 年平均國民所得散布圖

點，卻未能越過中所得陷阱。在 2017 年只有日本與四小龍能進入高所得的行列。

　　何以經濟成長未能持續？此爲經濟發展的重要課題。傳統的成長理論強調資本累積與技術進步爲維持持續性成長的主要因素，前者有 Solow 模型，後者有 Romer 的新成長模型。理論上，在一定的資本存量與技術水準下，經濟趨向一個穩態 (steady-state)，平均所得停滯於到對應之水平，可能爲低所得、中階所得或高所得水準，視其資本與技術存量所能支撐的最高境界而定。如何從一個中等所得的極限躍升到更高的所得，需要一個大推力 (big-push)，如進一步的技術進步或創新。1990 年代初期東亞經濟奇蹟引發的討論如 Page (1994)，侷限在如何發揮市場力量之有關經濟或產業政策，如出口導向的成長，或產業政策等等。[2] 姑且不論這些政策是否能夠有效，即便有，也只能在充分發揮現有的資本、技術能量，使經濟更快地達到其發展的極限。如何提升此極限，則「體制」變革扮演相當的角色，如 North (1989)、Scully (1988)、Matthews (1986) 與 Williamson (2000) 等文獻所論述。實證研究如 Ito (2017) 與 Lee and Kim (2009) 等，則證實體制品質 (institution quality) 與成長極限的關係。

　　在這一章我們先就東亞與南亞各國經濟發展軌跡，包含日本、四小龍與東協諸國、印度、巴基斯坦以及後來居上的中國，從時間序列來觀察，特別是與全球平均低、中、高所得水準對照比較，刻劃各國在何時越過低、中所得水準，乃至如日本、台灣、南韓等越過其上限進入高所得國家的行列。第 2 節將從古典經濟理論的角度，說明體制再突破經濟成長極限的重要性，於第 3 節我們進一步將經濟成熟與極

---

[2] 政府干涉主義(statist)的觀點，強調政府運用手段將資本或資源導入被挑選的前導產業。此學派無疑屬於國家資本主義的類別。相對於反市場機制之共產主義計畫經濟，林南(2007, 2010)將中國的社會主義市場經濟體制，另外歸成一類，稱之為中央管控的國家資本主義(CMC)。

限的概念轉化爲突破模型應用 Cox-Box 的 Hazard Rate 理論，設計出
趨向成熟 (maturity-approaching) 的實證方法，以東亞與南亞十三國
進行實證研究。第 4 節爲實證結果，第 5 節爲結論。

8-2 體制品質 (IQ) 與人均所得的觀察

8-2-1 全樣本觀察

依 PRS (Political Risk of International Country Risk) 所調查公
布的國家風險指標，有十二個關於體制品質指數：[3]BQ、C、……、
SC，合計總分在 0～100 分，與一指標分數在 0～4 或 0～6 之間，
均爲「正向分數」，如 corruption（貪腐）得分越高代表政風越「清
明」，因而國家風險越低，以此類推。圖 8-2A 爲各國 1987～2015
年總分的趨勢圖，依 PRS 之定義低於 50 分者屬於低 IQ，高於 80 分
則爲高群組，兩者之間 50 < IQ < 80 者則歸類爲中群組。在 1994 年
之前屬於高 IQ 者只有日本，而且尚有多數還在低群組，到 2003 年
以後慢慢分成兩群，較高群組有日本、新加坡、香港、南韓、台灣與
馬來西亞（其中以日本與新加坡爲唯二屬於高 IQ 群者，其他則雖在
70～80 分之間）；其餘則在 50 分以上但仍低於 65 分，並且有逐漸
趨於相近之勢。

---

[3] 十二個IQ全名：境內衝突(Internal Conflict, IC)、政府穩定度(Government Stability, GS)、域外
衝突(External Conflict, EC)、官僚品質(Bureaucracy Quality, BQ)、軍事干政(Military in Politics,
MP)、貪腐(Corruption, CR)、法律與秩序(Law & Order, LO)、宗教緊張(Religious Tension,
RT)、社經情況(Socioeconomic Conditions, SC)、投資環境(Investment Profile, IP)、民主信度
(Democratic Accountability, DA)、族群衝突(Ethnic Tensions, ET)。

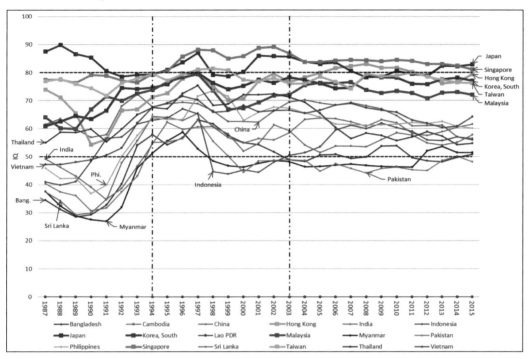

資料來源：Political Risk of International Country Risk, PRS Group, Inc. (2016)

圖 8-2A　體制品質 (IQ)，1987～2015 年

　　若將各國各年的平均國民所得與 IQ 測度質，分別繪在垂直軸與水平軸的平面圖上，則如圖 8-2B 所顯示，平均所得與 IQ 值呈現顯著的正向關係。亦即所得水準必顯著高，才對應高 IQ；反之，在所得極低的情形，其對應之 IQ 往往在低水準區。

　　表 8-2 為進一步依世界銀行的平均國民所得分群：低所得群 (L)、中所得─低群 (LM)、中所得─高群組 (UM) 與高所得群組 (H)，分別計算各組之各單項 IQ 指數的算術平均 $\overline{D\overline{IQ}_g}$，以及十二個 IQ 之歐氏幾何平均（即距離各 IQ = 0 之原點的歐式距離）。根據各組的平均 $\overline{D\overline{IQ}_g}$，可得到其依序為 H 組的 24.38、UM 組的 21.66、LM 組的 19.47 及 L 組的 16.77。換言之，所得越高的群組，其平均 IQ 越高。各單項 IQ 的高低順序亦然，如圖 8-2B 的十二象限之鑽石圖所

示。值得注意的是在滿分爲 12 的項目中（表 8-2），H 與 L 群組最大落差者爲投資概況 (IP)，然後爲社會安定情況 (SC)。若從差異值占滿分之比（表 8-2 最後一列）來看，則落差最大者爲軍事干政 (MP, 47.83%)，然後依次爲官僚品質 (BQ, 41.75%)、族群衝突 (ET, 41.33%)、法律與秩序 (LO, 35.17%)、投資環境 (IP, 34.33%)、宗教緊張 (RT, 32.83%)、社經情況 (SC, 31.75%)、境內衝突 (IC, 31.42%)、貪腐 (CR, 28.83%)、民主信度 (DA, 23%)，然後是政府穩定度 (GS, 8.25%)、域外衝突 (EC, 6.58%)。

綜合而言，初步的觀察可發現 IQ 的改善，與所得的高低有明顯的正向關係，而且其重要程度依序爲 MP、BQ、ET、LO 及 IP，然後是 RT、SC、IC、CR、DA、GS 及 EC。

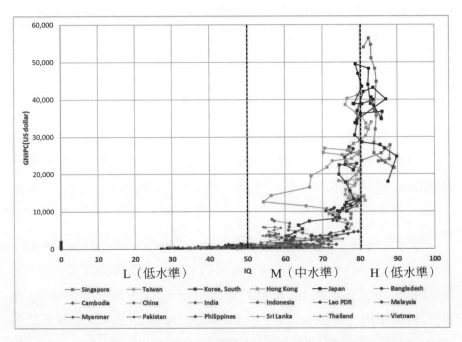

資料來源：Work Bank and International Country Risk Guide, by PRS (2016)

圖 8-2B　體制品質 (IQ) 與 GNPPC，1987～2015 年

表 8-2　各所得群組的平均 IQ（Euclidian Distance），1987～2015 年

Income / Group	$\overline{IQ}_1$[a] BQ	$\overline{IQ}_2$ CR	$\overline{IQ}_3$ DA	$\overline{IQ}_4$ ET	$\overline{IQ}_5$ EC	$\overline{IQ}_6$ GS	$\overline{IQ}_7$ IC	$\overline{IQ}_8$ IP	$\overline{IQ}_9$ LO	$\overline{IQ}_{10}$ MP	$\overline{IQ}_{11}$ RT	$\overline{IQ}_{12}$ SC	$D\overline{IQ}_g$
Low(L)*	1.73	2.14	2.66	2.84	8.92	7.12	7.19	5.39	2.89	2.08	3.63	4.66	16.77
Lower Middle(LM)*	2.16	2.44	3.75	3.07	10.44	7.72	7.97	7.32	3.35	2.64	3.15	5.56	19.47
Upper Middle(UM)	2.60	2.70	3.40	3.73	9.92	8.25	9.40	7.99	3.51	4.13	3.76	8.20	21.66
High(H)	3.40	3.87	4.04	5.32	9.71	8.11	10.96	9.51	5.00	4.95	5.60	8.47	24.38
H-L	1.67	1.73	1.38	2.48	0.79	0.99	3.77	4.12	2.11	2.87	1.97	3.81	7.61
Full Score	4	6	6	6	12	12	12	12	6	6	6	12	
((H-L)/Total) %	41.75	28.83	23.00	41.33	6.58	8.25	31.42	34.33	35.17	47.83	32.83	31.75	

資料來源：本研究計算

a: $\overline{IQ}_{gi} = \sum_{c \in g} IQ_{ci}/n_g$　　$g = $ L, LM, UM, H　　$D\overline{IQ}_g = \sqrt{\sum_i \overline{IQ}_{gi}^2}$；

註：* Lao &Cambodia are excluded in the calculation.（寮國與柬埔寨不列入計算）

IQ components: BQ (Bureaucracy Quality), CR (Corruption), DA (Democratic Accountability), ET (Ethnic Tensions), EC (External Conflict), GS (Government Stability), IC (Internal Conflict), IP (Investment Profile), LO (Law & Order), MP (Military in Politics), RT (Religious Tensions), SC (Socioeconomic Conditions).

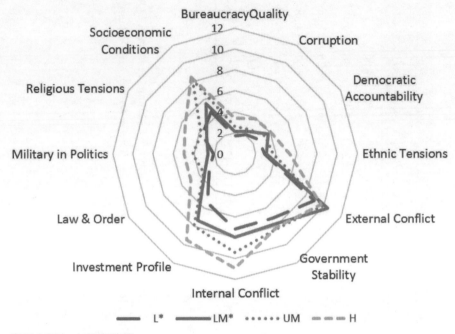

資料來源：本研究計算

圖 8-2C　所得群組與體制品質

8-3 IQ 與平均國民所得的極限

8-3-1 理論與實證方法

　　根據新古典的成長模型，我們可簡單地說明體制品質的高低與人均所得極限的關係。依該理論，人均資本的累積過程為 $k_{t+1}=s \cdot y_t/(n+\delta)$，其中 k_{t+1} 為平均資本勞動比，s 與其產出 Y 的儲蓄率，n、δ 分別為人口成長率與資本折舊率。人均所得的生產函數 $\dfrac{Y_t}{L_t}=y_t=A(Z)f(k_t)$。$Z$ 為技術水準，以及其他 k_t 以外的因素，體制品質則屬於 Z。

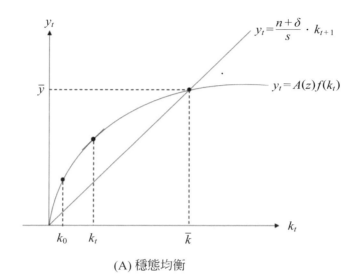

(A) 穩態均衡

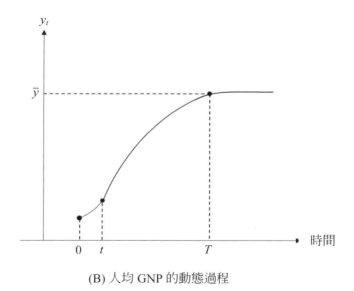

(B) 人均 GNP 的動態過程

圖 8-3A　長期平均國民 GNP (y)

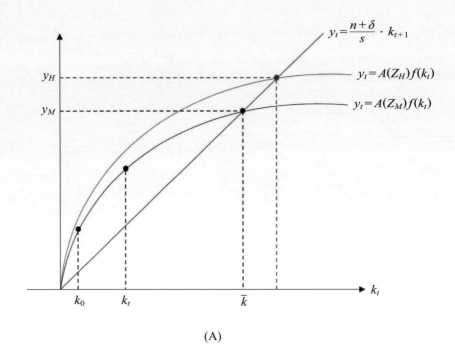

(A)

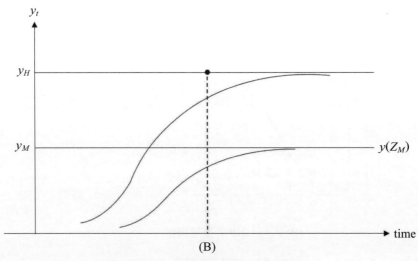

(B)

圖 8-3B　IQ（體制品質）與中所得陷阱

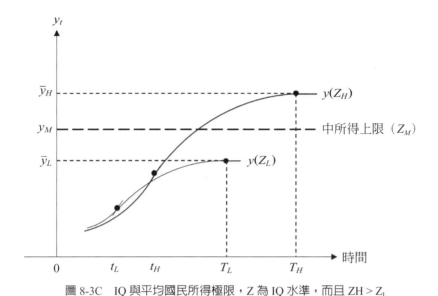

圖 8-3C　IQ 與平均國民所得極限，Z 為 IQ 水準，而且 ZH > Z_L

圖 8-3A 反映在既定的 Z 水準下，最大人均產值為 $\bar{y}$，對應的人均資本 $\left(\dfrac{K}{L}\right)$ 為 $\bar{k}$，並於 T 期達到成長的極限 $\bar{y}$。

圖 8-3B 反映 Z 較高 (IQ↑)，得可以達到較高的人均所得，亦即 $Z_H > Z_M$，則 $y_H > y_M$。另 Z_M 為達到中等所得水準之上限之最低 IQ 水準，則如圖 8-3C，只有在 $Z \geq Z_M$ 的國家，才能跳出中所得陷阱。所有 $Z < Z_H$ 者，如 Z_L 其人均所得將永遠低於 y_M。

我們可進一步將圖 8-3A 的 (B)，轉換成熟成函數 $F(t)$，如圖 8-3C，亦即對應每一組 IQ 值 (Z)，我們可以想像其在 T 時間點到達完全成熟的情況，即 y 成長到對應於 Z 的上限。在 t 則尚有 $S(t) = 1 - F(t)$ 的機率保持正常成長率。（概念上 $F(t)$ 為破滅機率 (hazard rate)，$S(t)$ 為存活機率 (survival rate)）以我們在 Huang and Huang（2020 年 12 月）應用 hazard rate 的概念建構估計「跳脫中所得水準上限」機率的實證方程式，如下：

$$\lambda(t, X_{it}) = \lambda_0(t)e^{\beta' X_{it}}$$

主要變數相關敘述統計及實證結果的估計係數，如附件表 8-3A、B 至 D。實證結果有關 IQ 與中等所得陷阱之發現彙整如表 8-3A。

8-3-2 實證結果

實證將樣本分為低所得時期、中所得低標時期及中所得高標時期，結果分別在附表 8-3B、C 及 D。

一、低所得陷阱（附表 8-3B）

（一）出口與對貿易依賴的強度，呈現負面影響，意即對外出口與貿易增加無助於低平均所得之國家脫離低所得水準。反映可能的情況：落後國家的外貿出口，只是加深對先進國之依賴，無助於平均所得的增長，外來直接投資並無顯著影響；倒是不意外的，對外投資對於跳出低所得群組有明顯的負面效果。

（二）教育普及程度 (broaded based education) 中，識字率有正的效果，唯平均受教育年分則不顯著。

（三）體制品質 (IQ) 整體而言（平均 IQ）有顯著的正面作用，個別 IQ 顯著正面者，有民主信度 (DA)、域外衝突 (EC)、宗教緊張 (RT)、社經情況 (SC)；負面作用者有政府穩定度 (GS) 與境內衝突 (IC)。意外地，政府穩定度 (GS) 與內部安定 (IS) 反而不利於跳出低所得群組。直覺上 GS 與 IC 讓一國沉滯在「低平均所得」的泥沼（成長理論中所稱的低穩態，low steady state）。

二、中所得陷阱（低水準中所得群組）

（一）貿易與 FDI 效果貿易開放度 (TDDEP) 顯著正效果，而出口則否。外來投資 (FDI-inwards) 顯著正效果，反之對外投資 (FDIoutwards) 則有負的影響。

　　（二）教育普及的兩個變數識字率與受教育年數，均呈現負面影響。

　　（三）體制品質只有 CR、RT 為正，ET、SC、MP 則為負效果。

三、中所得陷阱（高水準中所得群組）

　　（一）人口呈現負面影響。

　　（二）貿易與 FDI：貿易面，無論出口貨貿易依賴度都呈現負面影響。

　　（三）教育普及的影響：識字率為正，但受教育年數卻為負效果；此結果與 Lee and Kim (2009) 的變數一致，亦即中等教育 (secondary education) 有益於低所得國有促進成長之作用，但對於中等所得國而言，則中等教育則不足。

　　（四）體制品質總數有顯著正向作用，如前一組（低標中所得群）就個別 IQ 而言，正效果者有 CR、ET、RT、GS、MP 與 SC；呈現負者有 BQ 與 EC 和 IP。

四、IQ 在各不同群組的影響

　　同一種體制特徵，如民主品質（相對於專制）可能在高所得階段有利者，卻可能在低所得時期，無法讓資源運作充分發揮市場效率而對經濟成長發生反效果，我們將各不同所得群組的實證結果，有關 IQ 之估計係數彙整如表 8-3：

表 8-3　越過所得上限機率的顯著決定因子

估計係數 β 正負	中高所得群組		中低所得群組		低所得群組	
Model:	1 / 3	2 / 4	1 / 3	2 / 4	1 / 3	2 / 4
IQdist			-	-	+	+
iqCR (Corruption)	+	+	+	+		
iqET (Ethnic Tensions)	+	+		-		
iqRT (Religious Tensions)	+	+	+	+	+	+
iqSC (Socioeconomic Conditions)			-	-	+	+
iqDA (Democratic Accountability)					+	+
iqMP (Military in Politics)	+	+		-		
iqGS (Government Stability)	+	+			-	-
iqLO (Law & Order)						
iqIP (Investment Profile)						
iqIC (Internal Conflict)					-	-
iqBQ (Bureaucracy Quality)	-	-				
iqEC (External Conflict)	-	-			+	+

資料來源：彙整自附表 8-3B、8-3C、8-3D

　　根據表 8-3，我們可歸納主要結果如下：

一、相同的 IQ 在不同發展階段，有不同或相反的影響。

　　亦即，在低所得時期，IQ dist（總 IQ 測度值）為正，但在不利於低水準中所得階段；在高水準中所得階段，則不顯著。

二、個別 IQ 的影響，變動更大。

　　（一）就高水準中所得群而言，有正效果的 IQ 含：CR、ET、RT、MP、GS；負效果 IQ 發生在：BQ 與 EC。

　　（二）就低所得群組而言，正效果發生在：RT、SC、DA 及 EC；意外的是，GS 與 IC 都呈現負效果。

（三）就低標的中所得群組而言，正效果的 IQ 有 CR 及 RT；反之，ET、SC 及 MP 則不利於跳出中所得陷阱。

8-4 中國 IQ 與中所得陷阱

前面提到中國的實質 GDP 成長，儘管奇蹟似地快速變成僅次於美國的第二大國，但是其平均所得依然未達到中等所得的高水準，遑論跨越中等所得之上限，而進入世界高所得國的行列。我們根據前一節的 IQ 與所得陷阱的實證結果，在這一節從體制發展的角度，來檢視何以中國未能躍進為高所得的國度。

8-4-1 中國 IQ 的進展

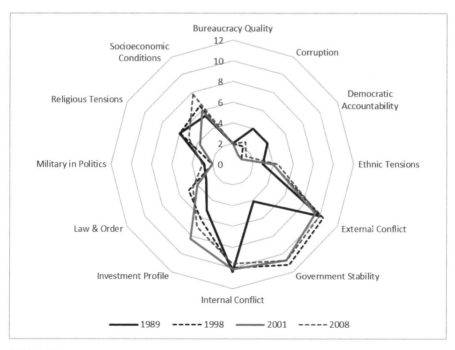

資料來源：Political Risk of International Country Risk, PRS Group, Inc. (2016)

圖 8-4　中國的體制品質測度

從圖 8-4 之 1989、1998、2001 與 2008 年中國的體制品質星狀圖觀察，大抵可以發現以下幾個特點：

一、表現「最好」的依序是境內衝突 (IC)，其次為 1989 年（天安門事件除外）之政府穩定度 (GS)、域外衝突 (EC)。

二、最為嚴重的依序是官僚 (BQ)、軍事干政 (MP)、貪腐 (CR)（相較 1989 年更為惡化）、法律與秩序 (LO) 與宗教緊張 (RT)。

三、有顯著進步者為社經情況 (SC) 與投資概況 (IP)。

四、明顯惡化者有宗教緊張局勢 (RT)、貪腐 (CR)。

8-4-2 中國 IQ 與實證結果的比較

將上述內容併入前一節實證結果有關 IQ 與跳脫所得陷阱的關係，整理於下表（表 8-4），大致上可以判斷中國的經濟發展，若要克服中等所得陷阱，尚得在體制上有進一步的改善。以中國現在處於中等所得的低標 (lower middle income) 群組，對照該該組的 IQ 與跳脫所得陷阱的關係，可以歸納如下：

一、根據實證結果正向作用的 IQ 有清廉度 (iqCR)、宗教和諧度 (iqRT) 兩者，碰巧中國在這兩項的測度結果都是各項 IQ 中「最差」的項目，甚至長期在惡化當中。

二、反之，社經穩定在這個所得群組中，只有負面作用，不利於跳出所得陷阱。但中國卻在這個 IQ 項目表現出一般並且進步中。社經穩定的表現在其一黨專政的政府體制下，取得較好的表現並隨著數位管控的技術提升，獲得更穩定的表現不難理解，但就經濟發展而言，卻可能不利於跳出中等所得陷阱。在較高階的中等所得群組，躍進到高所得群組的影響也不明顯。

表 8-4　越過所得上限機率的顯著決定因子與中國 IQ 表現

估計係數 β 正負	中高所得群組		中低所得群組		低所得群組	中國 IQ	
模型	1／3	2／4	1／3	2／4		極佳 O 最壞 X	變動
IQdist			-	-	+		
iqCR (corruption)	+	+	+	+		X	惡化
iqET (ethnic tensions)	+	+	-				
iqRT (religious tensions)	+	+	+	+	+	X	惡化
iqSC (socioeconomic conditions)			-	-	+		進步
iqDA (democratic accountability)					+		
iqMP (military in politics)	+	+	-			X	
iqGS (government stability)	+	+			-	O	
iqLO (law & order)						X	
iqIP (investment profile)							進步
iqIC (internal conflict)					-	O	
iqBQ (bureaucracy quality)	-	-				X	
iqEC (external conflict)	-	-			. +	O	

資料來源：同表 8-3

附錄 8-1　所得群組分類與東亞各國所得群落動態

附表 8-1　所得水準分類 (L、LM、UM、H) 與調整年分下限　　　　　單位：美元

分類 ＼ 調整年分	1970	1987	2015	2017
低所得 (L)	200	480	1,045	1,005
中所得—低標 (LM)	201-795	481-1,940	1,046-4,125	1,006-3,955
中所得—高標 (UM)	796-2,435	1,941-6,000	4,126-12,735	3,956-12,235
高所得 (H)	2,436	6,000	12,735	12,235

資料來源：World Bank

附表 8-2　1987 年後從中所得高標 (UM) 轉入高所得 (H)：年分／人均所得

國家	轉入 UM 年分	轉入 UM 人均所得	轉入 H 年分	轉入 H 人均所得	停在 UM 期間 年數	停在 UM 期間 平均 NI 成長率
日本	1964	800	1973	3,620	9	16.59
新加坡	1969	850	1980	4,720	11	17.03
香港	1969	840	1976	2,900	7	19.79
台灣	1976	1,150	1988	6,503	12	15.52
南韓	1979	1,670	1993	8,860	14	13.24
中國	2010	4,340	-	-	8	10.55
馬來西亞	1979	1,450	1988(→LM)	-	36	4.18
	1991	2,560	-	-		5.59
泰國	2008	3,970	-	-	10	4.69

資料來源：World Development Indicators, World Bank，本研究整理

附錄 8-2　IQ 與人均所得的實證結果

一、各變數敘述統計

附表 8-3A 各變數敘述統計量彙整

變數	Obs.	Mean	Std. Dev.	Min	Max
GNPPC	522	7,781.95	12,194.19	82.00	56,370.00
Gr_GNIPC (%)	504	7.35	10.89	-41.86	141.38
GDP (Million)	522	600,235.10	1,435,827.00	141.00	11,100,000.00
Gr_GDP (%)	504	9.67	15.15	-75.25	159.83
Pop (Million)	522	185.94	353.71	2.77	1,371.22
Pop (Million)	504	1.43523	0.86549	1.46371	5.46566
Export (Million)	522	144,376.60	278,429.40	22.00	2,340,000.00
Tddep (%)	522	85.84	81.00	8.56	419.57
FDI in (Million)	522	9,490.98	21,665.30	6,505.84	174,353.00
FDI out (Million)	522	9,359.25	22,235.02	140.00	145,667.00
Literacy	522	82.21	17.81	32.00	99.00
Mysc	522	6.78	2.86	2.04	12.50
IQdist（平均 IQ-Eu. Dist）	522	18.50717	7.458522	0.00	28.20691

資料來源：World Development Indicators, World Bank; except IQ from PRS Group, Inc. (2016)

註：1987 ～ 2015 年資料，含東亞十八國 (Bangladesh, Cambodia, China, Hong Kong, India, Indonesia, Japan, Korea, Lao PDR, Malaysia, Myanmar, Pakistan, Philippines, Singapore, Sri Lanka, Taiwan, Thailand, Vietnam)，Tddep= 總貿易量 / GDP，Mysc（平均受教育年數）。

二、實證結果

附表 8-3B　Cox 迴歸結果：低所得陷阱

解釋變數	(1)	(2)	(3)	(4)
Gr_gdp	-0.560	-1.080*	-0.323	-0.579
	(-1.15)	(-2.11)	(-0.61)	(-1.02)
Gr_pop	178.8***	183.9***	282.9***	269.1***
	(9.13)	(9.64)	(10.05)	(9.33)
X	6.97e-12		2.09e-11*	
	(1.02)		(2.50)	
literacy	0.0323***	0.0438***	0.0222*	0.0310*
	(5.53)	(7.01)	(2.05)	(2.57)
mysc	-0.198	0.0774	-0.201	-0.150
	(-1.73)	(0.74)	(-1.58)	(-1.13)
FDIi	-8.91e-12	2.06e-12	-3.67e-11	3.03e-11
	(-0.31)	(0.11)	(-1.05)	(1.44)
FDIo	-9.64e-11	-7.89e-11	-2.52e-10***	-1.99e-10***
	(-1.57)	(-1.48)	(-3.80)	(-3.35)
IQdist	0.0734***	0.0525***		
	(6.10)	(4.09)		
tddep		-1.627***		-0.637
		(-4.37)		(-1.29)
iqBQ			0.168	0.372
			(0.68)	(1.54)
iqCR			-0.0408	-0.144
			(-0.23)	(-0.79)
iqDA			0.417***	0.453***
			(3.40)	(3.70)

解釋變數	(1)	(2)	(3)	(4)
iqET			0.110	0.0959
			(1.06)	(0.93)
iqEC			0.220**	0.201*
			(2.72)	(2.46)
iqGS			-0.266***	-0.317***
			(-3.92)	(-4.48)
iqIC			-0.389***	-0.299***
			(-4.57)	(-3.49)
iqIP			-0.133	-0.0924
			(-1.59)	(-1.09)
iqLO			-0.328	-0.341
			(-1.47)	(-1.54)
iqMP			-0.0607	-0.0922
			(-0.46)	(-0.69)
iqRT			0.852***	0.780***
			(6.82)	(5.82)
iqSC			0.559***	0.502***
			(7.18)	(6.60)
N	188	188	188	188
Log likelihood	-748.68284	-739.01701	-672.17744	-674.25287

註：1. 上標 *、** 及 *** 分別代表 5%、1% 及 0.1% 之顯著水準，2. 括弧內為 Z 值。

附表 8-3C　Cox 迴歸結果：低群組之中所得陷阱

解釋變數	(1)	(2)	(3)	(4)
Gr_gdp	1.244	0.698	2.128	1.899
	(1.23)	(0.71)	(1.95)	(1.78)
Gr_pop	-4.655	0.925	35.26	82.93[*]
	(-0.21)	(0.04)	(1.00)	(2.21)
X	-3.25e-12		-3.83e-12	
	(-1.73)		(-1.62)	
literacy	-0.0255[*]	-0.0285[*]	-0.0438[*]	-0.0423[*]
	(-2.33)	(-2.45)	(-2.20)	(-2.04)
mysc	-0.340[***]	-0.312[***]	-0.541[***]	-0.581[***]
	(-4.35)	(-3.82)	(-4.48)	(-4.48)
FDIi	4.75e-11[**]	2.31e-11[*]	6.78e-11[***]	7.00e-11[***]
	(2.82)	(2.22)	(3.46)	(4.56)
FDIo	-2.49e-11	-5.29e-11	-4.91e-11	-1.05e-10[***]
	(-0.80)	(-1.95)	(-1.49)	(-3.88)
IQdist	-0.0477	-0.0541[*]		
	(-1.83)	(-2.05)		
tddep		0.116		2.189[***]
		(0.28)		(3.93)
iqBQ			-0.145	0.196
			(-0.55)	(0.68)
iqCR			0.984[***]	0.909[***]
			(4.13)	(3.84)
iqDA			-0.548[**]	-0.195
			(-3.22)	(-1.12)

解釋變數	(1)	(2)	(3)	(4)
iqET			-0.623[*]	-0.969[**]
			(-2.16)	(-3.24)
iqEC			0.0991	0.0976
			(0.88)	(0.93)
iqGS			0.0382	0.0835
			(0.46)	(1.00)
iqIC			-0.0536	0.0539
			(-0.50)	(0.52)
iqIP			0.0852	0.0700
			(0.60)	(0.51)
iqLO			-0.216	-0.202
			(-0.97)	(-0.84)
iqMP			0.122	-0.661[*]
			(0.49)	(-2.26)
iqRT			0.684[***]	0.895[***]
			(3.30)	(4.34)
iqSC			-0.458[**]	-0.644[***]
			(-3.21)	(-4.46)
N	137	137	137	137
Log likelihood	-456.31996	-457.82824	-412.68656	-406.7003

註：1. 上標 [*]、[**] 及 [***] 分別代表 5%、1% 及 0.1% 之顯著水準，2. 括弧內為 Z 值。

附表 8-3D　Cox 迴歸結果：高群組之中所得陷阱

解釋變數	(1)	(2)	(3)	(4)
Gr_gdp	3.448**	3.036*	2.445*	2.503*
	(2.88)	(2.52)	(2.08)	(2.08)
Gr_pop	-24.59	-29.76*	-31.57*	-27.13
	(-1.85)	(-2.46)	(-2.13)	(-1.79)
X	-2.33e-12*		-1.54e-12	
	(-2.01)		(-1.28)	
literacy	0.414***	0.443***	0.778***	0.575***
	(5.32)	(4.93)	(5.19)	(4.07)
mysc	-1.348***	-1.428***	-2.196***	-2.128***
	(-8.28)	(-8.34)	(-7.73)	(-8.58)
FDIi	-2.91e-12	-1.15e-11*	-6.20e-12	-2.00e-13
	(-0.69)	(-2.08)	(-0.96)	(-0.03)
FDIo	5.76e-12	-2.51e-12	1.95e-13	-7.53e-12
	(1.02)	(-0.72)	(0.03)	(-1.61)
IQdist	0.141*	0.123		
	(2.19)	(1.92)		
tddep		0.348		-0.673*
		(1.92)		(-2.06)
iqBQ			-2.922***	-3.510***
			(-5.03)	(-5.79)
iqCR			1.643***	1.857***
			(6.43)	(6.78)
iqDA			-0.223	-0.315
			(-1.23)	(-1.79)

解釋變數	(1)	(2)	(3)	(4)
iqET			1.148***	1.400***
			(3.60)	(4.17)
iqEC			-0.339**	-0.276*
			(-2.77)	(-2.33)
iqGS			0.276***	0.310***
			(3.31)	(3.75)
iqIC			0.131	0.300
			(0.61)	(1.41)
iqIP			-0.464***	-0.341**
			(-3.92)	(-2.73)
iqLO			-0.560	-0.537
			(-1.85)	(-1.79)
iqMP			0.849***	0.884***
			(3.73)	(4.06)
iqRT			0.809*	0.896**
			(2.44)	(2.89)
iqSC			-0.0196	-0.0684
			(-0.14)	(-0.50)
N	179	179	179	179
Log likelihood	-489.50536	-490.58075	-402.00283	-400.97638

註：1. 上標 *、** 及 *** 分別代表 5%、1% 及 0.1% 之顯著水準，2. 括弧內爲 Z 值。

第 9 章

結論：動態經濟發展論
與反思

我們一路檢視了所有的經濟發展理論，如古典的經濟成長論、依附型經濟發展論、新自由主義經濟發展論、東亞的經濟發展模式（雁行產業發展論），乃至備受爭議的中國經濟發展模式等等，但是都難以得到放諸四海皆準的唯一發展模式。不過我們仍可在 9-1 節，歸納出順應時勢因地制宜的「動態」發展策略，姑且稱之為「動態經濟發展模式」。值得注意的是，即便歸納出各階段的最佳模式，在發展到進一階的時期，是否能順利轉到進階的、對應的發展模式，則視其「體制」是否健康到能隨之調整而定。在 9-2 節，我們指出發展過程處處陷阱，特別是體制上的陷阱，導致市場機能失去其效能，經濟發展停滯。最後再就新興國家一味追求經濟發展過程的迷思提出反思，特別是以「工業化」為「必要之惡」的發展路徑，提出檢討。

9-1 動態經濟發展論

配合世界銀行的全球所得分類，我們姑且將一國之經濟發展階段，分成 (1) 低所得 (Low Income, LI) 時期，(2) 低階中等所得 (Low-middle Income, LMI) 時期，(3) 高階中等所得 (High-middle Income, HMI) 時期及 (4) 高所得 (High Income, HI) 時期。由於達到高所得群組的國家，將其視為經濟發展已經「成功」，所以我們只就 (1)、(2) 及 (3) 三個階段，歸納其對應之可能最佳的發展模式。

9-1-1 第一階段：低所得時期

這個時期的國家，極有可能是處於相對自己自足的準封閉狀態，雖可能有些對外的接觸，但貿易量微不足道。某種程度上，這類國家自成一個經濟生態體系，除了天災地變之類的衝擊，否則必然是永續的；市場經濟不太發達，人民所得「很低」，其「經濟發展」緩慢，如 Walt Rostow (1956) 所稱的「長期停滯」階段 (secular stagnation)，幾乎沒有經濟成長可言，而所有資源均專注於農業或傳統部門的時期。先此一提的是：在這個階段，同外面世界相比可能是「非常落後」的，依據世界銀行的標準，所謂低所得國度，但也許是極端幸福快樂的。我們在 9-3 節再回頭探討這個問題。

在低所得階段，大抵都是以農業為主的國家，存在閒置勞力缺乏製造業，因而要素生產力低。所以，由低所得躍升到 LMI（初階中所得）的策略目標，應以增加就業為主，透過市場機制，將隱藏性失業的勞力、閒置的資源，導入生產行列，隨著就業率提高，國民所得就可增加。那麼發展政策為何？首先，透過開放貿易擴大市場，大致可發揮相當的功效；遠者如四小龍 1960 年代的外貿開放、後續東南亞乃至近代中國大陸 1980 年代的改革開放，與越南 1985 年的門戶開放政策，都可稱為這個階段發展政策的典範。

這個階段的發展策略，旨在加強農業部門隱藏式失業人口投入生產行列，因此市場機制的發揮有其必要性。例如中國的改革開放，雖不是完全放棄計畫經濟體制，卻是逐步放寬市場經濟的適用範圍，刺激生產誘因來達到增產的效果。

其次，初步的工業化／都市化，以發展勞力密集產業為工業化的首選。然而處於這個階段的經濟體，往往缺少資本──製造業所必須的投入要素。這時候以低廉勞力吸引外來投資於勞力密集產業為可行方案，亦有成功案例。例如：台灣 1960 年代的加工出口區，即是吸引外來投資的典範，為後來多數東南亞國家、越南乃至中國所仿照，也發揮相當明顯的成效。

隨著工業區、加工出口區的出現，初步經濟發展得到就業增加的成效，但雙元經濟於焉出現；亦即傳統農業部門與近代製造業部門並存的現象。都市化 (urbanization) 啟動、GDP 增加、出口增加、平均

國民所得提高。順利的話，只要外銷市場繼續存在，經濟將高速成長一陣子，直到達成「充分就業」的水準。此時，農村的閒置勞力應該已經完全進入加工區或工業區的製造業部門，或在都會區找到就業機會，達到 Arthur Lewis (1952) 所稱的轉捩點 (turning-point)。

在這之前農村與製造業部門間出現單向人口移動；在都市化下，鄉下與都會區人口移動逐漸頻繁 (rural-urban migration)，都會區有著尋找工作的失業人口，如 1970 年代的 Harris-Todaro 模型所欲闡釋的社會經濟狀況。台灣自 1960 年代到 1980 年代亦然；快速增長了近三十年的近代中國，都還有相當明顯的鄉下—都會區人口移動現象，當然也都反映當時國民所得，均未達高水準的必然現象。近代的東南亞之馬來西亞、泰國、菲律賓、印尼等亦不乏其例，而且在都會區外圍形成龐大的貧民窟，是都會區失業或非典型 (informal sector) 就業人口的聚集區。換言之，在這個階段的經濟發展，往往伴隨著都會區的龐大之邊緣人口的出現，及相關的社會經濟問題。

9-1-2 第二階段：低階中等所得時期

大抵在農村的隱藏性失業人口均已經在製造業部門就業，就可跳出低所得群組，進入所謂低階中所得國的行列。如前一節所述，進入這個發展階段並不難，特別是在全球化時代，只要採行適當的開放政策、參與貿易、引進外資以發展勞力密集製造業，就能水到渠成。

在此階段，仍以廉價勞力並搭配優惠政策吸引外資為首要策略。然後，搭配以產業升級政策，由勞力密集而資本密集，順利的話，應可成功步入下個階段，亦即 HMI（高階中所得）時期。然而對跨國企業而言，要不要前來投資，除了低廉又豐沛的勞力供給與減稅（如地租、營利所得稅的減免）等等有形的成本優惠之外，地緣關係與其他無形的交易成本，如交通、人文、語言等的考量，亦是重

要決定因素。日本領頭的東亞雁行產業發展模式，其梯隊順序，相當程度反映了此現實考量。在此發展模式下，創造出 1990 年代的東亞經濟奇蹟；四小龍中的台、韓與四小虎均順利發展成初階中所得國；而且，除菲律賓與印尼外，其餘均進一步發展成為高階中所得國 (HMI)。尤有甚者，台灣與南韓更跳出中所得陷阱，步入高所得國家的行列。

未能成功發展成高階中所得 (HMI) 者，均有其體制上的問題可以溯源，如前一章所探討的，政治上的腐敗或／與內部族裔衝突、軍人干政、法治失序與社會問題等等。以南亞的斯里蘭卡為例，其經濟成長在這個階段出現停滯乃至倒退。該國因為體制的缺失而停滯在這個階段並終致經濟崩潰，詳如附錄 9-1。何以致之？我們姑且稱為體制的陷阱：裙帶資本主義或虛假資本主義。[1]

裙帶關係下的資本主義，在族閥關係普遍存在的東南亞社會乃至華人社會，讓強調市場經濟的資本主義變質為寡頭壟斷，以致於即便關係企業規模再怎麼大，也沒有進一步研發創新的誘因。因此，如 Yoshihara (1988, 1999) 所指，在東南亞，(1) 政府不當的保護措施導致欠缺外來競爭的激勵，(2) 東南亞的文化特質，使得企業在國際市場的競爭力未能提升。此東南亞資本主義之「虛假」本質 —— 只有外來投資所塑造的大規模生產表象，沒有真正的技術與人力資本的累積。此現象迥異於 1970 年代台灣與南韓的經驗，兩國在引進日本與歐美之外資時，也一面提升自己的技術水準與累積人力資本。

此外，在特權壟斷的裙帶資本主義下，企業利潤往往透過種種管道納入特權者口袋，再以設立子（紙）公司的五鬼搬運法將資金藏到

---

[1]　Yoshihara (1988, 1999)稱其為「虛假資本主義」(ersatz capitalism)。

國外的「避稅港」（tax haven，或誤稱避稅天堂）。[2]在地資本因而無法累積到讓經濟起飛的水準，產業難以升級而停滯在低階的生產或組裝層級；等到後繼開放的新興國家以更豐沛低廉的勞力加入跨國分工體系，原來的跨國資本開始轉出，經濟停滯於焉發生。換言之，在經濟發展過程，若體制上出現寡頭壟斷或裙帶資本主義，就極可能掣制經濟發展前進的動力，市場機制無以發揮，以致經濟停滯不前，甚至倒退。

　　若沒有體制上的陷阱，則在「正常」情況下，在這個階段本地企業家將逐漸出現（外企的示範效應），企業利潤，培沃在地資本的累積與企業的茁壯。隨著企業規模的擴張或企業間的結盟，乃有足夠資本參與資本密集產業的經營，乃至與跨國企業進行合資合作，在政府之外資政策下透過適當的政策誘導或篩選，[3]引進較為先進的產業，漸漸往技術密集的產業提升。要言之，這個階段的適當發展模式為：透過開放政策在市場機制的作用下，培育在地企業、資本與提升技術，產業得以由勞力密集，至資本密集而技術密集，逐步融入國際分工體系，並往附加價值高的上、中游階段進步。例如：台灣之早期由紡織業下游的成本服飾往中游的織布，而至設計與布料研發。[4]台灣與南韓都成功躍升到高階中所得行列。反之，菲律賓、印尼及南亞的

2　有者是透過募集主權資金與國際代理商，將錢洗到國外。馬來西亞財政部的主權基金「一馬發展公司(IMDB)」在2009～2014年間被當時首相納吉與政府官員透過美國高盛(Goldman Sachs)洗錢、藏錢至國外。2020年7月高盛明知弊案，仍協助行賄串謀3次發債募資65億美元，前首相納吉遭到判刑入獄12年，罰款2.1億令吉。2020年11月高盛集團被美國SEC控訴違反《海外反腐行為法》，支付29億美元和解金。見http://ec.ltn.com.tw/article/3332356(2022.11.16)。

3　一般而言，吸引外資的政策，在給予低租稅優惠下，視產業發展的目標，會要求外企與在地企業或國營企業合資，以利提升在地技術水準，或直接要求技術移轉。中國以「市場換技術」的發展策略，最受矚目，爭端亦大。

4　見黃登興(1999)，《產業內貿易的形成：台灣紡織業的驗證》。

斯里蘭卡，都在體制缺陷下停滯不前；斯國更在舉債容易（缺少透明度與問責度）的誘因下，參與中國一帶一路舉債建設，落至債務違約而經濟破產的地步。

反之，若體制上出現前述「裙帶／虛假資本主義」之經濟發展的陷阱，則生產力將無法提升，來投資的跨國企業只是游牧式尋找低廉勞工成本的外企。一旦這些外資被更便宜的勞力供給國吸走，就即刻陷入衰退的危機，如 1997 年亞洲金融風暴下的東南亞，不但即將成長為高階中等所得群組前夕的印尼、菲律賓，回落到更遠的低所得群組；已經在高階中所得水準的馬來西亞，甚至跌落到低群組，到了 2000 年才恢復原來水準。

斯里蘭卡在引進外資的擴張政策上，於 2002 年進入初階中等所得行列，結束內戰後更以增加國際借款來擴大基礎建設，讓成長加速。2013 年加入中國的一帶一路而大肆舉債進行基礎建設，國民所得一路逼近低階中等所得上限，但在即將躍進高階中所得前夕，已無力償還到期的國際債務。在 2022 年 4 月 13 日宣布外債違約（見附錄 9-1），7 月 5 日宣布國家破產。其表面原因雖是 COVID-19 疫情造成觀光業受創，以及俄烏戰爭的糧食與能源進口成本增加所致，但這些都只是戳破其假性成長泡沫的表面因素；缺少自有的企業人才、人力與資本，導致其經濟韌性脆弱才是根本原因；體制上形成裙帶資本主義、少數壟斷的剝削式經濟模式，加上中國一帶一路的貸款建設缺少透明度與問責度，讓國庫被貪腐掏空，又是最為根本的原因。

9-1-3 第三階段：高階中等所得時期（蛻變階段：跳出「中等所得陷阱」）

在這階段，國內產業結構得進一步提升到技術密集部門的出現，參與附加價值高的跨國分工階段之生產，而非停留在下游低階的

組裝加工製造，才有可能跳出中所得陷阱。所以，這時期的發展策略在於技術提升（人才培育、延攬，獲得資本與金融市場的健全）。

就這一階段的經濟發展模式而言，台灣與南韓為成功典範應無疑義。兩國的政府都在其產業發展政策上，扮演關鍵角色，堪稱運用「國家資本主義」成功發展的模範。在前一階段，由於法規的不全與環保意識不足，通常接收到先進國家淘汰的「不好產業」——高環境汙染、高危險的產業，如台灣在 1970、1980 年代下游紡織業與高汙染的電子加工電鍍，乃至收受五金廢料及拆船業等（參附錄 9-2），雖創造工業化初期的就業機會，加速經濟成長，但也付出相當大的環境成本，其汙染迄今尚難清除乾淨。唯仍孕育不少的台灣本土企業家，伴隨政府的政策，讓 1980 年起逐漸轉型為電子、電腦，乃至重要的資訊、通訊產業 (ICT) 與半導體產業的世界主要產地與出口國，並在 ICT 與半導體供應鏈上占有關鍵性的位置。

要言之，經濟開放，並非放任「自由貿易」，為避免放任自由貿易下的種種陷阱，[5] 適當的管制與產業政策的配合有其必要，更扮演能否躍出中等所得陷阱的關鍵角色。先進國家均有產業政策：扶植「好的產業」，汰除壞的產業。所謂「好的產業」，是指能對於未來的產業發展、經濟發展有長遠激發作用的產業，這些產業通常是技術密集，能帶動上、下游整個產業的發展。

台灣的經濟發展，被各國與國際學界認定是成功的案例，其發展過程中，的確有透過產業政策，搭配出口導向的貿易政策之軌跡。台灣在 1960 年代初期以農業養工業，從農產加工到成立加工出口區邁進成衣、製鞋等輕工業，吸引的外資主要是美國、日本與歐洲的荷蘭；1960 年代下半到 1970 年代的出口導向政策下之家庭電器與電子

5　見黃登興，《自由貿易行不行》導論。

工業的發展；1973 年的石油危機後，以扶持台灣的機械設備產業為主的第二次進口替代政策，都可歸類於產業政策。我們聽到台灣的自由化經貿政策，其實是在 1980 年代的中期以後了，同時並行的則是舉世聞名，也是吸引許多後繼的新興經濟國家來取經的科技產業發展策略。新竹科學園區則為取經團必定要參觀的地點。通常論文一提到台灣這時期的半導體產業發展，就會提及工業研究院或資策會等政府人才培育以及帶頭研發的措施，也會想到把關鍵技術傳授到台灣的美國 RCA 與荷蘭的飛利浦來台投資所扮演的角色。[6]

　　相對於台、韓的發展，東南亞諸國的經濟發展歷史與其停滯於中等所得階段的結果，值得對照。東南亞國協 (ASEAN) 成立於 1967 年，由馬、新、印、泰、菲五個會員成立，迄 1997 年金融風暴前夕，其會員國增加了汶萊（1984 年加入）、越南 (1995)、緬甸與寮國。三十年歷經軍事政治合作期 (1967～1997)、同床異夢的經濟合作期 (1976)、積極經貿合作期 (1984)、因應國際局勢而進行自由貿易區的整合期 (1992)、1997 年金融風暴後經濟衰退期。[7]到此，我們幾乎可以論定：東南亞的開放，雖然帶來了十多年的快速經濟發展，卻不具持續性。何以如此？如果我們將東協諸國的經濟特質與台、韓、新、港做個比較，則不難看出端倪。

　　東協諸國除新加坡之外，都於 1980 年代的中期開始採行出口導向的貿易策略，也大幅開放引進國外資本，包括歐美資本與日本資本，乃至於 1980 年代中期以後的台灣與南韓的資本。此一政策也的確為該地區帶來了空前的經濟成長；舉世無不矚目，並且冠以繼東

6　墨西哥，同樣是設立了加工出口區，還加上NAFTA (1994)的加持吸引跨國企業的投資，為何卻沒有變成如所預期的「南韓第二」？當中緣由值得玩味，應該是人力資本的缺乏與體制因素使然。

7　參閱黃登興(1998)，〈金融風暴與東協自由貿易區的未來〉，《經濟情勢暨評論季刊》第一期。

亞四小龍（香港、台灣、南韓、新加坡）後即將起飛的四小虎。然而，1997 年 7 月的金融風暴無異是宣布東協的發展缺乏永續性，技術不能生根、製造業沒有真正落腳在當地。因而當中國大陸與越南於1980 年代末期採行開放政策，以更低廉的勞工來吸引外資後，東協頓失其賴以吸引外資的誘因，大量的外資於是自東協急速撤出而轉往中國大陸與越南等尋求更低的製造成本。

反過來看，於 1980 年代之初期，面對日本與歐美的資本轉向東協的馬來西亞、泰國與印尼等工資比較便宜的地區時，台灣與南韓並沒有發生類似前述東協嚴重資本流失的現象。何故？台灣的高素質人力並非東南亞非技術性的低廉勞工可以替代，因此，東協的低工資並沒有威脅到台灣技術性勞工為主力的產業。非但如此，台灣還有足夠的資本可以輸出到東協從事低級加工層次的投資，或將整個產業中簡單的加工程序移到該廉價勞工地區。

要之，國民教育程度不斷提升，人力資本不斷累積，是台灣乃至於南韓得以避免後續跟隨者的廉價勞力競爭，躍上高階跨國產業鏈，進入高所得行列。光是開放、引進外來經濟力量以圖永續的發展區域經濟，可能會落得一場空，乃至於面對一場浩劫。如何一方面引進國際經濟力量，一方面提升區域內的人力資本以吸收轉化外來刺激為內部發展的長久動力與根基，是跨出中所得陷阱的重要策略。

9-2 體制的演進與經濟發展

若市場機能，是要素生產力充分發揮的前提，而市場機制只有在民主政體的法治與秩序下方能發揮，則隨著經濟發展而向民主體制轉型是否成功，成為跨出中所得陷阱的必要條件。事實也是如此，目前進入高所得群組的國家，非民主政體屈指可數，例外者如東南亞的汶

萊，唯其主要 GDP 為天然資源石油，堪稱坐擁黑金。但不是所有擁有石油的國家均能發展成高所得國，也是由於體制的問題，以致陷入「資源的詛咒」(resources curse)，反而內戰頻仍或外侮不斷，而深陷經濟發展的泥淖。

　　經濟發展伴隨的國民所得提高，並不能保證演化出成熟的民主體制與法治社會，市場機制的效力發揮將因此出現瓶頸。中國大陸在 1980 年代以來的開放改革，於共產社會主義大環境下，藉助市場經濟讓經濟快速成長了近二十年，歐美各國也在華盛頓共識的主流思潮下，[8] 容忍中國以市場換技術，乃至任其玩弄 WTO 規則，成為全球工廠。進一步，中國從世界加工基地，而逐漸在 ICT 產業乃至數位科技產業的部分階段占上壟斷國際市場的位置，其國民所得也如預期躍進中所得的低階群組，並在 2009 年順利進入高階中所得國；在胡溫體制下，有限的保障私人財產權，充分讓市場機制發揮效力，並搭配中央控制式的「國家資本主義」，帶來長期的經濟成長（見第 6 章）。

　　然而，中國並未如西方民主國家所預期的往民主體制發展。隨著習近平 2012 年上台，走向更為專制的政體，與市場經濟受到更嚴格的管控，其開放型的高速成長乃逐漸結束。首先，習近平順利除去開放以來，鄧小平定下之連任兩次的限制，並順勢應用數位技術加強對個人與市場的管控力道。隨著 2017 年中美貿易戰的爆發、2020 年以來之 COVID-19 全球疫情與 2022 年 2 月爆發的俄烏戰爭，全球性的產業供應斷鏈，世界經濟陷入通膨與低迷，中國因應疫情而堅持的「清零政策」，更讓其經濟雪上加霜，經濟成長預計將陷入長期的低迷，跨出中所得陷阱的可能性幾乎為零。

8　華盛頓共識，建立在 Lipset (1959) 的現代化理論，該理論主張所有社會隨著經濟成長將越來越現代化、越文明，最後必然走向民主制度。

　　總而言之，經濟成長並不能保證民主體制的到來，發展過程的諸多元素，特別是利益團體的形成與超額利潤的誘惑，可能讓體制走向裙帶資本主義或寡頭壟斷的政治體制，形成另類的剝削或經濟體制，則國民所得將一直在低所得與中所得間擺盪，陷入惡性循環的泥淖。

9-3 經濟發展的反思

　　本書所討論之經濟發展的成敗，是以平均國民所得能否持續提升以突破成長的瓶頸為標準。但是平均國民所得的計算，並未納入非市場活動所創造的價值，如居住環境、所得平均度等等，難以反映真實國民福利水準，何況經濟發展的陷阱處處存在，我們僅在附錄 9-2 提出兩類：資源的詛咒與環境汙染的代價，以資警示。

　　以下作為本書的結束，並對一味追求經濟發展的迷思提出異議。

　　記得 1994 年「遠東經濟學會的第四屆國際研討會」在台北圓山飯店舉行，會議上有位來南亞國家的學者提到一個建議：

　　‧「可不可能聘請台灣學者去授課，以提升其人民的企業經營能力？」

　　‧「何以有此一問？」現場有位來自美國的學者則反問。

　　‧「促進經濟發展，提高所得。」

　　‧「可是根據一項針對東亞地區的問卷調查報告：針對『你快樂嗎？』這個問題的答案統計結果顯示，日本人的日子過得最不快樂，其次是新加坡、香港，而後南韓、台灣，斯里蘭卡的百姓則屬於最快樂的國度。換句話說，平均國民所得越高的國家，其老百姓的平均生活滿意程度越低。貴國雖然平均國民所得很低，但是老百姓活得很快樂。」

・「不過我們還是得提高國民所得。我們得工業化。」

曾經是上世紀 90 年代的快樂國度，在 2022 年 7 月卻落得國家破產、經濟崩潰。追求經濟發展的代價何以如此之高？發展過程的陷阱處處在，如何避開？能否避開？值得省思。

附錄 9-1　體制品質與經濟發展的極限：細說斯里蘭卡的崩壞

（發表於工商論壇，2022.08.21）

　　斯里蘭卡有 2,200 萬人口，與台灣相近，土地面積有台灣的 1.8 倍，美麗的海岸風景與深厚的文化底蘊有「印度洋珍珠」之稱，每年吸引成千上萬的國際遊客，2019 年之前觀光收入曾高達 GDP 的 5%；主要出口品為茶、香料及一些勞力密集的輕工業產品。2019 年末的全球新冠肺炎，導致觀光收入大幅銳減，加上 2022 年 2 月下旬爆發的俄烏戰爭、國際糧食、能源價格及海運成本大幅上漲，導致斯國賴以進口的糧食和能源必需品國內價格跟著大幅上揚，也加速外匯存底的枯竭。

　　斯里蘭卡央行於 2022 年 4 月 13 日宣布無力償還 510 多億美元的國際債務，成新冠疫情爆發以來，亞洲第一個債務違約國。本來就因為外匯存底不足而無力進口糧食原料、石油而膨脹的物價更形惡化，沸騰的民怨更難控制。原本不願下台的總理馬新達·拉賈帕克薩 (Mahinda Rajapaksa)，〔當時總統哥德巴雅 (Gotabaya Rajapaksa) 之哥哥，也是前前任的總統〕，終於在 5 月 9 日辭職，換上拉尼爾 (Ranil Wickrema-Singhe) 再度（第五度）回任總理。7 月 5 日總理向國會報告國家已經「破產」；拒絕下台的總統，面對高漲的民怨，僅宣布將賦予國會更大權力並改組內閣，也保證其家族成員退出新閣。此舉顯然未能平息民怨，7 月 9 日示威群眾占領總統府與官邸，總統出逃經馬爾地夫到新加坡，在 12 日以 e-mail 向國會辭職；2005 年以來由馬新達領頭的拉賈帕克薩家族四兄弟及其下一代之分居政府要職的時代，乃畫下句點。

　　因全球疫情而失去觀光外匯收入，國際糧食、能源及海運成本

大漲而增加進口成本者，非斯國所獨有；何以斯里蘭卡會落到經濟崩潰、國家破產的地步？我們回頭檢視其發展歷程，可以發現一些脈絡。

首先就近因而言，外債累積過速、國家治理失策。2019 年 11 月放棄美國籍回國選上總統的哥德巴雅剛上任時，外債只有 76 億美元，到 2022 年 4 月央行宣告無力償還主權債務時，外債卻高達 510 億美元；短短不到兩年半，外債何以增加如此之快速？據媒體的報導與世銀統計，2000～2020 年間來自中國的貸款就增加了 117 億美元，2021 年向 IMF 的貸款協商因不接受其附帶條件而未果，乃轉向中國大陸再貸 30 億美元。其次，就國家治理而言，2009 年內戰結束以來，大型基礎建設多流於「大白象工程」，低使用率甚至虧本營運，卻留下大量的外債，落得以債養債的惡性循環。再者，哥德巴雅總統於 2019 年底上任，即大幅減稅以兌現競選諾言，造成國家財政惡化；2021 年 4 月以發展有機農業國為由停止進口化肥（外匯也不足），導致糧食欠收，進口依賴更深並加速外匯耗竭。

要言之，舉債興國卻管理不善，亦即主權債務積累太快、太高，加上政策失當、國庫空虛；不可抗的國際風險（COVID-19 疫情重創占 GDP 5% 的觀光業、俄烏戰爭引起的國際糧能進口成本大幅增加），只是壓垮駱駝的最後一根稻草，國家治理不當才是主因。國家治理不當又根源於政經體制的問題，亦即政治經濟學上稱為「體制品質」(institution quality) 不佳，導致政策上寅吃卯糧，財政長期透支而外債高築，讓國家面臨外來風險時失去經濟命脈的韌性而崩潰。

根據我們的實證研究，體制品質越差的國家越難有持續性成長，以致難以跨越世界銀行定義的低或中所得的上限（如中等所得陷阱）。斯里蘭卡在脫離殖民地位後，到 1978 年成功地發展成民主的總統制，雖然 1983 年起陷入長達 26 年「坦米爾伊蘭之虎解放組

織」(LTTE) 的內戰，斯國經濟仍穩定成長，在 1997 年成為中等所得國家，甚至在內戰結束隔年的 2010 年，陸續超過印尼和菲律賓。後續，斯國繼續透過國際貸款，特別是加入中國的一帶一路計畫，進行大規模基礎建設，帶動經濟成長。以國家投資來帶動經濟成長的發展策略，在造成上世紀 1980、1990 年代東亞經濟奇蹟的台、日、韓、新乃至後續的馬、泰、菲、印，都有成功的典範可循，但斯國卻落入債務累積的惡性循環，終至以潰敗收場。若我們約略以內戰結束的 2009 年為界，對照前後的政經體制，大致可發現其關鍵。

1994 年 11 月上任的第一位女總統，錢德里卡・庫瑪拉通加 (Chandrika B. Kumaratunga)，擁有巴黎大學發展經濟學博士的學位，父母班達拉奈克夫婦 (Bandaranaike) 先後擔任過改制前的總理。她先擔任西部省首席部長，並在前一任總統下擔任總理兼財政、計畫、民族事務與國家統一部長；大權隨著她上任為總統而移轉，斯國的政體由總理制，轉為集權力於一身的總統制。或許由於行政集權的效率，讓她得以施展其發展經濟學專長來治理國家經濟，在內戰環境下仍將國家經濟穩健帶出低所得國之列，於 1997 年成為中等所得國。但也因這種體制，監督難問責度低，讓該國陷入中所得陷阱，乃至目前的經濟崩潰情境。

錢德里卡任內先後任命了四位總理，首任為擔任過總理的母親班達拉奈克夫人，最後一任是前總統馬新達・拉賈帕克薩。後者以平亂英雄的聲望獲選為 2005 年的下一任總統，並在 2010 年修憲除去總統連任一次的上限；集權總統制讓他把四兄弟乃至下一代引進內閣，開始長達十七年之拉賈帕克薩家族時代。集權總統制變成準家族體制的治理模式，造成貪腐失能；帶動國家發展的基礎建設之投資，變成大而無用的「大白象工程」，例如以其家族命名的第二國際機場、位於其家鄉的漢班托塔港、亞洲最大的板球場等等。舉債興建卻無以支

付貸款本息，落得將漢班托塔港以 99 年租給債主中國，或繼續以債養債。大抵而言，近十多年來斯國以國際借款通融基礎建設的經濟發展模式，在其特有體制下，所呈現的經濟成長，其實是掏空國家實力的泡沫假象，近年的種種國際風暴只是刺破泡泡的外因。

附錄 9-2　經濟發展的陷阱

一、資源型的經濟（資源的詛咒）

　　資源豐沛型的國家，在引進外資開發的策略上，可能得面對資源被跨國企業所掌控，與開發利益落入少數特權或權貴階級，形成剝削式經濟體制，步上自然資源耗竭的末路。此外發展過程中的所得重分配問題也隨時在上演：出口部門的生產者所得提高，卻是以進口品的區域內生產者的失業爲代價；更不幸的是若這些出口部門由外來資本家所掌控，則這個貿易利益完全爲外商所攫獲，區域內居民則完全淪落爲普羅階級；[9]開放貿易與外商的結果造成區域內的普羅階級化(proletarized)，進而妨礙經濟成長。[10]

二、環境汙染的代價（台灣的觀音工業區經驗）[11]

　　一個地區的開發，如同一國之工業化需要相當規模的資本，不幸的是在發展的初期由於所得低，有形的儲蓄微乎其微，資本難以形成。於是依賴外來資本的開發以促進經濟發展，成爲不可避免的途徑。不幸的是，外資的引進通常也伴隨著毀滅性的潛在陷阱；若不幸掉入這些陷阱，則區域發展的美夢成爲泡影，猶有甚者區域內的經濟資源變成資本帝國主義的獵物。如何避免這些陷阱，毫無疑問地，將是區域永續發展的前提。

　　1970 年代來台灣設廠的美國 RCA 公司爲了節省成本，而將有毒

9　參閱W. Arthur Lewis (1955)、Grossman (1984)，以及Calvo and Wellisz (1980)，有關開放貿易與外商投資對國內企業階級的負面影響。

10　一個新開放的區域可能成爲工業化地區。然而製造業大規模生產的特性之下，理論上當我們考慮運輸成本的前提下，小區域（人口較少生產資源較小者）較難吸引製造業來落腳，參閱Krugman (1993)。所以加工出口區的選址，若要吸引勞力密集企業，以勞力豐沛區爲上選。反之，就科學園區而言，則以技術人才聚集區位首選。

11　這一節取自黃登興(2011)。

的有機廢料 (Volatile Organic Compound, VOC) 倒入廠區所挖掘的地下水井中。政府在招徠外商的辦法中除了減稅與行政手續的支援外，並沒有明文賦予外商汙染土壤與地下水的權利。然而 RCA 卻在沒人知道的情況下挖了地下水井，以最省錢的方式來處理其有毒的廢棄物；即便是有人知道他們處理廢棄物的方式，在當時可能國內也沒有人有能力去阻止，或有足夠的科學知識來判斷這些水井的用途與其可能的汙染嚴重性。

RCA 在桃園產區所造成長期的土壤與地下水汙染，在當年沒有人去注意，附近居民沒有能力去知道，工廠內的本地工人也不知道每天所處理的廢物有多毒；外商只管降低各種生產成本，不惜斷送地主國經濟資源令其枯竭；而政府只注意到表面的經濟指標，如就業人數增加了、國民產值提高了、對外貿易之中的出口增加了，既無能力也無動機去監督外商的不道德行徑。

直到二十年後（即 1990 年初），統計數字顯示當年直接暴露在汙染源的工人，及飲用附近地下水的居民罹患癌症比率特高。於是，當年 RCA 不顧地主國環境的永續維護，而汙染地下水與土壤之問題才慢慢暴露出來。1994 年政府不得不動用一大筆預算，委請美商奇異 (GE) 公司進行整治，四年後 (1998) 的 5 月分，該公司向台灣的環保署提出整治報告：「由於受到地表不均勻的影響，無論採取任何技術，地下水已經確定無法整治到符合飲用水的標準，而如果採取不當的汙染整治技術，反而會使汙染情況變得更糟糕。」（參閱《中國時報》，1998.05.19）。當初不明就裡而向 RCA 買下廠房用地的長億集團，一方面透過法律途徑向 RCA 求償之外，另一方面企圖在所有可能的防護、監控及風險評估措施都完成後，申請有關單位核准其變更為住宅區與商業用區；受害員工罹患癌症者也由勞保局宣布准予沿用勞工醫療給付，於是整個案子暫告段落。

　　如果我們回過頭重新就成本效益之角度來問：當時大量引進外資來台灣設廠是否值得？答案可能是否定的。透過各種優待吸引外商來設廠，固然帶來了短期利益，像就業增加、國內產值提高與出口值的擴張等等；卻無法避免環境的汙染與地力之耗竭，長期的整治成本核算下來可能得不償失。諷刺的是還得花大筆錢給當初輸出汙染源的國家，再來清除受到汙染的地下水與土壤，最後還宣告整治無效。

　　台灣的 RCA 汙染案極可能並非特例。桃園縣內的觀音鄉大潭村，稻田因為工廠排放汙水導致重金屬鎘汙染了灌溉用水，使其產出的稻米受到汙染，整片的稻田迄今還在廢耕狀態。整個村子的居民長期以來，不知情地食用受到汙染的米糧，相繼罹患不明病症；[12] 最後證實為重金屬汙染所致，結果以遷村收場。這種因為開發過程引進外商產業所導致的環境汙染甚至是毀滅，也非台灣特有。舉凡所有開發中國家，在企圖引進外資工廠以加速其經濟發展的腳步時，都很可能會面臨這種陷阱而不自知。所有於已開發國家產業中，願意到國外設廠的往往是所謂的夕陽產業，包括勞力密集度高以及汙染性高的產業，前者因當地工資高而失去比較經濟利益，後者則因當地居民的環保意識強烈，不能見容於當地或者得支付相當高的汙染處理成本，而喪失其比較利益。處於相對弱勢的開發中國家，身為地主國，由於相對技術的欠缺、監督能力的不足，或者因為政府效率的低落，決策過程較少透明化而容易引其起勾結的弊端，因此這些已開發國家得以投資之名而行汙染輸出之實。

12　其汙染源為「高銀化學公司」。值得一提的是：該村有一批泰雅族系的原住民，他們原本因居於石門水庫淹沒區，而接受政府安排遷村到大漢溪下游的河川地，後來因為民國52年葛樂里颱風的災害，又再度遷村到大潭村。經過這一次的鎘汙染事件，最後落為「都市原住民」。（參考《中國時報》，1996.11.23，伊凡・尤幹，「喀拉社泰雅族部落三次遷徙滄桑史」。）

參考文獻

9 號文件報導資訊，請至 BBC 網頁查詢

　　(https://www.bbc.com/zhongwen/trad/china/2013/08/130819_nytimes_cpc_document)。

維基百科—海地歷史

　　（https://zh.wikipedia.org/zh-tw/ 海地歷史）。

佐藤幸人 (1989)，〈纖維產業〉，《香港工業化的棟梁》，谷浦孝雄編 (1988)，第六章，第一節，183-195。

中村哲 (2017)，《東亞近代資本主義的形成》，中央研究院，人文社會研究中心—亞太區域專題研究中心。

中央研究院亞太區域研究專題中心 (2003)，〈東南亞政經大事記 (1900-2000)〉，《亞太研究論壇》，20，64-92。

李明峻編譯 (2006)，《東南亞政經大事記 (1900-2004)》，中央研究院亞太區域研究專題中心。

林毅夫 (2010)，〈新結構經濟學〉，《經濟學》（季刊），1，1-32。

林南 (2007)，〈社會資本理論與研究簡介〉，《社會科學論叢》，1(1)，1-32。

林南、陳志柔與傅仰止 (2010)，〈社會關係的類型和效應：台灣、美國、中國大陸的三地比較〉，《台灣社會學刊》，45，117-162。

林柏生、黃登興與黃幼宜（2001 年 12 月），〈勞動力調整機制與鄉村勞動力回流〉，《台灣經濟學會年會論文集》，269-295。

吳介民 (2019)，《尋租中國：台商、廣東模式與全球資本主義》，國立臺灣大學出版中心。

段承璞 (1994)，〈台灣經濟研究與發展經濟學〉，《台灣戰後經濟》，第一章，第三卷，1-28，人間出版社。

陳玉璽（段承璞譯）(1992)，《台灣的依附型發展：依附型發展及其社會政治後果》，第五卷，人間出版社。

陳宏易與黃登興 (2009)，〈亞洲地區產業競爭優勢的更迭：雁行理論的再驗證〉，《經濟論文叢刊》(*Taiwan Economic Review*)，37(2)，185-211。

黃登興與徐茂炫 (1997)，〈殖民關係與貿易型態在台灣日據時期的驗證〉，《經濟論文叢刊》，369-399。

黃登興 (1998)，〈金融風暴與東協自由貿易區的未來〉，《經濟情勢暨評論季刊》，4(1)，經濟部研究發展委員會編印，87 年 5 月號。

黃登興 (1999)，〈產業內貿易的形成：台灣紡織業的驗證〉，《自由中國之工業》，
　　89(7)，1-30。

黃登興、林柏生與黃幼宜 (2003)，〈農村失業模型的理論與應用：WTO 下的農業政策〉，
　　《農業與經濟》，33，23-49。

黃登興 (2000)，〈雁行產業發展模式在東亞地區的驗證〉，《東南亞區域研究通訊》，
　　12，6-29。

黃登興 (2011)，〈海外投資與外資〉，《中華民國經濟發展史：經濟發展》，511-
　　542，政治大學與聯經出版社。

黃登興 (2011)，吳榮義主編，〈環保對台灣產業發展的影響與因應策略〉，《台灣經
　　濟發展策略》，第 4 章，翰蘆圖書出版有限公司。

黃登興 (2012)，〈東南亞的外人直接投資與經濟發展〉，《台灣東南亞學刊》，9(1)，
　　25-54。

黃登興 (2018)，〈全球經貿組織重整與保護主義再起〉，《2018 年經濟年鑑》，5-11。

黃登興 (2018)，〈失衡的全球貿易：中美貿易戰的根源與新保護主義之挑戰〉，中央
　　研究院經濟研究所 2018 年 12 月 6 日〈國際貿易新秩序〉論壇引言報告。

黃幼宜、黃登興與李政德 (2009)，〈技術優勢、本國市場效果和產業消長〉，《人文
　　及社會科學集刊》，21(4)，555-586。

黃幼宜、黃登興與蔡青龍（2017 年 10 月），〈近代東亞貿易雙軸心現象之演變〉，《台
　　灣東南亞學刊》，12(2)，3-34。

黃幼宜與黃登興（2016 年 3 月），〈市場規模、廠商規模與城鄉失業〉，《經濟論文》，
　　44(1)，1-33。

楊子萇 (2019)，〈東亞經濟軸心與東協發展：以紡織業為例〉，《亞太研究論壇》，
　　66，47-75。

瞿宛文 (2017)，《台灣戰後經濟發展的崛起：後進發展的為何與如何》，聯經出版社。

廖正宏、黃俊傑與蕭新煌 (1986)，《光復後台灣農業政策的演變》，中央研究院民族
　　學研究所專刊乙種第十八號。

周憲文 (1980)，《台灣經濟史》，開明書局。

張苾蕪譯 (1994)，《台灣政治經濟學諸論辯析》，人間出版社。原著：Winckler, E.
　　A. and Greenhalgh, S. (1988), "Contending Approaches to the Political Economy of
　　Taiwan," ME Sharpe.

Abrami, R., Kirby, W., and McFarlan, F. W. (2014), *Can China Lead?: Reaching the Limits of
　　Power and Growth*, Harvard Business Review Press.

Akamatsu, K. (1935), "Trade of Woolen Products in Japan," *Studies of Commerce and Economy*, 13(1), 129-212. (in Japanese)

Akamatsu, K. (1937), "Dialectic Synthesis of Japanese Economic Developmen5," *Studies of Commerce and Economy*, 15(1), 179-210. (in Japanese)

Akamatsu, K. (1956), "Flying-geese Pattern of Industrial Development in Japan-on Machinery Industry," *Hitotsubashi University Studies*, 36(5), 514-526.

Akamatsu, K. (1961), "A Theory of Unbalanced Growth in the World Economy," *Weltwirtschaftliches Archiv*, 86, 196-217.

Akamatsu, K. (1962), "A Historical Pattern of Economic Growth in Developing Countries," *The Developing Economies*, 1, 3-25.

Alam, M. S. (1994), "Colonialism, Decolonization and Growth Rates: Theorical and Empirical Evidence," *Cambridge Journal of Economics*, 18(3), 235-258.

Arghiri, E. (1972), *Unequal Exchange: A Study of the Imperialism of Trade*, New York and London: Monthly Review press.

Autor, David H., Dorn, David and Gordon H. Hanson (2013), "The China Syndrome: Local Labor Market Effects of Import Competition in the United States," *American Economic Review*, 103(6), 2121-68.

Balassa, B. (1965), "Trade Liberalization and 'Revealed' Comparative Advantage," *Manchester School of Economics and Social Studies*, 33, 99-123.

Baldwin, R. E. (2006), "Multilateralising Regionalism: Spaghetti Bowls as Building Blocs on the Path to Global Free Trade," *The World Economy*, 29(11), 1451-1518.

Baldwin, R. E. (2008), "The Spoke Trap: Hub and Spoke Bilateralism in East Asia," *China, Asia, and the New World economy*, 51-85.

Barbara J. Spencer and Ronald W. Jones (1991), "Vertical Foreclosure and International Trade Policy," *The Review of Economic Studies*, 58(1), 153-170.

Bernard, M. and Ravenhill, J. (1995), "Beyond Product Cycles and Flying Geese: Regionalization, Hierarchy, and the Industrialization of East Asia," *World Politics*, 47(2), 171-209.

Bhagwati, J. (1966), *The Economics of Undeveloped Countries*, World University Library.

Bhagwati, Jagdish N. (1993), "The Diminished Giant Syndrome," *Foreign Affairs*, 72/2, 22.

Bijan, Z. (2005), "China's Peaceful Rise to Great-power Status," *Foreign Affairs*, 84, 18.

Breschi, S. F., F. Malerba, and L. Orsenigo (2000), "Technological Regimes and

Schumpeterian Patterns of Innovation," *The Economic Journal*, 110, 388-410.

Brezis, E. S., Krugman, P. R., and Tsiddon, D. (1993), "Leapfrogging in International Competition: A Theory of Cycles in National Technological Leadership," *The American Economic Review*, 83(5), 1211-1219.

Bruinshoofd, A. (2016), "Institutional Quality and Economic Performance," *Rabobank Research Economic Report*, Utrecht.

Calvo, G. A. and S. Wellisz (1980), "Technology, Entrepreneurs, and Firm Size," *Quraterly Journal of Economics*, 663-677.

Campbell, Kurt M. and Ely Ratner (2018), "The China Reckoning," *Foreign Affairs*, 97, 60-70.

Cardoso, F. H. (1972), "Dependency and Development in Latin America," *New Left Review*, 74, 83-95.

Cardoso, F. H. (1972), "Industrialization, Dependency and Power in Latin America," *Berkeley Journal of Sociology*, 79-95.

Cardoso, F. H. (1979), "On the Characterization of Authoritarian Regimes in Latin America," *The New Authoritarianism in Latin America*, 33-57.

Cardoso, F. H. and Faletto, E. (1979), *Dependency and Development in Latin America*, University of California Press.

Chang, H. J. (2006), "Understanding the Relationship between Institutions and Economic Development: Some Key Theoretical Issues," *Revista de Economía Institucional*, 8(14), 125-136.

Chen, Lurong (2011), "Regional Production Sharing Networks and Hub-ness in Latin America and East Asia: A Long-term Perspective," *Integration and Trade*, 32(15), 17-34.

Chow, P. (1990), "The Revealed Comparative Advantage of the East Asian NICS," *The International Trade Journal*, 5, 235-262.

Chow, P. (1998), "Export Ladders and Dynamic Comparative Advantages Revisited: A New Paradigm of Division of Labor Among Pacific Countries," *Mimeo*.

Clarida, R. H. and Findlay, R. (1992), "Government, Trade, and Comparative Advantage," *American Economic Review*, 82(2), 122-127.

Cumings, B. (1984), "The Origins and Development of the Northeast Asian Political Economy: Industrial Sectors, Product Cycles, and Political Consequences," *International Organization*, 1-40.

Deardorff, A. (2001), "Fragmentation across Cones," in Arndt and Kierzkowski (eds.),

Fragmentation: New Production Patterns in the World Economy, Oxford University press.

Dietz, J. L. (1980), "Dependency Theory: A Review Article," *Journal of Economic Issues*, 14(3), 751-758.

Dosi, G. (1988), "Sources, Procedures and Microeconomic Effects of Innovation," *Journal of Economic Literature*, 26, 1120-1171.

Edwards, S. (1984), "The Order of Liberalization of the Current and Capital Account of the Balance of Payments," N.B.E.R. Working Paper #1507.

Eichengreen, B., Park, D., and Shin, K. (2013), "Growth Slowdowns Redux: New Evidence on the Middle-income Trap," (No. w18673), National Bureau of Economic Research.

Ernst, C., Ferrer, A. H., and Zult, D. (2005), "The End of the Multi-Fibre Arrangement and Its Implication for Trade and Employment," Employment Strategy Paper 2005/16, International Labor Organization.

Evans, P. (1979), *Dependent Development: The Alliance of Multinational, State, and Local Capital in Brazil*, Princeton University.

Ezaki, Mitsuo (1995), "Growth and Structural Changes in Asian Countries," *Asian Economic Journal*, 9(2), 113-135.

Feenstra, Robert C. (2010), *Offshoring in the Global Economy: Microeconomic Structure and Macroeconomic Implications*, MIT Press.

Fei, J. C. and Ranis, G. (1963), "Innovation, Capital Accumulation, and Economic Development," *The American Economic Review*, 283-313.

Fei, J. C. and Ranis, G. (1966), "Agrarianism, Dualism and Economic Development (No. 2)," Center Discussion Paper.

Frank, A. G. (1969), "The Development of Underdevelopment," *Monthly Review*, 18(4), 17-31.

Frank, A. G. and Frank, Y. (1979), *Mexican Agriculture 1521-1630: Transformation of the Mode of Production*, CUP Archive.

Fujita, M. and Hamaguchi, N. (2007), "Brand Agriculture and Economic Geography: A General Equilibrium Analysis," (No. 207).

Gore, C. (1996), "Methodological Nationalism and Misunderstanding of East Asian Industrialization," *European Journal of Development Research*, 8(1), 77-122.

Grossman, G. M. (1984), "International Trade, Foreign Investment and the Formation of the Entrepreneurial Class," *American Economic Review*, 605-614.

Grossman, G. M. and Helpman, E. (1991), "Quality Ladders and Product Cycles," *The Quarterly Journal of Economics*, 106(2), 557-586.

Grossman, G. M. and Helpman, E. (1991), "Trade, Knowledge Spillovers, and Growth," *European Economic Review*, 35(2-3), 517-526.

Hamid, M. and Aslam, M. (2017), "Intra-regional Trade Effects of ASEAN Free Trade Area in the Textile and Clothing Industry," *Journal of Economic Integration*, 32(3), 660-688.

Harris, J. R. and M. P. Todaro (1970), "Migration, Unemployment and Development: A Two-Sector Analysis," *American Economic Review*, 60, 126-142.

Helg, R. (1998), "Volume of Trade and IIT: Description and Inference for the East Asian Countries," LIUC and Universita Bocconi, Mimeo.

Helpman, E. and Krugman, P. R. (1985), *Market Structure and Foreign Trade: Increasing Returns, Imperfect Competition, and the International Economy*, MIT press.

Huang, D. S., Shea, C. D., and P. C. Lin (1990), "On the Welfare Effects of Liberalization in a Country of Dual Financial System," paper presented at the Conference on Taiwan's Financial and Price Issues, Taipei: Institute of Economics, Academia Sinica, June, 1990.

Huang, D. S., Huang, Y. Y., and Sun, Y. C. (2006), "Production Specialization and Trade Blocs," *Journal of Economic Integration*, 21(3), 474-495.

Huang, D. S., P. C. Lin, and Y. Y. Huang (2006),"Learning-by-Exporting: Micro-Dynamic Evidence from Taiwan," *Global Economic Review*, 35(4), 397-411.

Huang, D. S., Huang, Y. Y., and C. T. Tsay (2021), "On the Determinant of Trading Hub in East and Southeast Asia," *Taiwan Economic Forecast and Policy*, 51(2), 91-130.

Huang, Y. Y., Lee, C. T., and D. S. Huang (2014), "Home Market Effects in the Chamberlinian-Ricardian World," *Bulletin of Economic Research*, 66(S1), S36-S54.

Huang, Y. Y. and D. S. Huang (2019), "A Maturity-Approaching Model of IQ and MIT: Empirical Evidence from East Asia," presented at the Macro-econometric Modeling Workshop, MMW 2019, Institute of Economics, Academia Sinica.

Ito, T. (1994), "The East Asian Miracle: Four Lessons for Development Policy: Comment," *NBER Macroeconomics Annual*, 9, 274-280.

Ito, T. (2017), "Growth Convergence and the Middle-Income Trap," *Asian Development Review*, 34(1), 1-27.

Jones , R. W. and H. Kierzkowski (2001), "A Framework for Fragmentation," in Arndt and Kierzkowski (eds.), *Fragmentation: New Production Patterns in the World Economy*, Oxford University press.

Kahkonen, J. (1987), "Liberalization Policies and Welfare in a Financially Repressed Economy," *IMF Staff Papers*, 34, 631-547.

Kanchoochat, V. (2015), "The Middle-income Trap and East Asian Miracle Lessons," *Rethinking Development Strategies after the Financial Crisis*, 1, 55-66.

Kharas, H. and Kohli, H. (2011), "What is the Middle Income Trap, why do Countries Fall into It, and how Can It be Avoided," *Global Journal of Emerging Market Economies*, 3(3), 281-289.

Kojima, K. (1973), "A Macroeconomic Approach to Foreign Direct Investment," *Hitotsubashi Journal of Economic*, 14, 1-21.

Kojima, K. (1973), "Re-organization of North-South Trade: Japan's Foreign Economic Policy for the 19702," *Hitotsubashi Journal of Economics*, 13(2), 1-28.

Kojima, K. (1978), *Japanese Direct Foreign Investment: A Model of Multinational Business Operations*, Croom Helm.

Kojima, K. (1995), "Dynamics of Japanese Direct Investment in East Asia," *Hitotsubashi Journal of Economics*, 93-124.

Kojima, K. (2000), "The 'Flying Geese' model of Asian economic development: origin, theoretical extensions, and regional policy implications," *Journal of Asian Economics*, 11(4), 375-401.

Korhonen, P. (1994), "The Theory of the Flying Geese Pattern of Development and Its Interpretations," *Journal of Peace-Research*, 31(1), 93-108.

Kosai, Y. and Tran, V. T. (1994), "Japan and Industrialization in Asia-An Essay in Memory of Dr. Saburo Okita," *Journal of Asian Economics*, 5(2), 166-76.

Krueger, A. O. (1978), *Foreign Trade Regimes and Economic Development: Liberalization Attempts and Consequences*, Cambridge, Mass: Ballinger.

Krugman, P. (1979), "A model of Innovation, Technology Transfer, and the World Distribution of Income," *Journal of Political Economy*, 87(2), 253-266.

Krugman, P. (1980), "Scale Economies, Product Differentiation, and the Pattern of Trade," *The American Economic Review*, 70(5), 950-959.

Krugman, P. (1993), "The Hub Effect: Or, Threeness in Interregional Trade," in Ethier et al. (ed.), *Theory Poliay and Dynamics in International Trade*, 29-37.

Krugman, P. (1994), "The Myth of Asia's Miracle," *Foreign Affairs*, 62-78.

Kumagai, S. (2015), "The Middle-income Trap from the Viewpoint of Trade Structures: Are the Geese Trapped or Still Flying," *Journal of International Commerce, Economics and*

Policy, 6(03), 1550017, 1-23.

Kuo, C. C., Huang D. S., and T. H. Yang (2019), "Revisiting the Twin-Hub Trade Pattern in East Asia," *Asian Economics Papers*, 18(1), 185-199.

Lee, C. T. and D. S. Huang (2017), "Asymmetric Globalization and Specialization," *International Review of Economics and Finance*, (52), 402-408.

Lee, K. and B. Y. Kim (2009), "Both Institutions and Politics Matter but Differently for Different Income Groups of Countries: Determinants of Long-run Economic Growth Revisited," *World Developments*, 37(3), 533-549.

Leu, M. G. J. (1998), *Changing Comparative Advantage in East Asian Economies*, Nanyang Technological University, School of Accountancy and Business Research Centre.

Lewis, W. A. (1954), *Economic Development with Unlimited Supplies of Labor*, The Manchester School.

Lewis, W. A. (1955), *The Theory of Economic Growth*, London: George Allen and Unwin.

Lin, N. (2011), "Capitalism in China: A Centrally Managed Capitalism (CMC) and Its Future," *Management and Organization Review*, 7(1), 63-96. 陶孟仟與李尙林摘譯於清華大學當代中國研究。

Lin, P. C. and D. S. Huang, (2008), "Technological Regimes and Firm Survival: Evidence across Sectors and over Time," *Small Business Economics*, 30(2), 175-186.

Lipset, Seymour Martin. (1959), "Some Social Requisites of Democracy: Economic Development and Political Legitimacy," *American Political Science Review*, 53(March), 69-105.

Lo, T. F. (2007), "Kinship Network and Marriage Stability through Taiwan's Demographic Transition," *Journal of Population Studies*, 35, 1-35.

Malerba, F. and L. Orsenigo (1993), "Technological Regimes and Firm Behavior," *Industrial and Corporate Change*, 2(1), 45-71.

Malerba, F. and L. Orsenigo (1995), "Schumpeterian Patterns of Innovation," *Cambridge Journal of Economics*, 19, 47-65.

Malerba, F. and L. Orsenigo, (1996), "Schumpeterian Patterns of Innovation are Technology-specific," *Research policy*, 25(3), 451-478.

Malerba, F. and L. Orsenigo, (1996), "The Dynamics and Evolution of Industries," *Industrial and Corporate Change*, 5(1), 51-87.

Malerba, F. and L. Orsenigo, (1999), "Technological Entry, Exit and Survival: An Empirical Analysis of Patent Data," *Research Policy*, 28(6), 643-660.

Matthews, R. C. (1986), "The Economics of Institutions and the Sources of Growth," *The Economic Journal*, 96(384), 903-918.

McKinnon, R. I. (1982), "The Order of Economic Liberlization: Lessons from Chile and Argentina," *Carnegie-Rochester Conference Series on Public Policy*, 17, 159-186.

Myint H. (1977), "Adam Smith's Theory of International Trade in the Perspective of Economic Development," *Economica*, 44, 231-348.

Nakagane, Katsuji (2002), "Japanese Direct Investment in China: Its Effects on China's Economic Development," in Hilpert, H.G. et al. (eds.), *Japan and China Macmillan*, Pub. Lt.

Navarro, P. and G. Autry (2011), *Death by China*, Prentice Hall, USA.

Nelson, R. R. and S. G. Winter (1982), *An Evolutionary Theory of Economic Change*, Cambridge MA: Harvard U. Press.

North, D. C. (1981), *Structure and Change in Economic History*, Norton Press.

North, D. C. (1989), "Institutions and Economic Growth: An Historical Introduction," *World Development*, 17(9), 1319-1332.

Okita, S. (1978), "The Outlook of Pacific Co-operation and the Role of Japan," *The Indonesian Quarterly*, XV/3, 494-505.

Okita, S. (1985), "Flying Geese Pattern of Development," In the 4th Pacific Economic Cooperation Council Conference.

Okita, S. (1986), "Pacific Development and Its Implication for the World Economy," In J. W. Moley (ed.), *The Pacific Basin: New Challenges for the United States*, 23-34. New York: The Academy of Political Science.

Page, J. (1994), "The East Asian Miracle: Four Lessons for Development Policy," *NBER Macroeconomics Annual*, 9, 219-269.

Page, J. (2016), *The East Asian Miracle and Development Policy: A Twenty-Year Retrospective*. In Kato, H. et al. (eds), Japan's Development Assistance, 105-119.

Poon, W. C., D. S. Huang, Ewilly Jie Ying Liew, and C. L. Tsai (2019), "Institutional Quality, Growth and Middle-Income Trap: Theory and Empirical Evidence from East Asia," presented at the Macro-econometric Modeling Workshop, MMW 2019, Institute of Economics, Academia Sinica.

Ranis, G. and J. C. Fei, (1961), "A Theory of Economic Development," *The American Economic Review*, 533-565.

Ranis, G. and J. C. Fei, (1963), "The Ranis-Fei Model of Economic Development: Reply,"

The American Economic Review, 53(3), 452-454.

Ranis, G. and S. A. Mahmood, (1992), *The Political Economy of Development Policy Change*, Cambridge, Mass.: Blackwell.

Ranis, G., Stewart, F., and A. Ramirez, (2000), "Economic Growth and Human Development," *World Development*, 28(2), 197-219.

Reddy, S. and C. Minoiu, (2009), "Real Income Stagnation of Countries 1960-2001," *Journal of Development Studies*, 45(1), 1-23.

Reynolds, L. G. (1983), "The Spread of Economic Growth to the Third World: 1850-1980," *Journal of Economic Literature*, 21(3), 941-980.

Rodrik, D. (1987), "Trade and Capital-Account Liberalization in a Keynesian Economy," *Journal of International Economics*, 23, 113-129.

Romer, P. M. (1986), "Increasing Returns and Long-Run Growth," *Journal of Political Economy*, 94(October), 1002-1037.

Romer, P. M. (1994), "The Origins of Endogenous Growth," *Journal of Economic Perspectives*, 5(Winter), 3-22.

Rostow, W. (1956), "The Take-off into Self-sustained Growth," *Economic Journal*, 66, 25-48.

Schumpeter, J. A. (1911), *The Theory of Economic Development*, Cambridge, MA, US: Harvard University Press.

Scully, G. W. (1988), "The Institutional Framework and Economic Development," *Journal of Political Economy*, 96(3), 652-662.

Sheng A. and X. Geng (2012), "China the East Asian Miracle Revisited," ALJAZEERA Opinion.

Siyakiya, P. (2017), "The Impact of Institutional Quality on Economic Performance: An Empirical Study of European Union 28 and Prospective Member Countries," *World Journal of Applied Economics*, 3(2), 3-24.

Solow, R. M. (1956), "A Contribution to the Theory of Economic Growth," *Quarterly Journal of Economics*, 70(1), 65-94.

Spinanger, D. (1999), Textiles beyond the MFA phase-out, *The World Economy*, 22(4), 455-476.

Terry, E. (1996), "An East Asian Paradigm," *Atlantic Economic Journal*, 24(3), 183-198.

Tung, A. C. (2003), "Beyond Flying Geese: The Expansion of East Asia's Electronics Trade," *German Economic Review*, 4(1), 35-51.

Tran, Van Tho (1988), "Foreign Capital and Technology in the Process of Catching up by the Developing Countries: The Experience of The Synthetic Fiber Industry in the Republic of Korea," *The Developing Economies*, XXVI-4, 386-402.

Tran, Van Tho (1993), "Technology Transfer in the Asian Pacific Region: Implications of Trends since the Mid-1980s," *In Trade and Protectionism*, 243-271, University of Chicago Press.

Tyson, Laura D'Andrea (1992), *Who's Bashing Whom?: Trade Conflict in High Technology Industries*, Peterson Institute for International Economics.

United States International Trade Commission (USITC) (2004), *Textile and Apparel: Assessment of the Competitiveness of Certain Foreign Suppliers to the U.S. Market*, (Investigation No. 332-448), Washington, DC: USITC.

Vernon, R. (1966), "International Trade and International Investment in the Product Cycle," *Quarterly Journal of Economics*, 80, 190-207.

Vernon, R. (1979), "The Product Life Cycle Hypothesis in a New International Environment," *Oxford Journal of Economics and Statistics*, 41, 255-267.

Vollrath, T. L. (1991), "A Theoretical Evaluation of Alternative Trade Intensity Measures of Revealed Comparative Advantage," *Weltwirtschaftliches Archiv*, 127(2), 265-280.

Wang, Z., Powers, W., and S. J. Wei (2009), "Value Chains in East Asian Production Networks-An International Input-output Model Based Analysis," (Office of Economics Working Paper, No. 2009-10-C) U.S. International Trade Commission.

Webster, A. (1991), "Some Issues in the Measurement of Comparative Advantage," *Applied Economics*, 23, 937-948.

Williamson, O. E. (1985), *The Economic Institutions of Capitalism*, New York: The Free press.

Williamson, O. E. (2000), "The New Institutional Economics: Taking Stock, Looking ahead," *Journal of Economic Literature*, 38(3), 595-613.

Winckler, Edwin A. and Susan Green Halgh (1988), *Contending Approaches to the Political Economy of Taiwan*, Sharpe, Inc. N.Y.

Winter, S. G. (1984), "Schumpeterian Competition in Alternative Technological Regimes," *Journal of Economic Behavior and Organization*, 5, 287-320.

World Bank (2012), *China 2030: Building a Modern, Harmonious, and Creative High-Income Society: Can China Avoid the Middle-income Trap*, Work Bank.

World Investment Report 1995: Transnational Corporations and Competitiveness, 258-260,

Unital Nations New York and Geneva.

Yamazawa, I. and F. Adachi (1986), "Pattern of Japan-ASEAN Trade," In Barriers to ASEAN Market Access to the US, Japan and the EEC, edited by V. Samakoses and BM Kladjarern. Papers and Proceedings of the Annual Eleventh Conference of the Federation of ASEAN Economic Associations (FAEA).

Yamazawa, I. (1993), "Trade Policy Issues in the Asian-Pacific Region: The Case of the Textile and Clothing Industry," *Asian Pacific Economic Literature*, 7(1), 1-8.

Yang, T. H., Huang, D. S., and Y. Y. Huang (2020), "Evolution of the Textile Production Chain in East Asia-from the Hub-spoke Structure Viewpoint," *Journal of Economic Integration*, 35(4), 684-723.

Yang, T. H. and D. S. Huang (2012), "East Asian Flying Geese Framework and Industrial Competitive Advantages: The cases of Textiles and Information Industries," presented at the 1st World Congress of Taiwan Studies: Academia Sinica, Taipei, Taiwan, April 26, 2012.

Yoshihara, K. (1988), *The Rise of Ersatz Capitalism in South-East Asia*, Oxford University Press, USA.

Yoshihara, K. (1999), *Building a Prosperous Southeast Asia: From Ersatz to Echt Capitalism*, Curzon Press.

Zheng Bijian (2005), "China's 'Peaceful Rise' to Great-Power Status," *Foreign Affairs*, 84, 18-24.

國家圖書館出版品預行編目資料

動態經濟發展模式：東亞經濟演化論／黃登
興，黃幼宜，楊子菡著. ——初版.——
臺北市：五南圖書出版股份有限公司，
2023.11
面；　公分
ISBN 978-626-366-667-2（平裝）

1.CST: 區域經濟　2.CST: 經濟發展　3.CST:
東亞

552.3　　　　　　　　　112016403

4M21

動態經濟發展模式：
東亞經濟演化論

作　　者 ― 黃登興、黃幼宜、楊子菡

責任編輯 ― 唐　筠

文字校對 ― 許馨尹、黃志誠

封面設計 ― 姚孝慈

發 行 人 ― 楊榮川

總 經 理 ― 楊士清

總 編 輯 ― 楊秀麗

副總編輯 ― 張毓芬

出 版 者 ― 五南圖書出版股份有限公司

地　　址：106台北市大安區和平東路二段339號4樓

電　　話：(02)2705-5066　　傳　　真：(02)2706-6100

網　　址：https://www.wunan.com.tw

電子郵件：wunan@wunan.com.tw

劃撥帳號：01068953

戶　　名：五南圖書出版股份有限公司

法律顧問　林勝安律師

出版日期　2023年11月初版一刷

定　　價　新臺幣500元

B1-1